“三权分置”背景下土地经营权流转法律问题研究

蒙　柳　著

武汉理工大学出版社
·武汉·

图书在版编目(CIP)数据

“三权分置”背景下土地经营权流转法律问题研究/蒙柳著.—武汉:武汉理工大学出版社,2017.12(2018.11重印)

ISBN 978-7-5629-5550-4

Ⅰ.①三…　Ⅱ.①蒙…　Ⅲ.①农业用地-土地流转-土地管理法-研究-中国　Ⅳ.①D922.324

中国版本图书馆CIP数据核字(2017)第104636号

项目负责人:李兰英　　**责任编辑**:史卫国

责任校对:梁雪姣　　**封面设计**:匠心文化

出版发行:武汉理工大学出版社

地　　址:武汉市洪山区珞狮路122号

邮　　编:430070

网　　址:http://www.wutp.com.cn

经　　销:各地新华书店

印　　刷:武汉兴和彩色印务有限公司

开　　本:710×1000　1/16

印　　张:16.5

字　　数:258千字

版　　次:2017年12月第1版

印　　次:2018年11月第2次印刷

定　　价:55.00元

凡购本书,如有缺页、倒页、脱页等印装质量问题,请向出版社发行部调换。

本社购书热线:027-87515778　87515848　87785758　87165708(传真)

作者简介

蒙柳，女，湖南邵阳人，武汉工程大学副教授，硕士生导师，主要从事经济法、法理学等方面的教学与研究工作。近年来，先后主持和参加国家级、省级课题十余项，主编、参编教材各两部，公开发表学术论文二十余篇，获湖北省社科优秀成果奖三等奖一项、武汉市社科优秀成果奖三等奖一项。

目　录

绪 论

中国正处在一个城乡一体化、农业经济现代化的高速发展进程中，中国社会的深层结构也在发生着日新月异的转变。在这样的背景下，中国以往的经济发展模式、政治体制及法律制度在面临来自各方挑战的同时，也迎来了进一步变革发展的机遇。目前中国仍然是一个农业人口占全国总人口绝大多数比重的农业大国，所以中国问题的核心仍是农业、农村和农民（简称“三农”）问题。土地是人类从事农业生产、创造财富、生产食物以满足最基本生存需要的物质基础，而土地承包经营权又是农民最基本、最重要的一项土地财产权。因此，农村土地经营权流转的制度安排不仅与我国广大农民创富能力的提高、收入结构的改善、社会地位的转变及其生产生活的保障息息相关，而且对于我国农业产业结构的转型、农村乃至全社会市场化经济的发展、社会公平的实现与社会秩序的稳定，均具有意义深远的影响。

一、研究的缘起与意义

（一）研究的缘起

十一届三中全会之后，我国确立了以农村集体土地所有权和承包经营权分置（简称“两权分离”）为基础的家庭联产承包责任制，这种统分结合的双层经营体制，极大地解放了农村活力，使我国农业和农村获得巨大的发展与进步。但是随着我国工业化和城市化进程的加快，农业生产收入提高缓慢，农村劳动力向第二、第三产业转移，家庭联产承包责任制作为一种土地使用制度安排，在农业发展进程中渐渐显示出不适应。城乡流动的加快，农村剩余劳动力的增加，使得“两权分离”的农村土地产权制度安排既不适应现代农业对土地适度规模经营的要求，又不能很好地解决土地撂荒、土地规模化生产、新技术应用等一系列问题。而土地制度中最突出的问题就是土地产权制度问题，现阶段土地流转问题的出现与我国的农村土地产权制度紧密相关。因此，推动我国农村土地产权制度进一步变革，建立合理的土地承包经营权流转制度乃是实现农民土地利益最大化和土地资源配置最优化的根本出路。2014 年 11 月 20 日，中共中央办公厅、国务院办公厅印发了《关于引导农村土地经营权有序流转发展农业适度规模经营的意见》，明确提出“坚持农村土地集体所有，实现所有权、承包权、经营权三权分置，引导土地经营权有序流转，坚持家庭经营的基础性地位，积极培育新型经营主体，发展多种形式的适度规模经营，巩固和完善农村基本经营制度”。2016 年 10 月 30 日，中共中央办公厅、国务院办公厅印发了《关于完善农村土地所有权承包权经营权分置办法的意见》，明确提出“顺应农民保留土地承包权、流转土地经营权的意愿，将土地承包经营权分为承包权和经营权，实行所有权、承包权、经营权分置并行”。这是在新型城镇化和农业现代化战略下，在中央顺应农民实际需求、坚持农村土地集体所有的基础上，将“两权分离”的农村土地承包经营权细化为承包权和经营权，实现“三权”分置的新举措，标志着我国农村土地产权制度改革进入新的阶段。

新一轮的农村产权改革，重点就是调整农村土地产权结构，实现农村土地公平利用和效率的统一，促进土地经营权的流转。然而，尽管中央的相关政策很明确地指明了所有权、承包权、经营权“三权分置”的改革方向，但理论上并未对各项权利的界限做出界定。因而无论是在法学理论层面还是在法律规范层面，我国土地承包经营权流转制度的背后都透露出许多问题。诸如已有的法定流转方式因限制过多，远远不能满足农村土地流转实践的需求，法律上被禁止的流转方式出现了越来越多的解禁声音，以及土地经营权法律属性的界定等，所有这些都亟待进行土地经营权流转的法学理论研究，因而本书选择以“‘三权分置’背景下土地经营权流转法律问题研究”为对象进行探讨。

(二)研究的意义

本书立足于土地经营权流转在现实中的法律问题，通过梳理分析不同流转方式背后的理论争议、限制条件与法律障碍，并考察诸多流转方式在当下社会背景下存在的必要性与可行性。在上述基础之上，分析总结出当前土地经营权流转所面临的实际法律困境，针对法律问题提出相应的法律对策。

就其理论意义而言，本书在坚持马克思主义基本理论的前提下，借鉴西方产权理论、制度变迁理论、土地适度规模经营、农民行为理性假说等有价值的观点，对我国土地承包经营权流转制度进行理论上的分析和实践运行层面的现实剖析，深刻分析现阶段土地经营权流转制度存在的问题，尝试提出解决问题的办法，这对目前学术界普遍从理论或实践单一方面研究是一种补充，具有一定的理论意义。

1.“三权分置”背景下我国农村土地承包经营权流转法律问题的出现，需要我们对农村土地产权制度进行进一步的研究。通过对农村土地产权制度变迁的梳理，对前人理论研究的不足予以补充、修正，完善我国的农村产权制度变迁理论体系。

2.将农村土地流转置于“三权分置”视角下进行分析，深入揭示两者之间的关系，既能全面深刻认识农村土地流转问题产生的原因，又能更加准确地把握农村土地产权制度变迁的规律。

3.运用马克思主义经典作家和西方经济学家的相关理论，结合我国农村土地产权和土地流转的实践，理论与实际的相互验证，能够让我们对马克思的土地产权理论有更进一步的认识，从而为创造具有中国特色的农村土地产权“三权分置”制度理论打下基础。

(三)实践的意义

就其实际意义而言，改革开放以来，随着我国社会主义市场经济体制的不断发展，受市场经济体制要求合理配置资本、土地、劳动力等客观因素的影响，国家对农村土地已经逐步建立了较为完整的土地承包经营权流转制度体系。但是，由于农村承包地流转起步较晚，又受到产权、生存权等诸多法律及经济发展上的限制与束缚，土地经营权流转制度还存在许多不足的地方。通过对湖北、安徽等农村深入的实地调研，总结和归纳“三权分置”背景下农村土地流转存在的法律问题，从深层次对农村土地流转存在的法律问题进行解析，为农村土地流转的实践提供政策法律的指导和支持，促其在实践中健康发展。

(1)本书立足于土地经营权流转在现实中的法律问题，通过梳理分析不同流转方式背后的理论争议、限制条件与法律障碍，分析总结出当前土地经营权流转所面临的实际法律困境，针对法律问题和缺失提出相应的法律对策，指导实践。

(2)通过对湖北、安徽等农村深入的实地调研，选择 logit 模型，并通过 Stata11.0 软件进行统计分析，分析地理环境、年龄、文化程度、家庭人口、职业、收入来源、政府支持度、承包期影响流转预期、社会保障预期和城市工作与收入预期等同土地流转行为概率之间的相互关系，分析土地流转的影响因素，从而提出促进农户土地流转行为的对策与建议，促使其在实践中健康发展。

二、国内外研究现状

(一)国内研究现状

目前，农村承包土地如何流转已经成为国内学术界研究土地问题的一个热点，虽然不同的学者使用的概念有所差异，有的用“土地承包经营权流转”，有的用“土地使用权流转”，也有的直接用“土地经营权流转”，但基本上研究内容都具有统一性。因而，随着农村土地流转成为热点，国内对于土地流转问题，尤其是农村土地承包经营权问题的研究也越来越多。结合我国市场经济发展的特点，学者们也开始使用西方的现代产权理论、制度变迁理论、土地适度规模经营理论、农民行为理性假说等来分析我国当前的农村土地流转问题，而且取得了一定的成果。笔者从以下几个方面对学者们的研究进行梳理。

1.“三权分置”研究的起源与发展

(1)“三权分置”研究的起源。早在 1990 年田则林等就提出了以“三权分离”来促进“农村土地代营”的思想，以此来加快土地流转，实现土地的适度规模经营；并指出“三权分置”只是土地经营权暂时的让渡，而土地的集体所有制和承包关系不变。同年，王新国等研究了湖北省枣阳市顺城村三权分离的改革试验，认为三权分离不仅是对承包制的完善，还是对现行土地制度的创新和发展。冯玉华等(1992)研究“集体—承包户—公司型/联营体型/使用户型”三种类型的三权分离,提出三权分离既能促进土地的有效流动和规模化经营,又能促进土地的商品化发展和农村土地市场的发育。随着学术界对农村土地产权“三权分置”研究的深入,三权分离的实践在全国多地展开来,如:浙江省乐靖市实行“稳制活田”,即在承包权稳定不变的基础上,搞活土地使用权,使土地自由流转;广东省佛山市南海区农民的“承包权入股”,在保证土地集体所有权的基础上实行农村土地股份合作制,按股分红;安徽等地实行的“反租倒包制”等。进而使农村土地产权的“两权分置”逐渐演化为“三权分置”。

(2)“三权分置”研究的发展。农村土地产权“三权分置”研究的发展主要分为三个阶段:

第一阶段是20世纪90年代末至21世纪初。这一阶段的研究着重于厘清农村土地产权“三权分置”中“三权”的关系与边界问题。叶华(1998)分析了农村土地两权分离到三权分离的演进,探讨了三权分离的本质规定性,从产权制度、经营制度和流转制度三个方面对农村土地三权分离的微观制度展开讨论;韩俊(1999)分析了三权分离下农村土地所有权、承包权与经营权的关系与内容,提出“三权分置”对解决集体财产缺乏人格化的产权主体和探索集体经济的实现形式都具有重要的意义。黄祖辉(2001)以浙江省绍兴市柯桥镇新风村以土地所有权和承包权入股为例,分析了土地股份合作的绩效和存在的问题,强调了要在明确土地集体所有权和农户承包权稳定不变的基础上,搞活土地使用权。

第二阶段是21世纪初至2012年。这一阶段主要是农村土地产权“三权分置”权利体系的构建。刘志刚等(2003)围绕农村土地“三权分离”提出农村土地产权制度改革的设想,构建了“强化土地所有权—设置土地使用权—放开农村土地经营权”的农村土地产权新体系。赵紫玉等(2006)则从厘清农民、集体、国家三者在农村土地上的责、权、利关系的基础上,提出“国家拥有农村土地的发展权—所有权归集体—农民享有相对完整的使用权”的“三权分离”模式。邓晰隆(2009)针对我国农村土地产权制度中所有权无人格化问题,提出了“三权分离”式的农村产权制度改革构想,并以此来加速农村土地流转集中,以实现农业产业化,提高农业生产力水平。蔡玻(2012)通过对河南省G村土地流转纠纷的分析，指出应以“三权分离”促进土地流转，在土地所有权不变的前提下，明确土地承包权、经营权和受益权，保障农民的合法权益。此间也出现了对农村土地产权“三权分置”质疑的声音。丁关良等(2009)从法学的视角分析了农村土地所有权、承包权和经营权的关系，提出农村土地产权“三权分置”中，土地承包权与经营权的内涵和性质不同，不属于同一范畴，因而不能并列使用，由此提出农村土地产权“三权分置”是不科学的。

第三阶段是2013年至今。这一阶段是农村土地产权“三权分置”研究的高峰期，学者们主要集中研究农村土地产权“三权分置”的发展思路、土地流转主体限制、配套制度及新型城镇化对土地流转的要求等。杨勇(2013)提出，法律规定在转让、互换、转包中，土地承包经营权的受让方必须是农户，甚至必须是发包方内的农户。入股被限定在承包方之间，这些规定违背了市场经济的统一性原则，剥夺了其他市场主体(包括社会资本)进入农村土地流转市场的资格(机会)，同时，也限制了承包方的选择流转对象的自由。黄祖辉(2014)认为农村土地产权“三权分置”后的关键问题是分离的产权能否交易，提出应尽快建立与农村土地三权分离相适应的三权交易市场。宋洪远(2014)指出实行“三权分置”要做好要素市场的基本制度安排，按照“确权登记—完善土地流转市场和服务体系—探索土地抵押、评估和处置机制等”思路进行发展。叶兴庆(2015)认为要发挥农村土地产权“三权分置”的积极作用必须明确农用地所有权、承包权和经营权的权能范围，并合理地将三者各自的具体权利界定清楚。仝爱华(2015)指出对于金融机构来说土地抵押风险主要来自承包方违约和经营方违约。农村土地经营权贷款抵押的前提是经营权的稳定性，经营权违约带来的直接后果就是面临土地经营权的再流转，而目前我国的土地承包权再流转机制不健全，阻碍了抵押权能的实现。所以要完善我国农村土地经营权再流转机制，专门设立土地抵押的经营机构，同时加强抵押贷款的贷后管理。盖世梅(2015)指出土地流转配套制度上存在的问题。我国还没有建立完好的土地流转市场，土地的市场流转机制还有待开发，主要表现在相关的机制评估机构还没建立，要从实体法上进行颁证确权，明确经营权；进一步完善转让、抵押和入股制度，并从程序法上加以规范，完善监督程序。同时要加强政府职能，提高保障水平。

(3)“三权分置”理论的分歧。首先，学术界普遍认为：在目前的集体土地实行家庭承包制的框架之下，可以将农村集体土地上的产权结构分解为土地所有权、土地承包权、土地经营权（也有学者称为土地使用权）三种权利，而承包土地流转应该是流转土地的经营权，土地的承包权保留。同时，理论界围绕农村土地三权分离进行了一系列论证，为 2014 年中央一号文件提出承包权与经营权分离提供了扎实的理论支撑。其主要依据是：之前我国相关的法律及政策一直采用的“土地承包经营权”这一概念，是建立在过去农村集体土地家庭联产承包制度的前提下，农民承包集体土地并且实际经营其承包地，承包人与经营人合一。但是在目前大量农村劳动力由农村流入城市的情况下，许多享有承包地的农民不再实际经营土地，并自发地在实践中不断摸索新的方式将土地经营权流转出去，承包人与经营人不再合一，土地承包经营权一体规定的前提也就不复存在，因此必须对农村承包土地上的权利进行二次界定与确认，进行承包权和经营权的再分离。当然也有学者认为农村集体土地“三权分离论”是不科学的，主要以丁关良等为代表，认为“(1)土地经营权的权利内涵无法界定，不是法定的民事权利；(2)土地承包经营权是一个完整的民事权利，无法分解为（土地）承包权和（土地）经营权或（土地）使用权；(3)流进方取得权利的名称中不存在（土地）经营权”[①]等。其次，对于集体所有权、农户承包权以及土地经营权在土地流转过程中的各自权利性质、权利主体、权利内容、彼此间的关系以及具体实现方式，学者们的研究并不多。刘守英认为，此次土地制度改革是对承包权与经营权进行了政策上的分离，进而对这两束权利分别赋权，享有承包权的农户对承包地享有占有、使用、收益和流转的权利，而承包权人将承包地流转出去，那么受让方即对该承包地享有土地经营权，可以拥有抵押权和担保权。郑志峰从承包权和经营权都作为土地承包经营权下的两种独立的子权利的角度概括了两项权利的权能范围，认为承包权的权能主要体现在流转收益权、土地利用监督

---

① 丁关良，阮韦波．农村集体土地产权“三权分离”论驳析——以土地承包经营权流转中“保留（土地）承包权、转移土地经营权（土地使用权）”观点为例[J]．山东农业大学学报：社会科学版，2009(4)：1．

权、一定的处分权(退出、继承等)、承包地到期收回权以及承包期到期后请求集体再行分配承包地的权利等,而具有独立性的经营权的权能内容主要表现为有经营权的人对承包地的占有、使用、收益以及受到一定限制下(约定的和法定的)的处分的权利。潘俊则对分离后三权各自的权利内容做了初步创新的研究,认为“在坚持农村土地集体所有的基础上,农村土地承包经营权分离为承包权和经营权后,承包权应主要包括承包地位维持权、分离对价请求权、征收补偿获取权、继承权、退出权等内容,经营权则主要表现为对承包地的自主生产经营权和对经营权进行抵押、入股等处分的权利”[①]。笔者认为,虽然当前三权分置的农村承包土地的改革策略在理论上还存在一定的争议,尤其法学界认为三权分置的承包土地权利体系不能通过法律逻辑合理解释。但是在农村实践中,农户与承包地分离的情况已经越来越多,部分地区的农民已经在自发地摸索土地承包权与经营权分离的方式及路径,并已在各地广泛运用,而且一些地方也已经通过地方性法规、规章的形式将三权分置作为土地承包经营权流转的创新形式而予以肯定和鼓励,中央层面也及时出台政策和意见促进农村承包土地三权分置的实现。至此,所有权、承包权、经营权分置已经成为农村土地改革的必然选择。但从法学角度对三权分置的权利主体、权利内容、实践中面临的问题及解决和保障措施的研究还不够细化,不够深入,没有形成体系,需要我们不断研究和探索。

2. 土地经营权流转的相关研究主要集中在以下几个方面:

(1)关于土地经营权流转动因的分析。徐旭初等(2002)在阐释农村土地经营权流转动因时,主要从农民、村集体、政府和工商业主等多重主体的综合推动作用来阐释。刘甲鹏等(2003)则认为,家庭承包责任制实现了土地的平均分配,保证了农民的基本生存问题,但它自身所固有的缺陷造成了土地经营过于细碎化,无法实现土地经营的规模效益,且土地作为最基本生产资料,其追求利润的特点,最终需要实现土地流转以达到土地的规模经营。张爱云(2003)、王进和赖晓东(2002)、詹和平(2007)等学者认为,人均耕地面积的不足使以农业生产经营为主的家庭缺乏足够的

---

① 潘俊.农村土地“三权分置”:权利内容与风险防范[J].中州学刊,2014(11):67.

就业机会，在转移出富余劳动力后，有的农户因为非农收入已成为家庭经济的主要来源而不愿耕种土地。因此，农村土地对农民生产和收入的影响逐步减弱，农民不再把土地收入作为维系家庭生活的重要支柱，这为土地实现流转提供了发展空间。钟涨宝等(2003)则是采用调查实践的方式进行研究，他们采用调查问卷的形式对浙江和湖北的农户进行调查，对其结果进行总结分析，最终得出，与非农产业相比，农业生产收益较为低下，大部分农业劳动力为获得更高收入自然转向第二、第三产业，从而导致大量土地闲置，由此部分农户自愿流转所承包土地的使用权。曹建华等(2007)认为，影响农业土地流转的动因很多，但其中最关键的因素在于土地供求双方在追求利润过程中，自身决策导致土地流转，同时，提高土地流转租金会增加农户的土地流转意愿度。周飞(2006)认为，现阶段我国农村土地流转市场不完善是制约土地流转的根本因素，他指出：由于土地流转市场的不完善导致信息处于不对称状态，导致农村土地流转的交易成本昂贵。而且在社会保障体系不健全的情况下，很多农民就会将土地作为“活命田”和“非农就业的退路”，因此，必须实现剩余劳动力的产业转移，才能有效促进农村土地承包经营权的流转。

学者们分别从不同的角度阐释了促进土地承包经营权流转的原因，这里既有经济原因，又有社会原因和历史背景，但土地承包经营权流转缓慢的根本原因还是农村土地流转的绩效不高。因此，土地承包经营权实现顺畅流转的前提仍然是土地经济职能得以充分发挥，从目前来看，我国农村土地的社会保障功能仍然是主要功能，土地承包经营权流转速度仍然缓慢。

(2)关于土地经营权流转绩效的研究。土地作为农村最基本的生产要素，和其他任何生产要素一样，自由的流转总能有效提高资源配置效率，因此实现其自由流动是促进农村经济发展，提高土地产出效率的最有效办法。但是由于受到现阶段国家、社会多种因素的影响，土地承包经营权流转受到诸多限制，这必然会对土地产出率产生一定的负面影响，从绩效角度而言，应实现土地顺畅流转。

姚洋(1999)、杨德才(2002)、伍业兵(2004)、王家庭(2009)、杨小东(2009)、胡洪曙等(2009)学术界研究者从土地经营规模、制度变迁等角度对农村土地流转的绩效进行了研究，认为农村土地有序流转会对农业生产效率和农民收入的提高产生显著的正面影响。姚洋(1999)认为，土地流转会通过所谓的边际产出“拉平效应”，这对提高土地资源的配置效率具有重要影响。冯炳英(2004)认为，通过土地流转，能够实现土地规模经营，这对提高农业科技水平，解决人地矛盾，实现农村劳动力有序转移都具有重要意义。同时通过土地流转，能够促进农业结构调整和农民增收，土地流转同时也推进了外向型农业的发展。陈志刚则认为，农村土地使用权稳定性和单位土地粮食产出率成正比，当农村土地使用权很稳定时，农民经营土地的信心充足，投入土地的成本相对较高，单位土地的粮食产量也就越高。

(3)关于土地承包经营权流转的影响因素分析。关于农村土地承包经营权流转的影响因素，现有的学术成果主要归结为以下几个方面：一方面是制度的不完善与操作的不规范。钱忠好(2002)认为，乡村干部对土地承包经营权的经常性行政调整是抑制土地流转市场化的一个重要原因。张红宇(2012)认为，这与封闭性和缺乏有效的信息传递机制有关。胡同泽等(2011)指出：或是干部思想僵化，不敢推动土地流转；或是政府权力在推进农村土地流转时出现“越位”，在规范服务方面又出现“失位”。另一方面是受区域经济的发展程度影响。陈志刚等(2014)通过对江苏省和江西省农村土地制度演变与农村土地绩效的计量分析后得出结论：经济欠发达地区的农户对农村土地转让权具有弱偏好，而经济发达地区的农民则具有强偏好。姚洋(1999)从理论和实证两个层面探讨了土地租赁市场发育的程度和非农就业结构的关系，认为：经济较落后的地区，因缺乏非农就业机会，加之从事农业的边际收入效用相对较高，使得大多数农户都想得到更多的土地，从而抑制了土地流转市场的发育。相反，在经济较发达地区，由于农民因非农收入的不同而对土地的估价不同，使得土地流转交易成为可能。

(4)关于推动农村土地承包经营权流转的方式探析。为推动农村土地承包经营权的合理流转，陈锡文等(2002)研究者认为必须要把握四个基本方面。一是现阶段我国基本国情是决定农业经营规模的根本原因，而农村政策的制定必须服从于国情；二是转移农村劳动力是扩大农业经营规模的根本途径；三是农村土地基本政策的制定必须立足于整个农村基本面的普遍情况；四是现行的有关政策和法律都允许承包期内的土地使用权流转和适度集中，但是否流转的决策权在于农户本身。[①] 从流转抵押、入股新权等方面，仝爱华(2015)指出，对于金融机构来说土地抵押风险主要来自承包方违约和经营方违约。农村土地经营权贷款抵押的前提是经营权的稳定性，经营权违约带来的直接后果就是面临土地经营权的再流转，而目前我国的土地承包权再流转机制不健全，阻碍了抵押权能的实现。所以要完善我国农村土地经营权再流转机制，设立专门土地抵押的经营机构，同时加强抵押贷款的贷后管理。

(5)关于农村土地流转概念、法律问题的研究。丁关良(2009)对农村土地流转法律问题进行了研究。梁慧星(2005)在《中国物权法研究(下)》一书中指出，土地承包经营权属于用益物权[②]，用物权固定农村土地使用关系，并主张以“农村土地使用权”代替土地承包经营权。胡戎恩(2013)指出，在流转内容上，立法对土地承包经营权具体包括哪些权利，对“集体”的概念如何统一界定，对现实生活中常见的出租、入股、抵押等方式未予详细规定，当有人宁可荒废田地也不愿流转时集体享有什么权利，当事人又应当承担什么责任，土地应当如何得到有效利用，这些都是需要法律进一步详细规定的。张柳扬(2013)指出，我国农村土地承包经营权流转相关法律规范存在问题，如农村集体土地所有权主体虚位、对土地承包经营权的抵押、继承等问题限制过多或缺乏相应规定等。

(6)其他方面的研究。从流转过程中对主体的限制方面，杨勇(2013)提出，法律规定在转让、互换、转包中，土地承包经营权的受让方必须是农户，甚至必须是发包方内的农户，入股被限定在承包方之间，这些规定违背了市场经济的统一性原则，剥夺了其他市场主体(包括社会资本)进入农村土地流转市场的资格(机会)，同时也限制了承包方的选择流转对象的自由。在配套制度方面，盖世梅(2015)论述了土地流转配套制度上存在的问题。我国还没有建立完好的土地流转市场，土地的市场流转机制

---

① 陈锡文.如何推进农民土地使用权合理流转[J].中国改革:农村版,2002(9):35-37.

② 梁慧星,陈华彬.物权法[M].3版.北京:法律出版社,2005:271-280.

还有待开发:主要表现在相关的机制评估机构没建立,要从实体法上进行颁证确权,明确经营权;进一步完善转让、抵押和入股制度,并从程序法上加以规范,完善监督程序。同时要加强政府职能,提高保障水平。从城镇化建设与土地流转的关系方面,马勇(2014)指出,新型城镇化对土地流转提出了新的要求,必须从土地流转制度创新、农民利益诉求、土地利用综合价值的提升、土地流转的外部配套方面重新把握。

(二)国外研究现状

在国外,土地是完全私有化的,其可以像市场经济中其他商品一样进入市场进行自由的买卖,同时国外也没有对城市土地和农村土地进行划分。另外,关于农村承包土地上权利的两权分离、三权分置都是具有浓厚中国特色的概念,在国外有关土地权利的立法中并没有农村土地承包经营这一概念,因此国外研究仅对农村土地流转作简要概述。

由于在国外多数资本主义国家实行的是土地划分类型,明确产权归属的方法。大部分土地为私人所有,少部分归国家所有,对土地制度的规定也不尽相同。如在美国,土地大部分是归私人所有的,私人对土地拥有所有权,则土地的使用权、分配权、收益权、增值权等都归私人所有。不仅使用权可流转,而且所有权也可以通过市场来进行交易。所以国外对于土地流转的研究主要体现在土地交易与土地市场方面。由于国外的经济学理论系统性较强,所有对土地的制度的研究基本上采用的是经济学分析方法。近些年来,新制度经济学派以土地产权制度的研究为主流,具体代表有科斯、德姆塞茨和张五常等。科斯定理表明:市场主体的交易费用对资源配置效率产生直接影响。只有当交易费用为零时,土地产权制度安排对土地资源配置效率无影响。但是交易费用为零是理想状态,现实中交易费用都是存在的,因此,不同的土地产权制度安排将对资源配置效率产生不同的影响。从科斯定理出发,反观我国的农村土地产权制度,其最大的问题在于农村土地产权“虚置”。现行土地产权制度将土地所有权归集体,而集体概念的模糊,导致我国农村土地产权模糊。从而增加了农村土地产权交易的成本,影响了资源配置的效率。只有明晰产权归属,才能降低交易成本,提高资源配置效率。经济学家德姆塞茨与科斯的研究重点不同,他将关注点放在农村土地权利的稳定性方面。他认为农村土地产权的稳定性与投资时间存在正相关关系，地权越稳定，农村土地生产经营者越容易延长投资期限。如果农村土地产权稳定性不强，容易受到干涉，土地经营者越倾向于短期投资。结合我国的农村土地产权制度，土地经营权越稳定，农民对土地的投资期限越长，越利于土地效率的发挥。学者张五常在其著名的佃农理论中提出了生产风险与地租契约方式之间的关系，风险越高，分成地租越有效；反之，更适合采用固定地租。由此我们看出，新制度经济学关注的重点是产权制度安排对经济绩效的影响。通过引入交易成本理论，更加深入阐释了产权与经济效率的关系。这为我们深入认识农村土地产权安排与土地流转交易之间的关系具有启发性意义。

此外，马克思主义经典作家从土地私有化下的小农经济与现代农业生产之间的矛盾出发，对土地产权制度和规模化生产之间的关系也进行了深入探讨。他们深刻地认识到在土地私有制下，小农经济具有自身的局限性，土地细碎化难以形成规模化生产。而现代农业生产是规模化经营，要增强土地的利用效率，需要土地流转形成规模生产。此外，还有学者从政府与市场关系的角度来研究土地流转。如学者 Douglas C. Macmillan 认为，要提高土地利用效率，必须进行土地的市场化流转。但是由于市场具有盲目性等缺陷，自发的市场调节可能会导致市场失灵，所以土地市场化流转必须同政府的宏观调控结合起来，这一观点已经得到广泛认同。[①]

总体看来，目前国内外相关研究已取得了一系列成果，为后续研究提供了坚实的基础。国内学者分别从农村土地承包经营权流转的内涵和概念、流转双方主体、流转方式、流转动因、流转绩效、流转影响因素、流转法律问题以及相应配套制度等方面的问题。国外学者更多是从强调产权、社会保障以及政府支持方面来诠释土地流转的法律法规。从研究视角来看，大多数研究成果是在“两权分离”背景下探讨土地承包经营权主体的相关问题，而将土地经营权主体法律制度置于“三权分置”视域下研究，实

---

① 杨明强.农村土地产权制度变迁下的土地承包经营权流转研究[D].武汉：华中师范大学，2016：4.

为鲜见，且“三权分置”为我国的独创，国外几乎没有相关文献。因此，从目前研究层面来看，还有很大拓展空间，如：对“三权分置”背景下“三权”的权能界定不清楚，土地经营权的法律属性缺失，对改革开放以来土地制度变迁的真正动因理解得还不够深入，很多学者并未将其上升到产权层面，没有找到提高土地效率的真正动因。有鉴于此，本书选题“‘三权分置’背景下土地经营权流转法律问题研究”力图从理论探索到实践考察，从历史到现实剖析，从借鉴国外经验到结合土地实际，最终致力于构建符合中国国情的农村土地经营权流转法律制度，进一步推动农村土地经营权流转法律制度建设。

三、研究思路与研究方法

本书试图通过对新中国成立以来我国农村土地产权制度变迁的历史梳理，把握“三权分置”农村土地产权制度变迁的内在规律。同时，以现阶段的农村土地承包经营权流转为主要研究对象，结合西方新制度经济学和马克思土地产权理论、地租理论等对产权制度与土地经营权流转两者之间的关系进行深入系统的分析，发掘土地经营权流转不畅背后的产权制度原因，并为解决我国农村土地流转困境寻找新的突破口。

本课题的研究以我国“三权分置”背景下土地经营权流转法律问题为主的，通过对我国农村土地产权制度变迁过程的历史梳理，借助于新制度经济学、马克思主义经济学等相关理论，采用文献分析法、实证分析法、比较分析法等多种方法对农村产权制度变迁下的土地流转问题进行深入系统的研究。本研究主要采取的方法有：

(1)本书运用民法中以权利的运行为核心线索的法律思维方法，在对土地经营权流转等概念的界定，运用了语义分析方法，“语义分析方法是以分析语言的要素、结构，考察词语、概念的语源和语境，来确认、选择或者给定语义和意义”。[①] 对“农村土地”、“土地承包经营权”等概念作出科学的界定，对“土地经营权”、“土地经营权流转”等概念进行深入的探讨。

① 张文显，于莹．法学研究中的语义分析方法[J]．法学，1991，(10)：5-6.

用意义明确的法律用语诠释土地经营权流转的法律内涵，归纳土地经营权流转的外延。正确界定土地经营权流转的法律内涵及外延，是科学分析土地经营权流转方式、判断土地经营权流转法律关系性质的基础性前提。

(2)运用社会实证分析方法，力图突破纯理论式、学究式论证的研究风格，深入农村田间地野进行调查研究，弄清现有保护措施的实际情况和农民的实际需要。从湖北省、安徽省等地农村的土地经营权流转实例的分析和提炼入手，指出土地承包经营权流转的制度体系、制度运行的法律实施机制以及制度目标实现的外部制约条件是湖北省、安徽省土地经营权流转制度面对的问题与障碍。

(3)比较分析法：这种比较包括两种类型的比较。其一，国内外横向比较；其二，国内历时纵向比较。就国内外横向比较而言，主要拟探讨国外农村土地流转与我国农村土地流转的异同；就国内历时纵向比较而言，通过不同时期制度变迁前后的农村流转的纵向比较，吸取土地产权制度变迁历史中的经验与教训，为进一步推进农村土地流转奠定基础。

四、核心概念的法律界定

概念的界定是研究的前提基础，因而本书首先需厘清农村土地、土地承包经营权、土地经营权、土地经营权流转等核心概念。

(一)农村土地概念的厘定

目前，关于农村土地这个概念，不论是现行立法，还是学术研究，都没有一个统一的定义。《农村土地承包法》规定，本法所称农村土地，是指农民集体所有和国家所有依法由农民集体使用的耕地、林地、草地，以及其他依法用于农业的土地。① 显然，该法对农村土地的界定，主要是从国家坚持农村土地基本经营制度，即继续稳定和完善以家庭承包经营为基础、统分结合的双层经营体制的角度而言的。②《土地管理法》规定，国家编

① 《农村土地承包法》第2条规定。

② 段力誌.农村土地流转问题研究——以重庆城乡统筹试验区为例[D].重庆：重庆大学，2011:25.

制土地利用总体规划，规定土地用途，将土地分为农用地、建设用地和未利用地……农用地是指直接用于农业生产的土地，包括耕地、林地、草地、农田水利用地、养殖水面等。[①] 显然，该法是基于国家实行土地用途管制制度的角度来对土地定义的。因而，比较《农村土地承包法》和《土地管理法》这两部法的规定，我们发现，对于农村土地或是农用地的相应定义，前者侧重于从“所有权”方面来定义农村土地的“地域性”范畴，后者侧重于从“使用权”方面来定义农用地的“用途性”范畴，但二者均有一共性，那就是明确了是用于“农业”的土地。[②] 此外，学者们的观点也不统一。学者高元禄认为，农村土地主要包括农村范围的地上空间和地下空间的地表或地皮，它侧重于强调农村土地本身的资源性质或生产要素的属性。学者张凤龙指出农村土地从所有权形态上可分为农民集体所有的土地和国家所有但由农民集体使用的土地，从经济用途可分为农业用地和建设用地。[③] 因此，根据研究的需要，为避免分析主题的混乱，本书所指的农村土地是指农村的农业用地，具体指以家庭承包到农户的农村集体所有的农业用地。

(二)农村土地承包经营权概念的厘定

“农村土地承包经营权”简称“土地承包经营权”，这一概念名称产生于推行家庭联产承包责任制的实践，后经立法文件认可而成为一通用之法律术语名称。[④] 对于其概念，学者们从不同的角度有着不同的理解。有学者从注重主客体和内容的角度出发，认为农村土地承包经营权是农村集体经济组织的农户以及其他的单位或者个人对农民集体所有和国家所有依法由农民集体使用的耕地、林地、草地以及其他依法用于农业的土

---

① 《土地管理法》第 4 条第 2—3 款规定。

② 段力誌.农村土地流转问题研究——以重庆城乡统筹试验区为例[D].重庆:重庆大学,2011:26.

③ 段力誌.农村土地流转问题研究——以重庆城乡统筹试验区为例[D].重庆:重庆大学,2011:25.

④ 陈苏.土地承包经营权物权化与农地使用权制度的确立[J].中国法学,1996(3):56.

地享有的占有、使用与收益的权利。[①] 有学者从强调各项具体权能的角度出发，认为农村土地承包经营权是指农用权人承包人以耕作、牧畜或经营其他农业商品项目为目的对集体所有或国有的土地、森林、山岭、草原、荒地、滩涂、水面等自然资源予以占有、使用和收益的权利。[②] 在立法上，《物权法》第125条明确规定："土地承包经营权人依法对其承包经营的耕地、林地、草地等享有占有、使用和收益的权利"。《农村土地承包法》第32条、第44条将土地承包经营权分为通过家庭承包方式取得的土地承包经营权和通过招标、拍卖等其他方式取得的土地承包经营权两种类型。这两种土地承包经营权在功能上有明显的不同，后者仅具有作为经济发展的单一功能。所以对农用地承包主体的组织形式和流转方式并没有法律上的特殊限制。自然人、法人和其他组织均可成为承包主体，只是赋予了集体经济组织成员在承包农用地时的优先权。在保证依照农业生产用途利用农用地的前提下，承包人既可以实际开发利用土地，又可以在市场机制的作用下，采取转让、转包、出租、入股等流转方式进行土地承包经营权流转。对其有关利用方式和流转方式等方面的理论争议比较少，所以，绝大多数有关土地承包经营权制度的研究并不包括这种承包方式。而前者由于兼具经济发展与生活保障双重功能，因而在法律制度的建构上要复杂得多。学界关于土地承包经营权流转问题的讨论也主要围绕前者而展开。本书也是以前者为研究对象，因而本书所指的土地承包经营权也主要指以家庭承包方式取得的土地承包经营权。

(三)土地经营权概念的探讨

农村土地"三权分置"是党中央、国务院提出的完善我国农村土地经营制度、促进适度规模经营并发展现代农业的重大改革举措。在"落实集体所有权、稳定农户承包权、放活土地经营权"的权利配置架构中，明确土地经营权的内涵是明确"三权"权能边界的关键。在"两权分离"的背景下，承包权和经营权是合在一起的，所有权属于集体，承包经营权属于农户。在现行立法上，《农村土地承包法》第32条、第44条以及《物权法》第

---

① 王利民. 中国民法典学者建议稿及立法理由·物权编[M]. 北京：法律出版社，2005:262.

② 温世扬，廖焕国. 物权法通论[M]. 北京：人民法院出版社，2005:362.

125条等明确规定了承包经营权的含义和内容。那么，在“三权分置”背景下，法律严重缺失，如何界定土地经营权的法律性质，学者们有不同的观点。当前理论界和实务界对土地经营权性质的认识大致有物权说、债权说、物权化债权说（将土地经营权定性为债权，同时又赋予其转让、抵押等物权权能）这三种观点。鉴于土地经营权是“三权分置”改革理论新创设的权利，尚没有被我国法律所规定，所以对土地经营权性质的认定并不能从现有法律中找依据，只能从应然的视角分析。这一应然的法律性质分析应当服务于改革的目的。由于“三权分置”改革的一项重要目的是通过土地经营权的流转和抵押，来促进适度规模经营和发展现代农业，债权属性的土地经营权由于其对原承包农户的高度依赖性和权利的短期性与不稳定性，显然无法有效实现上述目标。无恒产者无恒心，现代农业的发展需要对土地进行大量且长期的投资，土地经营者只有具备长期且有保障的土地权利，才会有此等投资的积极性。进一步而言，如果“三权分置”改革的目的只是确立一个债权性的经营权，土地租赁完全可以解决问题，根本无须如此大动干戈另行创设土地经营权。从当前大力推动土地经营权抵押来看，也必须赋予土地经营权物权地位，这样它才具备抵押资格；否则，债权属性的土地经营权至多只能成为债权质押的标的。

因此，要实现“三权分置”改革的目的，必须明确土地经营权的物权地位，并在此基础上赋予土地经营权人转让、抵押等权能。

不难看出，作为两种不同类型的财产权利，物权与债权功能不同、各有长短，无法也没有必要从价值判断角度分出高下优劣。也正因为如此，大陆法系国家在土地权利体系的设置上，均在规定若干土地用益物权的同时也保留债权性土地租赁，这样当事人既可以依照法律规定设定类型和内容均为法定的土地用益物权，又可以通过租赁等债权行为灵活约定土地权利义务关系，以此满足丰富多彩的实践需求。

相较于《农村土地承包法》，“三权分置”理论从权利二次分离而非权利转让的角度重新构建农村土地流转制度，允许承包农户在其土地承包经营权上再行设定一个物权性土地经营权并流转给受让人，可以有效克服《农村土地承包法》规定的“转让”流转方式中“一次性出局”的不足，既满足“承包农户只转出一部分权利或一定期限内的权利”的需要，又实现

“规模经营户享有稳定而有保障的土地物权权利，并可以转让、抵押承包地”的现实需求，从而更好地实现原承包农户与规模经营户之间的利益平衡，既稳定了承包权，又实现了放活经营权的目的。有鉴于此，为实现改革目的，“三权分置”框架下的农村土地流转权利体系设置虽然应当以土地经营权这种物权方式为主，但仍应当为当事人通过租赁等债权方式灵活约定土地承租权保留空间。

具有物权地位的土地经营权，其设立和转让均需进行登记，以便取得物权变动效果，并获得对抗效力，登记后土地经营权人享有抵押和转让权能。承包农户也可选择以租赁等债权方式流转承包地，由双方当事人通过租赁合同在不违反法律法规强制性规定的基础上自由约定双方的权利义务关系。考虑到权利体系的明晰性，在承包农户以租赁等债权性方式流转承包地的场合，不宜再以“土地经营权”称呼承租方取得的权利，否则会带来区分“物权性土地经营权”和“债权性土地经营权”的困扰，建议称之为“土地承租权”。从而形成“物权性土地经营权-债权性土地承租权”这种物债并存的承包地流转权利体系。

至于说将土地经营权定性为债权，然后通过法律规定强行赋予其转让、抵押等物权性权能，则只会导致权利设置得名不副实和法律内在逻辑体系的混乱。“租赁权物权化”趋势只是有限地赋予租赁权“买卖不破租赁”的效力，并不改变租赁权作为债权的本质属性，承租人也无法取得转让、抵押等权能。因此，要在我国立法上落实“三权分置”改革举措，必须对土地经营权是物权还是债权的问题作出明确回答，没有含糊或折中的空间。《农村承包土地的经营权抵押贷款试点暂行办法》一方面允许土地经营权抵押，另一方面又设置了“承包方同意”、“承包方已明确告知发包方”等限定条件。实则是赋予土地经营权抵押之名，行债权质押之实。这种含糊的定位恰好是受到了物权化债权说观点的影响，会导致法律关系的混乱和实践操作的困难。而如果明确土地经营权的物权地位，则其抵押既不需要取得原承包农户同意，也不需要另行告知发包方，只需按照物权变动的要求抵押登记。

学者宋志红认为为实现改革目的，“三权分置”框架下的农村土地流转权利体系设置虽然应当以土地经营权这种物权方式为主，但仍应当为当事人通过租赁等债权方式灵活约定土地承租权保留空间。[①] 学者刘守英认为，经营权解决的问题是让种地的人能好好种地。因此，土地经营权的取得不再受制于集体经济组织成员这一特定身份，而且尽管土地经营权以土地承包经营权为客体，但一经设定，即具有物权效力，在承包期限内可以对抗包括土地承包经营权人在内的一切人，土地承包经营权的变动不影响土地经营权的存续。经营者的权利与所有权、承包权一样，都是农村土地权利体系中的重要内容。[②] 本书认为，“三权分置”理论是从权利二次分离而非权利转让的角度提出来的，且基于“三权分置”改革的目的是“促进土地经营权的流转和抵押”，因此，土地经营权的性质应为物权属性，并在此基础上赋予土地经营权所有人转让、抵押等权能，以保障土地经营权所有人的土地权利，有效地进行土地流转。同时，从权利性质上看，土地经营权应具备以下特征：[①]

其一，权利取得的平等性与非身份性。土地经营权的取得不再受制于集体经济组织成员这一特定身份。

其二，独立性。尽管土地经营权以土地承包经营权为客体，但一经设定，即具有物权效力，可以对抗包括土地承包经营权所有人在内的一切人，土地承包经营权的变动不影响土地经营权的存续。

其三，排他性。土地经营权的行使不受他人干预，受到他人妨害时，权利人可以通过行使物权请求权获得救济。

其四，可处分性。土地经营权的变动依合约一定实现。经过土地承包经营权所有人的同意，转让人具有转让的自由，转让人享有选择受让人的完整权利，土地经营权存续期间，具有完全的可继承性，经营权所有人可以在权利之上设定担保物权，实现融资目的。

(四)土地经营权流转概念的界定

“流转”这个词并不是法律概念，在“两权分离”背景下，它与“农村土地承包经营权”这个具有法学概念的词结合在一起便具有了中国特色的法律内涵。关于农村土地承包经营权流转的概念，由于立法的缺失，因而

---

① 彦文.“三权分置”改革：重构农村土地权利体系[N].中国经济时报，2016-9-9.

② 刘守英：以“三权分置”重构农村土地权利体系.http://china.caixin.com/2016-09-05/100985292.html.

学界百家争鸣，观点不一。有的认为农村土地承包经营权流转就是从农村土地承包经营权中分离出来的使用权的转让，即保留承包权，转让使用权。[①] 有的认为农村土地承包经营权流转就是农村土地经营权进入流通领域，通过一定的运作方式（转包、出租、抵押、作价入股等），在不同主体之间流动，并实现土地效益经营的制度。[②] 还有的认为此提法不太符合法学标书，权利一般用转移，权利客体一般用流转。农村土地承包经营权的转移是原土地承包经营者将土地承包经营权转移给他人，从而使他人成为新土地承包经营者。[③] 而在“三权分置”理论背景下，2014 年中共中央一号文件明确农村土地承包经营权流转所流转的只是经营权。2015 年中央一号文件则进一步强调土地承包权仍属原农户，不得流转，流转的只是部分经营权。2016 年中央一号文件明确指出，放活土地经营权。2016 年 8 月 30 日中央全面深化改革领导小组第二十七次会议审议通过的《关于完善农村土地所有权经营权分置办法的意见》对“三权分置”的原则予以了明确框定：农村土地农民集体所有必须牢牢坚持。要严格保护农户承包权，任何组织和个人都不能取代农民家庭的土地承包地位，都不能非法剥夺和限制农户的土地承包权。要放活土地经营权，在依法保护集体所有权和农户承包权的前提下，平等保护经营主体依流转合同取得的土地经营权，保障其有稳定的经营预期。[④] 因此，本书结合近几年一系列政策的相关规定，同时考虑前书论述“农村土地”以及“承包权、经营权”的语境，将农村土地承包经营权流转界定为在农村土地既依法保护集体所有权和农户承包权又不改变农业用途的前提下，农村土地承包权人依法将其合法取得的农村土地经营权通过转让、转包、出租、抵押、入股等方式转移给其他农户或经营者的流转行为。

---

① 王甲．多源流视角下的土地流转政策过程分析[D]．上海：复旦大学，2011：11.

② 陈小君，等．农村土地法律制度研究——田野调查解读[M]．北京：中国政法大学出版社，2004：280.

③ 胡吕银．土地承包经营权的物权法分析[M]．上海：复旦大学出版社，2004：146.

④ http：//news.hexun.com/2016-09-09/185956302.html.

五、创新点与不足之处

（一）创新点

本书从“三权分置”背景下对土地经营权流转法律问题进行研究，从法律视角分析土地流转中出现的问题并给出相应建议，提出加强立法保护农民的生存权和农村土地的发展权，提高农民的生存质量以及农村土地的利用效率。

因此，本研究基于“三权分置”视域，以产权制度变迁与农村土地流转关系为研究重点，深入分析现行土地经营权流转中产权制度约束，对于进一步完善我国的农村土地产权制度理论，深入解决农村土地流转问题具有创新意义。

（二）不足之处

限于研究水平和时间的关系，本书难免存在诸多不足之处，需要进一步完善和后续的深入研究。主要有几个方面尚待完善：

1.本书的一手资料来源于对湖北省、安徽省部分典型农业县的调研，虽具有一定代表性，但毕竟不能代表全国土地经营权流转的状况，因此有待持续关注其他地区农村情况。

2.研究文献的回顾以国内为主，对国外研究相对薄弱。我国特有的农村土地集体所有制、家庭承包经营权方式、二元社会结构等构成了我国农村土地经营权流转的制度基础，这就决定了我国农村集体土地的流转所处的制度环境与以土地私有制为特征的市场经济国家不同。而农村土地流转所依托的制度基础正在由“二权分离”到“三权分置”的转变，因而研究更多的是中国的这种特殊制度环境。

第一章 “三权分置”与土地经营权流转概述

2014年的中央一号文件首次使用“土地经营权”的概念，2014年11月《关于引导农村土地经营权有序流转发展农业适度规模经营的意见》首次明确提出所有权、承包权、经营权的“三权分置”概念。现行法律使用“土地承包经营权”的概念，因而，在本书中，我们根据行文的需要，有时称为土地经营权流转，有时称为土地承包经营权流转。

第一节 “三权分置”的历史演进、理论基础与制度设计

一、“三权分置”的历史演进

新中国成立至今，我国的农村土地产权制度可划分为四个阶段，也就是四次产权制度变革。第一次是1949年前后的封建土地私有改革。由国家主导将封建剥削的土地私有制改革为小农土地私有制，实质上是用一种私有制代替另一种私有制。第二次是小农私有制的改革。1956—1978年的高级社和人民公社，农民的土地被收归公社，私人土地所有权被取消，农村土地产权进入“完全公有”阶段。第三次是1978—2004年，人民公社的解体，家庭联产承包责任制的兴起，“所有权”高度集中变革为“两权分离”农村土地产权制度。第四次是2004年至今，随着工业反哺农业、农业现代化战略的实施，农村土地流动需要的加剧，农村土地产权制度开始从“两权分离”向“三权分置”转变。

(一)农村土地产权“完全私有”阶段(1949—1956年)

新中国成立之后到土地改革之前，我国农村的土地产权制度以封建

土地私有制为主。从土地所有权主体来看，包括地主、富农、贫农、雇农等，其中地主、富农的人口不到农村全部人口的10%，但占有的土地为70%～80%；占农村人口90%以上的农民却只占有农村土地的20%～30%。所以，当时的土地产权制度是地主和富农占有全国绝大部分土地，而农民依靠向地主租赁进行经营。1950年6月14日，在全国政协第一届二次会议上，刘少奇在《关于土地改革问题的报告》中从历史和现实出发，阐释了进行土地改革的意义，并对党关于土地改革的方针政策进行了传达。随后，1950年6月30日《中华人民共和国土地改革法》(以下简称《土地改革法》)颁布，对封建土地所有制进行了彻底改革，《土地改革法》明确指出土地改革的目的是“废除地主阶级封建剥削的土地所有制，实行农民的土地所有制，借以解放农村生产力，发展农业生产，为新中国的工业化开辟道路”[①]。之后，土地改革运动在全国迅速展开，截至1952年12月，全国土地改革基本完成。此次土地改革是通过运动的方式，没收地主土地，将地主的土地以乡为单位，按照人口多少，平均分配给无地和少地的农民。三亿多在新解放区的农民分到了7亿多亩的耕地，还有农具、牲畜和房屋等，实现了“耕者有其田”。需要指出的是，为了孤立地主，采取了保存富农经济，保护中农和小农土地出租者的政策。土改之后，农村土地制度依然是私人所有，农民拥有对农村土地的所有权等其他权能。农民取得了对土地的完全的支配权之后，生产积极性高涨，对建国初期的农业发展和整个国民经济的恢复起到了积极作用。从国家政权建设的角度来看，这一土地制度给予了农民经济权利，使得广大农民对新政权的认同度增强，为国家全面控制农村社会打下了基础。这一次的土地改革是新中国成立之后国家主导的土地改革。在我国的农业化建设初始阶段，农业生产对于整个国民经济的发展具有重要作用。而土地作为重要的农业生产资料其活力的释放对于农村生产力发展具有关键性意义，事实证明这一时期的土地制度促进了农业生产的发展和国家财政状况的好转。

在土地私有的小农制度下，农民采取的多是传统的单家独户的农业生产方式。这种生产方式能够激发农民的生产积极性，但是农业生产具

---

① 陈明显，张恒，等. 新中国四十年研究[M]. 北京：北京理工大学出版社，1989：50.

有其自身的特性,就是要面临农业和市场双重风险。新中国成立初期,国家能够通过市场提供的技术、资金、生产工具有限,农户能够利用市场来提高农业生产效率的能力受到限制,导致农产品产量较低。农产品的价格也依靠市场来调节,在产品受自然风险影响较大的情况下,农产品价格受市场影响的波动幅度较大。同时,由于农业生产中的基础设施、相互帮工等需要农户之间协同合作,生产扩大需要更多的劳动力和生产资料,单家独户农业生产中,劳动力之间的调配极为不便,小块土地难以使用农业生产机器不利于农业生产效率的提高。为了解决这些困难,农户自发地利用传统农业社会中的信任和互助关系,开始了简单的农业合作。为了提高农民合作的效率,1951 年底中央发布了《中共中央关于农业生产互助合作的决议(草案)》,开始了农民互助合作道路。互助合作开始分为初级社和高级社,初级社是在现有的农村土地产权私有制度下,根据农业生产需要,农户组织季节性的和临时性的互助组,主要是劳动力和生产工具之间的相互调配,仍然以家庭生产为主。土改之后,“在互助组的农业生产形式下,农村土地的产权仍然高度集中于农民个人和农户,农民在以家庭为单位组织农业生产、自主经营、独立核算的基础上,通过相互协商、等价交换的方式组建没有固定合作组织的互助组,在农业生产的某些环节,包括‘私人劳动交换、耕作顺序安排以及耕畜、农具的互利’”[①]等方面进行合作。

(二)农村土地产权“完全公有”阶段(1956—1978 年)

互助组开始初期,由于实现了生产力和生产资料的有效结合,对自然灾害的抵抗力增强,农业生产效率得到一定程度的提高。随后,在互助组的基础上,很快发展成为初级社。初级社的特点是,以农民的自愿为原则,将农民私有的土地、大型农具和牲畜等生产资料由公社统一经营和使用。分配方式采用的是,按劳动力和入社的生产资料情况进行按劳分配和适当的分红。这就改变了农村土地私人所有的制度,土地和生产资料都由公社统一经营,公社统一计划生产和分配,而且有了一定的积累,可

① 吴玲.新中国农地产权制度变迁与创新研究[M].北京:中国农业出版社,2007:61.

以改善农业生产条件，进一步克服了小农生产的局限性，农业生产力进一步发展。然而中央认为初级社仍然是半社会主义性质的，需要进一步建立社会主义性质的高级社，因此，1956 年 6 月中共中央发布了《高级农业生产合作社示范章程》。该章程规定，参加高级社的农民必须将自己的土地、耕畜和大型农具等全部生产资料都转为集体统一经营。其中，土地是无偿入社的，其他生产资料可以作价，价款除抵交应交的股份基金外，多余的价款由高级社分期偿还[①]。由此，农民的私有土地收归集体，农村土地产权制度由私人所有向集体所有转变。同时还规定，各公社要允许社员耕种自留地，但是自留地比例不能超过 5%，自留地主要用于发展家庭副业。在高级社内，不仅土地由公社统一进行经营和支配，而且农业生产力也归公社，公社对成员进行严格管理，实行按劳分配，限制成员自由流动，没有退社自由。原有的私有产权被取消，农民不能通过土地等生产要素获取报酬，这标志着农村集体土地所有制的确立。这一制度的确立，不仅阻碍了农村的土地产权制度的变革，而且对农村的经济社会都产生了深远的影响。其消极影响表现为，农民对公社的依附性过高，生产积极性下降。但是，由于对公有制理论认识的错误。公社规模继续扩大，在短时间内，小社并大社，高级社规模达到前所未有的高度。1958 年 8 月，中共中央发布了《中共中央关于在农村建立人民公社问题的决议》，全国迅速掀起高级社合并成人民公社的热潮，短短几个月人民公社化基本完成。之后，在“政社合一”、“一大二公”、“一平二调”意识的主导下，这一制度在我国实行 20 多年。产权高度集中，农民的生产积极性受到压制，对整个农业生产造成了极大损失，我国农村土地产权制度也逐步偏离正确的发展方向。在这一体制下，农村土地所有权主体由公社占有，但实际上由于国家对公社的直接控制，农产品以农业税的形式上交给国家。所以，农村土地产权的控制权属于国家，而同时农民有具有一定的使用权和收益分配权，形成了三级所有的产权占有模式，产权的边界模糊，主体不明。同时，政经不分，公社行政权和经济权高度统一，实行指令性经济计划，国家

---

① 胡穗. 中国共产党农村土地政策的演进[M]. 北京：中国社会科学出版社，2007：112.

直接控制农业生产，集体仅享有对生产的决策权和管理权，对农产品的收益、分配和处置的权利基本丧失。

(三)所有权与承包经营权“两权分离”阶段(1978—2004 年)

人民公社后期，农村土地产权“完全公有”的危害逐步显现；长期的农村土地生产效率低下，农民的生产积极性不高，农业生产力发展缓慢，农民的生存时常受到威胁。在这种情况下，个别地区农民开始进行农村经济体制改革的尝试。其主要做法是推行包产到户，即恢复原有的生产责任制，同时发挥集体作用，也就是统分结合的双层经济体制。但是这一体制的重点是土地的承包经营权从所有权中分离出来，改革了农村土地产权制度。在这一制度下，家庭私有产权制度重新建立起来。经营权从人民公社时期高度统一的所有权和经营权中分离出来，标志着农村土地产权权能“二元”主体占有模式形成。以户为单位享有土地承包经营权，是对原有低效率的人民公社产权结构的打破，在此基础上，新的农村土地产权关系和产权体系得以建立。1980 年 9 月，中央下发《关于进一步加强和完善农业生产责任制的几个问题》，表明国家对基于农民创造的包产到户经营模式的肯定，其中明确规定：农户承包生产队的土地，必须对产量负责。按照一定的产量标准保持不变，并通过合同固定下来。改革初期，合同签订的时间多为一年到三年。同时，要求农民生产的粮食必须全部交给生产队，生产队扣除合同规定的标准和各项公益支出后再以奖励的形式分配。尽管我们现在看这种产权安排存在不稳定性，农民作为土地的实际主体，仅享有部分收益权；但是承包经营权改革使农民具有了生产自主权，这具有历史性的意义，它极大地调动了农民的生产积极性。可以看出，由人民公社的合作社经营制度向包产到户制度的转变，既是内部的制度变迁需求，也是国家的制度安排，实现了我国农村土地产权制度的变迁。并且将土地的承包经营权再次下放到农户，产权权能分离，进一步明细，产权结构更加合理，农民的积极性得以激发，农业生产力迅速提高。这一产权制度变革，极大地解放了农村生产力，调动了亿万农民积极性，有效解决了温饱问题，对我国农村改革具有开创性、奠基性意义。

(四)所有权、承包权和经营权“三权分置”阶段(2004 年至今)

20 世纪 90 年代，家庭联产承包责任改革释放的经济活力减弱，其经济效应逐年递减。随着工业化、城镇化的加快推进，农业生产效益与工业生产效益的差距加大，农村劳动力遵循市场规律大量向城市移动，农村社会组织结构发生深刻变化。村委会与大部分村民分离，集体经济组织与大部分集体成员分离，土地发包方与大部分承包方分离，有的家庭主要劳动力与老人子女分离。所有这些，给土地发包方、承包方、经营方带来许多新情况新问题，"两权分置"已难以持续稳定地满足需要。面对农村土地收入比降低和城镇化的加速，"两权"制的农村土地制度显示出其无法满足城镇化要求的土地流转僵化性。"务农劳动力的绝对数量和相对比重都大幅下降，但由于大量农村人口只实现了职业的转换和居住地的转移，并未实现身份的转变，结果兼业经营成为农业经营的普遍现象。"①在这一背景下，内生性的制度变迁需求引发了土地承包权与经营权的分离，各地开始进行了尝试性探索。2004 年，国务院出台《国务院关于深化改革严格土地管理的决定》，该决定规定农村集体建设用地使用权可以依法流转。2005 年 3 月，中央下发的《农村土地承包经营权流转管理办法》对土地承包经营权流转主体、方式、管理等方面给予明确规定。2008 年之后，国家不断出台政策鼓励土地流转。2013 年 11 月党的十八届三中全会明确指出，赋予我国农民对承包地占有、使用、收益、流转及承包经营权抵押、担保权能。2013 年 12 月召开的中央农村工作会议提出"落实集体所有权、稳定农户承包权、放活土地经营权"②。2014 年 11 月中共中央办公厅、国务院办公厅印发《关于引导农村土地经营权有序流转发展农业适度规模经营的意见》进一步指出，要坚持农村土地集体所有，实现所有权、承包权、经营权"三权分置"，引导土地经营权有序流转。③ 为此，2014—2017 年连续四年，中央一号文件对农村土地制度改革提出"实现所有权、承包权、经营权三权分置"的政策，旨在突破农村土地"两权"制模式的制度瓶颈，加大农村土地的流转力度。至此，随着土地流转需求的不断增加，中央政策将农村土地产权由"两权分离"逐步过渡到"三权分置"，经营

---

① 高圣平. 新型农业经营体系下农地产权结构的法律逻辑[J]. 法学研究，2014(4)：86.

② 《中共中央关于全面深化改革若干重大问题的决定》。

③ 《关于引导农村土地经营权有序流转发展农业适度规模经营的意见》。

权从承包经营权中独立出来，为土地经营权的放活创造了条件。因此，尽管法律制度还没有明确经营权的流转，但随着大规模的农村土地经营权流转的事实，我国农村土地产权结构发生了显著的变化，基本上形成了集体所有权、农户承包权和土地经营权“三权分置”蜕变。

二、“三权分置”的理论基础

(一)经济基础

随着我国社会经济不断发展，市场化程度不断提高，农村发展也融入到市场经济之中。当前，我国农村整体上可以分为两种类型：一是发达地区或城郊地区的农村。这些地区经济较为发达，与城市联系密切，不再具有典型的农村特点。另一种是欠发达地区的农村，“正是这部分农村的土地制度安排，对于解决中国现代化过程中可能出现的问题具有决定性意义”①。

党的十八届三中全会提出，充分发挥市场在资源配置中的决定性作用，关键是让众多的远离城郊的农村土地资源发挥经济价值，促进农业现代化发展。城郊农村地区接近市场，经济较为发达，人民生活相对有保障，不用过多考虑农村土地的社会保障功能；但远离城郊的广大农村地区，经济发展较慢，人民生活水平低，则需要考虑农村土地的特殊社会保障。我们不能只关心10%的发达的城郊农村土地制度，能否找到一个适合超过90%农村人口的中西部一般农村状况和农民要求的土地制度，将对中国现代化具有决定性意义。②

我国法律虽然赋予农民享有土地承包经营权，但是在上述偏远农村地区，并没有完全发挥其经济价值。一方面，基于农村土地的社会保障功能。农村土地对农民有着特殊的社会保障功能，失去土地也就意味着失去了最基本的生活保障。特别是在偏远的农村地区，土地收入是农民收入的主要来源。另一方面，法律限制农村土地自由流转和抵押融资，客观

① 贺雪峰.新乡土中国[M].北京:北京大学出版社,2013:195.

② 贺雪峰.新乡土中国[M].北京:北京大学出版社,2013:198.

上限制了农村土地权利经济价值的发挥，阻碍了农村经济的发展。改革开放三十多年来，我国农业基础发生了巨大变化，权能受限的土地承包经营权已不再适应农业规模化发展和农村土地融资需求。很多试点地区都突破现行法律，进行农村土地抵押实践尝试，以促进农业生产发展。有的试点地区直接探索土地承包经营权抵押，例如辽宁省、安徽省马鞍山市、山东省济宁市等[①]；但也有很多试点地区尝试土地经营权抵押，例如上海市、甘肃省、吉林省等[②]。因此，面对农村地区发展不平衡的现状，在坚持稳定农民土地承包经营权基础之上，客观上促使了农村土地三权分置改革政策的及时出台。

（二）政治基础

土地问题历来都是一个国家最基本的问题，从共产党领导中国革命，到建立新中国再到改革开放，历次土地制度变革，都具有很强的政治意义。新中国建立后，中央政府不断调整土地制度，以适应生产力的发展，虽几经波折，但最终确立的土地承包经营制度促进了我国农业的极大发展。20 世纪 80 年代，土地承包经营制度打破了原有的人民公社集体生产模式，突破“一大二公”的旧体制，农村土地又一次被分配到农民手中自由经营。有学者曾经运用历史分析的方法将农民获得土地承包经营权归结为中国共产党与农民重建政治契约的结果，因而该制度本身就具有了与民立约的政治含义。[③] 土地是能够保障农民基本生活的一种特殊生产资料，几千年来我国传统社会都延续着“均田地”、“实现耕者有其田”的民本思想，公平的土地制度是一个国家稳定的基础。中国革命的成功在很

---

① 参见：辽宁省农村信用社联合社《辽宁省农村信用社土地承包经营权抵押贷款管理暂行办法》(2010 年)；安徽省马鞍山市含山县人民政府办公室《含山县农村土地承包经营权抵押贷款试行办法》(2014 年 11 月)；济宁市农业委员会《农村土地承包经营权抵押贷款管理办法》(2010 年 10 月)。

② 参见：甘肃省人民政府金融工作办公室、财政厅、农牧厅、中国人民银行兰州中心支行、中国银行业监督管理委员会、甘肃监管局《甘肃省农村土地承包经营权抵押贷款管理办法(试行)》(2014 年 12 月)；上海市金融服务办公室、上海市农业委员会《上海市农村土地经营权抵押贷款试点实施办法》(2015 年 2 月)；吉林省委、省政府《土地经营权流转实施意见》(2015 年 5 月)。

③ 孙宪忠. 争议与思考：物权立法笔记[M]. 北京：中国人民大学出版社，2006：448.

大程度上也是得益于中国共产党及其所领导的政府在土地政策上对农民这种强烈诉求的积极回应，即从根据地、解放区逐步开展并在新中国成立后推行到全国的土地改革。① 土地承包经营权的配置基本都以集体成员的基数平均配置，这就实现了农民“耕者有其田”的愿望。若允许土地承包经营权自由流转和买卖，势必会打破这个平衡，从而影响农民的基本利益，影响社会稳定。

我国《物权法》在制定时，学者之间就土地承包经营权是否可以自由流转和抵押等问题就产生过激烈的争论，但最终还是因土地的特殊保障功能而限制其行使。首先，土地承包经营权自由流转的后果之一就是可能会造成大量农民失去土地，农民被迫涌入城市，给城市造成压力，从而影响社会稳定。其次，农村土地改革要求确保 18 亿亩耕地红线不突破，这不单是保护农民的权益，也是在保护国家粮食安全。作为一个拥有近 14 亿人口的大国，中国长期的历史经验表明，粮食是维持社会稳定和实现社会控制的核心战略物资，所谓“手中有粮，心中不慌”，正是这一历史的经验总结。高度重视粮食生产问题，是一种延续千年的政治经验，甚至已经形成了一种政治文化。② 最后，限制农村土地自由流转，有利于避免土地过分集中。大量的土地流转，可能会使土地集聚于少数人手中，从而剥夺了其他农民基本生存的权利，给社会造成不稳定因素。正是对土地集中的担忧以及农民基本生活保障的缺乏，政策制定者选择了以土地公有和限制土地权利交易的经济策略。③ 土地承包经营权作为一项基本农村土地权利，其涉及社会稳定和国家安全等多种政治因素。因此，在分析土地制度改革时，不能忽视权利背后的政治因素，农村土地三权分置改革在不触动农民基本权利和社会稳定的前提下进行。实质上，是赋予农民更多的财产权，而不是减少农民的财产权。

---

① 赵万一，汪青松．土地承包经营权的功能转型及权能实现——基于农村社会管理创新的视角[J]．法学研究，2014(1)：74-92．

② 揭明，鲁勇睿．土地承包经营权之权利束与权利结构研究[M]．北京：法律出版社，2011：68．

③ 揭明，鲁勇睿．土地承包经营权之权利束与权利结构研究[M]．北京：法律出版社，2011：74．

(三)文化基础

文化是孕育一项新制度的基础和摇篮。农村土地三权分置改革的确立,与我国固有的乡土文化有着密切联系。制度规范及习惯权利,既是文化习惯的产物,也是文化习惯的有机构成。[①] 农村土地三权分置改革产生于我国农业实践基础之上,有着深厚的历史文化基础。其一,集体主义对农村土地改革的影响,即坚持集体土地所有权。改革开放后,虽然人民公社制度被废除,但是这并没有改变我国自 1956 年“三大改造”完成后在农村形成的集体主义观念。我国宪法所确立的基本农业经营制度,“这是历史的选择,是坚持农村基本经营制度的‘灵魂’,是实现农民共同富裕的基础,也是中国特色社会主义道路的重要制度特征”[②]。其二,传统观念对农村土地改革的影响,即稳定土地承包权。自改革开放后,农村土地分配到农民手中自营,土地已成为农户所享有的最基本社会保障。当前立法中,“户”已属于我国现行民事立法认可的独立类型的民事主体[③],土地使用权必须具体落实到个体农户[④]。在中国,以血缘关系为基础的家户长期居于主导地位,是整个社会的基本组织单位,是中国传统社会的“细胞”,由此形成数千年中国的家户经营传统。[⑤] 因此,稳定土地承包关系长久不变,就要兼顾到我国农村以户为基本单位进行经营的历史传统和感性认识。其三,法治理念对农村土地改革的影响,即有序放活土地经营权。改革开放以来,随着我国法治化水平、现代化水平不断提升,法治理念、文化逐步深入人心,依法改革成为我国改革中的共识。要善于以法治凝聚改革共识,以法治引领改革方向,以法治规范改革程序,以法治确认、巩固和扩大改革成果。[⑥] 土地经营权流转必须要有法制基础、法治思维,才能实现土地经营权有序流转。因此,农村土地“三权分置”改革不仅承

---

① 谢晖.论新型权利生成的习惯基础[J].法商研究,2015(1):44-53.

② 孙中华.关于农村土地“三权分置”有关政策法律性问题的思考[J].农业部管理干部学院学报,2015(3):1-5.

③ 王利明.民法[M].北京:中国人民大学出版社,2015:57.

④ 张千帆.农村土地集体所有权的困惑与消解[J].法学研究,2012(4):115-125.

⑤ 徐勇.中国家户制传统与农村发展道路——以俄国、印度的村社传统为参照[J].中国社会科学,2013(8):102-123.

⑥ 张文显.法治与国家治理现代化[J].中国检察官,2014(4):5-27.

载了传统的文化因素，而且还融入了现代文化理念。诚如马克思等经典理论家所指出的：“权利永远不能超出社会的经济结构以及由经济结构所制约的社会文化观念。”[①]综上，农村土地三权分置改革，即坚持集体所有权，稳定土地承包权，放活土地经营权，在我国都有着深厚的文化基础和历史积淀。

三、“三权分置”的制度设计

农村土地“三权分置”的制度设计，实质上是在坚持我国土地所有制的基础上，对农村土地产权结构的调整，通过对立体化的土地权利的重新分配，提高农村土地的“效率”，同时兼顾社会主义的“公平”。坚持家庭经营的基础性地位，落实农村土地集体所有权，稳定农户家庭承包权，放活农村土地经营权，实现农村土地所有权、承包权、经营权的三权分置，充分发挥“三权”的各自功能和整体效用，形成层次分明、结构合理、协调发展的有机体制。

(一)始终坚持农村土地集体所有权的根本地位

“三权分置”是在坚持农村土地集体所有的基础上，对家庭承包经营的进一步延伸和发展。农村土地归农民集体所有，是农村基本经营制度的根本，必须得到充分的体现和保障，不能虚置。土地集体所有权人对集体土地依法享有占有、使用、收益和处分的权利。农民集体是土地集体所有权的权利主体，在完善“三权分置”办法过程中，要充分维护农民集体对承包地发包、调整、监督、收回等各项权能，发挥土地集体所有的优势和作用。农民集体有权依法发包集体土地，任何组织和个人不得非法干预；有权因自然灾害严重毁损等特殊情形依法调整承包地；有权对承包农户和经营主体使用承包地进行监督，并采取措施防止和纠正长期抛荒、毁损土地、非法改变土地用途等行为。承包农户转让土地承包权的，应在本集体经济组织内进行，并经农民集体同意；流转土地经营权的，须向农民集体书面备案。集体土地被征收的，农民集体有权就征地补偿安置方案等提

① 马克思，恩格斯. 马克思恩格斯选集(第3卷)[M]. 北京：人民出版社，1972:12.

出意见并依法获得补偿。通过建立健全集体经济组织民主议事机制，切实保障集体成员的知情权、决策权、监督权，确保农民集体有效行使集体土地所有权，防止少数人私相授受、谋取私利。

(二)严格保护农户承包权

农户享有土地承包权是农村基本经营制度的基础，要稳定现有土地承包关系并保持长久不变。土地承包权人对承包土地依法享有占有、使用和收益的权利。农村集体土地由作为本集体经济组织成员的农民家庭承包，不论经营权如何流转，集体土地承包权都属于农民家庭。任何组织和个人都不能取代农民家庭的土地承包地位，都不能非法剥夺和限制农户的土地承包权。在完善"三权分置"办法过程中，要充分维护承包农户使用、流转、抵押、退出承包地等各项权能。承包农户有权占有、使用承包地，依法依规建设必要的农业生产、附属、配套设施，自主组织生产经营和处置产品并获得收益；有权通过转让、互换、出租(转包)、入股或其他方式流转承包地并获得收益，任何组织和个人不得强迫或限制其流转土地；有权依法依规就承包土地经营权设定抵押、自愿有偿退出承包地，具备条件的可以因保护承包地获得相关补贴。承包土地被征收的，承包农户有权依法获得相应补偿，符合条件的有权获得社会保障费用等。不得违法调整农户承包地，不得以退出土地承包权作为农民进城落户的条件。

(三)加快放活土地经营权

赋予经营主体更有保障的土地经营权，是完善农村基本经营制度的关键。土地经营权人对流转土地依法享有在一定期限内占有、耕作并取得相应收益的权利。在依法保护集体所有权和农户承包权的前提下，平等保护经营主体依流转合同取得的土地经营权，保障其有稳定的经营预期。在完善"三权分置"办法过程中，要依法维护经营主体从事农业生产所需的各项权利，使土地资源得到更有效合理的利用。经营主体有权使用流转土地自主从事农业生产经营并获得相应收益，经承包农户同意，可依法依规改良土壤、提升地力，建设农业生产、附属、配套设施，并依照流转合同约定获得合理补偿；有权在流转合同到期后按照同等条件优先续租承包土地。经营主体再流转土地经营权或依法依规设定抵押，须经承包农户或其委托代理人书面同意，并向农民集体书面备案。流转土地被征收的，地上附着物及青苗补偿费应按照流转合同约定确定其归属。承包农户流转出土地经营权的，不应妨碍经营主体行使合法权利。加强对土地经营权的保护，引导土地经营权流向种田能手和新型经营主体。支持新型经营主体提升地力、改善农业生产条件、依法依规开展土地经营权抵押融资。鼓励采用土地股份合作、土地托管、代耕代种等多种经营方式，探索更多放活土地经营权的有效途径。

（四）逐步完善“三权”关系

农村土地“三权分置”的制度设计，在落实集体所有权的基础上，通过稳定农村土地承包权、放活土地经营权，完成了对产权结构的调整。农村土地集体所有权是土地承包权的前提，农户享有承包经营权是集体所有的具体实现形式，在土地流转中，农户承包经营权派生出土地经营权。支持在实践中积极探索农民集体依法依规行使集体所有权、监督承包农户和经营主体规范利用土地等的具体方式。鼓励在理论上深入研究农民集体和承包农户在承包土地上、承包农户和经营主体在土地流转中的权利边界及相互权利关系等问题。通过实践探索和理论创新，逐步完善“三权”关系，为实施“三权分置”提供有力支撑。

第二节 土地经营权流转的发展历程与成因

兴盛于沿海经济较繁荣地域、开始于20世纪80年代的农村土地承包经营权的流转，随着城镇化的发展和工业化的加快，渐渐在内陆地区开展起来。我国的法律法规对农村土地承包经营权流转先后经历了明文禁止—条件限制—逐渐放开—政策鼓励的过程。

一、土地经营权流转的发展历程

（一）从禁止到限制阶段

在改革开放初期，由于各项经济、社会政策及法律制度等都处于探索阶段。1978年，安徽凤阳小岗村做出“大包干”决定。他们采取土地产权的所有权与使用权分离的政策，让农户家庭拥有土地经营权。家庭联产承包制的确立，打破了20多年来对于社会主义农村经济模式的认识，土地制度从单纯集体所有制向集体所有制和家庭经营的两权分离模式转变，迅速地调动了农民的热情，产生了非常积极的作用。原有束缚农村劳动力的因素被排除，农民的生产经营意愿十分强烈，这时农民也不可能会把土地流转出去。所以在当时全国的经济和社会背景下，党和国家的政策法律是保护农民的土地，全面禁止将土地承包经营权转让出去。1982年《宪法》以根本大法的形式表明了对于土地流转的态度，第10条第4款明确规定:“任何组织或者个人不得侵占、买卖、出租或者以其他形式非法转让土地。”1983年中共中央颁发了《当前农村经济政策的若干问题》的通知，明确提出，全国农村开始普遍实推行包干到户。1984年又颁发了《关于一九八四年农村工作的通知》，进一步提出:“土地承包期一般应在十五年以上……鼓励土地逐步向种田能手集中。社员在承包期内，因无力耕种或转营他业而要求不包或少包土地的，可以将土地交给集体统一安排，也可以经集体同意，由社员自找对象协商转包……”这是国家首次对土地流转政策层面的松动。1986年颁布施行的《中华人民共和国民法通则》(以下简称《民法通则》)首次对土地承包经营权做了基本法层面的回应，第80条亦规定:“土地不得买卖、出租、抵押或者以其他形式非法转让。”1987年是土地流转特殊的一年，国务院对沿海某些发达地区适度规模经营做出了批示，从此土地流转制度进入实验性阶段。

由于农业生产效益低下，土地税费负担重，农户粗放经营，不少农户为外出务工流转承包地，一些工商企业介入农业生产领域，地方政府和乡村组织为完成上级下达的税费任务而动用行政手段推动土地流转，强行将农户承包土地转租，出现了“流转面积过大、流转期限过长、流转费过低、改变土地农业用途、强迫流转”等问题。

(二)从限制到放开阶段

随着改革开放带来的社会生产力的提高和经济的不断发展，农村人口开始被解放出来，转移到城市从事第二、第三产业。这样，在许多农村地区就出现了大量的土地闲置状况，进而直接导致耕种规模的萎缩。有些地区为了确保国家订购粮的完成或者超额完成，采用价格补贴的办法，促进农村土地的规模化经营—土地集中，鼓励商品粮田向种田能手集中。[①] 此后，无论在国家政策层面还是在法律层面对于土地流转的态度都出现了一些缓和。按照1984年中央一号文件精神，农村土地在经营上可以由耕种能力较强的农民承担更多。那么无力从事农业生产或从事其他行业的农民在一定条件下可以将其承包的土地转包。这些条件包括：原有的土地承包经营权必须仍处于承包期内；承包合同项下的权利义务要予以维持；方式上既可以由集体经济组织统一安排转包，亦可由当事人之间平等协商转包事宜。[②] 1988年《中华人民共和国宪法修正案》对第10条第4款加以修改，土地出租得以解禁，并原则上规定了土地使用权可以转让的规定。1988年《宪法修正案》第2条规定：宪法第10条第4款“任何组织或者个人不得侵占、买卖、出租或者以其他形式非法转让土地”修改为“任何组织或个人不得侵占、买卖或者以其他形式非法转让土地，土地的使用权可以依照法律的规定转让”。这一规定为土地承包经营权的流转扫清了障碍，第一次在立法上明确了农村土地流转的法律地位。之后，1988年修订的《中华人民共和国土地管理法》(以下简称《土地管理法》)对此也做出了修正。第2条第2款修改为“任何单位和个人不得侵占、买卖或者以其他形式非法转让土地”[③]。第2条增加两款，作为第4款、第5款，“国有土地和集体所有的土地的使用权可以依法转让。土地使用权转让的具体办法，由国务院另行规定”；“国家依法实行国有土地有偿使用制度。国有土地有偿使用的具体办法，由国务院另行规定”。[④] 为适应农村发展规模经济和产业结构调整的要求，中央制定的国家宏观政策也涉及农业生产经营的适当引入市场化机制，该政策以发展农业规模经济为出发点，着力提升农业生产率及土地利用效率，明确了集体经济组

① 王小莹. 我国农村土地流转法律制度研究[M]. 北京：法律出版社，2012：134.

② 1984年中共中央一号文件《关于一九八四年农村工作的通知》。

③ http://baike.baidu.com/link? url=uGGOhPdOHVAyiCmg1BkjjCxHgIEUIs69xlFemqaziF8cZGGlBqqt2Z1rUGxW5SqHHxj_LNbN10ut73zO0aJh8a.

④ http://wenku.baidu.com/link? url=MFsIIpOC0zsMo6N0eNZHPEufzgdHHTwVMkguR7mFUNinnPAeguJXtZ8QA5PsDHyqrA3RFOiDRdYX6kCeQDuMz-bRF8Nnw8XTor24Z4DN9qa.

织成员之间可以在平等协商的基础上依法有偿转让土地使用权。[①] 这样，转让这种土地承包经营权流转方式便得到了政策层面的支持。1993年中央一号文件里指出承包规定时期内农民可以转让土地使用权并规定土地承包期是30年，稳定了土地流转的外环境。1995年3月，国务院批转了发农业部《关于稳定和完善土地承包关系的意见》。该意见明确表明了中央政策对“土地承包经营权流转机制”建立的态度，并对流转限制条件、流转方式作了系统性的规定。[②] 由此，土地承包经营权流转的方式进一步完善。同年颁行的《中华人民共和国担保法》(以下简称《担保法》)更是在抵押权设定的客体上认可了四荒土地可以纳入其中。1998年中央十五届三中全会指出“坚持依法、自愿、有偿流转土地使用权，不得以任何理由强制农户转让”。2000年农村土地二轮延包的工作基本完成，确立了新一轮土地承包关系，农民普遍获得了30年使用期的农村土地使用权，为扩大土地流转提供了前提。2001年中央一号文件《关于做好农户承包地使用权流转工作的通知》指出，在“稳定家庭承包经营制度的前提下，坚持依法、自愿、有偿的原则，推进农户承包地使用权进行流转”，积极推进土地承包经营权的流转。2002年颁布的《中华人民共和国农村土地承包法》(以下简称《农村土地承包法》)把土地承包经营权流转的政策法律化，其中第10条明确规定，国家保护承包方依法、自愿、有偿地进行土地承包流转。第16条中对于承包方享有的权利作出了规定，承包方依法享有承包地的使用、收益和土地经营权的流转，有权自主处置产品和组织生产经营。第33条通过家庭承包取得的土地承包经营权可以依法采取转包、出租、互换、转让或者其他方式流转。2002年颁布的《农村土地承包法》结束了土地承包经营权流转长期以来在法律法规上的分散状态，重新梳理了我国实践中探索已久的土地承包经营权流转机制并在法律制度

---

① 参见《中共中央关于建立社会主义市场经济体制若干问题的决定》。

② 即《关于稳定和完善土地承包关系的意见》指出：建立土地承包经营权流转机制。农村集体土地承包经营权的流转，是家庭联产承包责任制的延续和发展，应纳入农业承包合同的管理范围，在坚持土地集体所有和不改变土地农业用途的前提下，经发包方同意，允许承包方在承包期内对承包标的依法转包、转让、互换、入股，其合法权益受法律保护，但严禁擅自将耕地转为非耕地。

上加以固定。可以说,该法的颁布实施是土地承包经营权流转制度在我国正式确立的基本标志,标志着我国农村土地承包经营权流转制度发展到了一个新的高度。同年,修正的《中华人民共和国农业法》(以下简称《农业法》)第10条也规定:“国家实行农村土地承包经营制度,依法保障农村土地承包关系的长期稳定,保护农民对承包土地的使用权。农村土地承包经营的方式、期限、发包方和承包方的权利义务、土地承包经营权的保护和流转等,适用《中华人民共和国土地管理法》和《中华人民共和国农村土地承包法》。”而后农业部、国务院对于此领域的立法工作加以注重并相继出台了一系列法律法规以确保农村土地承包经营权的合理流转。如2005年针对农村土地承包经营权流转的程序和有序流转出台了《中华人民共和国农村土地承包经营权流转管理办法》(以下简称《农村土地承包经营权流转管理办法》)。土地承包经营权流转法律条文细则化,这样可以更有效地促进土地的流转。2006年1月1日起,我国全面废止农业税,农业效益提高,农村土地价值提升,农村劳动力转移步伐加快,农村土地流转供给增加,为加快农村土地流转和土地承包经营权流转市场的建立健全创造了条件。2007年通过的《中华人民共和国物权法》(以下简称《物权法》)更是从基本法的角度进一步对《中华人民共和国农村土地承包法》(以下简称《农村土地承包法》)确立的土地承包经营权流转制度予以明文肯定,明确规定土地承包经营权为用益物权,物权性的确立为土地经营权的流转减少了制度障碍。由此,我国关于土地承包经营权流转制度在法律体系上得以基本确立。2007年中共十七大指出,按照“依法、自愿、有偿”的原则,培育土地承包经营权流转市场,具备条件的地方可以发展多种形式的适度规模经营。

(三)从放开到鼓励阶段

2008年10月十七届三中全会通过的《中共中央关于推进农村改革发展若干重大问题的决定》中规定:“建立健全土地承包经营流转市场……发展多种形式的适度规模经营。”2012年,中国共产党第十八次全国代表大会指出,“加快构建新型农业经营体系,赋予农民更多财产权利,推进城乡公共资源均衡配置和要素平等交换”。2013年,中共十八届三中全会通过的《中共中央关于全面深化改革若干重大问题的决定》指出,“允许在符合规划和用途管制前提下，经营性农村集体建设用地可以出让、租赁、入股，并与国有土地实现同权同价、同等入市。在公开交易市场上，鼓励专业大户、家庭农场、农民合作社、农业企业通过流转获得农村土地承包经营权。完善对被征地农民合理、规范、多元保障机制”。2014 年 1 月中共中央一号文件《关于全面深化农村改革加快推进农业现代化的若干意见》指出，“……赋予农民对承包地占有、使用、收益、流转及承包经营权抵押、担保权能”，第一次对农村土地经营权给予担保和抵押权能，政策的导向不断刺激着土地流转的速度和进程。同年 7 月国务院颁布《关于进一步推进户籍制度改革的意见》（以下简称《意见》），此意见加速了农业户口向非农户口的转变的可能性，以期实现城镇化发展质的改变。这次改革的目的是“达成 1 亿左右的农村转移人口以及其他外来常住人口在城镇的落户”①。这个《意见》的背后所映射的便是刺激农村土地经营权流转的规模和速度。同年 11 月，中共中央办公厅、国务院办公厅印发了《关于引导农村土地经营权有序流转发展农业适度规模经营的意见》，指出“放活土地经营权，规范引导农村土地经营权有序流转，严格规范土地流转行为”、“按照中央统一部署、地方全面负责的要求，在稳步扩大试点的基础上，用 5 年左右基本完成土地承包经营权确权登记颁证工作，妥善解决农户承包地面积不准、四至不清等问题”。2015 年中央一号文件指出，“引导土地经营权规范有序流转，创新土地流转和规模经营方式，积极发展多种形式的适度规模经营”。2016 年中央一号文件指出，“放活土地经营权”、“依法推进土地经营权有序流转”。② 2016 年 3 月“十三五”（2016—2020 年）规划纲要《中共中央关于制定国民经济和社会发展第十三个五年规划的建议》指出，“稳定农村土地承包关系，完善土地所有权、承包权、经营权分置办法，依法推进土地经营权有序流转，通过联耕联种、代耕代种、土地托管、股份合作等方式，推动农业实现多种形式的适度规模经营”。2016 年 8 月 30 日，中央全面深化改革领导小组第二十七次会

---

① 官方谈户籍改革：力度之大涉及面之广前所未有，http://news.qq.com/a/20140730/025893.htm.

② 2016 年中央一号文件（全文），http://news.1nongjing.com/a/201602/130387.html.

议召开审议通过的《关于完善农村土地所有权承包权经营权分置办法的意见》提出，“顺应农民保留土地承包权、流转土地经营权的意愿，将土地承包经营权分为承包权和经营权，实行所有权、承包权、经营权分置并行，着力推进农业现代化”、“加快放活土地经营权。赋予经营主体更有保障的土地经营权”、“建立健全土地流转规范管理制度。规范土地经营权流转交易，因地制宜加强农村产权交易市场建设，逐步实现涉农县（市、区、旗）全覆盖”。2017 年中央一号文件明确指出，“积极发展适度规模经营。大力培育新型农业经营主体和服务主体，通过经营权流转、股份合作、代耕代种、土地托管等多种方式，加快发展土地流转型、服务带动型等多种形式规模经营”；“深化农村集体产权制度改革。落实农村土地集体所有权、农户承包权、土地经营权‘三权分置’办法。加快推进农村承包地确权登记颁证，扩大整省试点范围”。由此，“三权分置”下，我国的城镇化和土地流转都将会处于一个快速推进阶段。

二、土地经营权流转的成因

20 世纪 80 年代，家庭联产承包责任制的农村土地的生产活力，充分发挥了土地的生产价值，带来了农业生产的大发展。与此同时，这种统分结合的双层经营模式是对传统高度集中生产经营模式的突破。但我们也注意到，在实践操作的过程中，这种经营模式更多体现的还是“分”，集中的作用可以说微乎其微。随着农业生产的向前发展和社会基础条件的变动，当前生产经营模式也已经暴露出许多弊端，如土地资源过于分散，管理成本提高且效率低下；大型农业机械和现代农业生产技术推广难题频出；分散经营严重制约了规模化经营优势的发挥，不利于农村土地资源产权交易市场的形成等。我们知道，在法律层面，土地承包经营权制度有一个从政策调整到法律调整的过程，土地承包经营权慢慢从宪法性权益发展到民法所赋予的重要用益物权，再到《农村土地承包法》对土地承包经营权流转做了系统的规定。这样就为土地承包经营权流转提供了法律制度支持。

（一）土地承包经营权流转的必要性

1. 土地承包经营权流转是发挥市场手段优化农村土地资源配置的

要求

市场作为资源配置的手段，其明显的特征就是将生产要素配置到能发挥其最大经济效益的地方。限于当前土地制度下土地的所有权在于集体和国家，农民个人拥有的是土地承包经营权，从而无法像所有权人那样自由支配土地。因此，我国当下土地承包经营权流转制度的出发点就在于如何还原土地作为生产要素的功能，使土地的资源属性最大限度地被挖掘出来。只有让其流动起来，方可促进善于从事农村土地生产经营的经营者掌握更多的土地生产要素。进而让不依靠土地谋生的农民也可以将自己的土地承包经营权让渡出去获得相应的报酬，找到更适合自己的职业选择。这样土地资源这一生产要素便从低效率使用状态朝着高效率使用状态转化，完成了市场配置资源的过程。所以从土地作为市场生产要素的角度讲，土地承包经营权需要进行流转。

2. 土地承包经营权流转是实现规模经营、调整农业产业结构的要求

家庭联产承包责任制提高了农民的主观能动性，同时也充分发挥了土地的生产价值，带来了农业生产的大发展。随着农业生产的向前发展和农业产业的调整，当前，家庭联产承包责任制的经营方式也已经暴露出许多弊端。典型的就是农村土地分优劣等级碎片化承包导致土地资源过于分散，管理成本提高且效率低下；大型农业机械和现代农业生产技术推广难度较大；分散经营严重制约了规模化经营优势的发挥和农业产业结构的升级。尤其是随着我们与国际粮食市场深度接轨以后，来自国际粮食市场的竞争压力更是凸显了我国农业经济在规模化和产业结构上的弊病。我国长期实行粮食保护价制度，这种依赖于行政力量的保护也不是农业经济发展的长久之计。因此，只有依赖土地承包经营权流转机制发挥作用，才能直接促进农业的规模化经营和适应农业产业结构的升级需要。

3. 土地承包经营权流转是培育农村土地产权市场，发展农业经济的要求

进行土地承包经营权的自由流动是培育和发展农村土地产权市场的必然要求。一直以来，农村土地资源配置单纯通过行政手段发挥作用，而能够实现资源优化配置的市场手段却迟迟难以发力。我们知道，在计划

经济时期，行政手段是资源配置的主要手段，也是管理经济的主要方式。对农业经济而言，行政手段的弊端就是土地资源的生产力得不到释放，也压抑了农民的生产积极性，并招致了农业经济的极端落后状况。虽然当前已经与这种传统的计划经济割裂多年，但在农业经济上似乎还能找到计划经济下资源配置手段的阴影。所以，要在发展农业上使得市场经济体制得以建立和发展，我们就需要充分发挥市场作为资源配置手段的作用，从而使得农村土地资源的生产效用得到充分发挥。对于我国而言，市场经济体制的发展完善需要在各个领域的生产要素竞相迸发活力形成多个层级的资源流转交易市场，这其中就包括土地资源分配以市场为导向的土地市场这重要一环。因此，培育农村土地产权市场，发展农业市场经济也需要土地承包经营权的流转。[①]

4. 土地承包经营权流转是防止弃耕抛荒，保障粮食生产安全的要求

在过去相当长的一个时期，我国经济的发展在很大程度上依赖于人口红利的释放。其中一个重要方面，便是来自农业生产的劳动力转移到工业生产一线。我国工业较为发达地区，需要大量的劳动力，这样，每年在经济发达的城市从事工业生产的广大农民工群体离开原有的土地。当大量这样的群体在城市里有了稳定收入的工作，便不再依靠从事农业劳动来获得经济来源，其结果就是大量农村劳动力外出，许多耕地就荒废了无人耕种，土地资源就出现严重的浪费。土地资源荒废的直接影响就是粮食产量下滑。那么，作为民生的最基本资源，尤其是像有着众多人口的中国，对于粮食的需求可见一斑，粮食产量下滑将会引发社会恐慌。只有充分利用农业土地资源，提高农业生产科学技术水平，切实保障可耕地得到有效利用及农业粮食产出稳定方能在我国出现巨大粮食需求缺口时摆脱对于粮食进口的过度依赖，也更能保障国家经济命脉始终掌握在自己手里。所以，农业土地的大量闲置和抛荒会严重影响到我国的粮食安全。而实现土地承包经营权的有效流转便可使得上述问题迎刃而解，流动人口可以将自己的土地承包经营权流转到有能力和意愿从事农业生产经营的组织和个人，同时获得一定的财产收益。如此一来，既能够防止弃耕抛

① 黄腾. 土地承包经营权流转的问题研究[D]. 烟台：烟台大学，2014.

荒，又能够保障粮食生产安全。对于农民个人来说，国家和农业生产本身就是一个多赢的局面。所以，建立一个高效合理的土地承包经营权流转制度是防止弃耕抛荒，保障粮食生产安全的要求。

5. 土地承包经营权流转是发掘农村土地价值，赋予更多农民财产性权益的要求

农村土地承包经营权的市场化流转产生经济价值，并顺应社会发展趋势的同时，也会造成土地对其承载的社会保障功能逐步消解。对于这个问题，首先应该明确的是，法律允许农村土地承包经营权的市场化流转是一个方面，但是否流转及流转的程度只是一种或然性，农民依然对此享有绝对的权利和自由。并且中国农民有传统的“恋地情节”。农村土地承包经营权的市场化流转会使农民或多或少地突破对于土地的依赖，而这种突破本身就是一种社会进步。此外，农民人身自由以后，可以投身到第二、第三产业中去获得经济收益。[①]《物权法》是一部私有财产保护法，土地承包经营权既然作为一种法定物权种类规定在我国《物权法》中，其本身的财产特性就应该被真正赋予其权利的享有者。不过，要实现这种财产性权益的兑现必须依赖于土地承包经营权流转所产生的收益，如通过土地承包经营权入股获得分红，通过抵押获得增信和融资等。所以土地承包经营权流转是发掘农村土地价值，赋予更多农民财产性权益的要求。

6. 土地承包经营权流转是践行新型城镇化，缩小城乡差距的要求

如前所述，农村土地承包经营权的市场化流转会使农民在一定程度上有更大人身自由，在从事第二、第三产业中获得经济收益，农业人口也会随着其所从事的产业布局完成一次人本身的城镇化过程。相比于当下大规模农民工群体的临时性流动，这样的城镇化更为稳定和持久，也是最理想的一种城镇化模式。此外，土地承包经营权的自由高效流转会使一些土地资源导向性的农业企业就地布局，进而对农村经济和农民收入都将产生积极的影响。而在这些因素的共同作用下自然会使城乡差距逐渐缩小。所以土地承包经营权流转是践行新型城镇化、缩小城乡差距的要求。

---

① 张平华，等. 土地承包经营权[M]. 北京：中国法制出版社，2007：195.

(二)土地承包经营权流转的可行性

1.土地承包经营权流转法律制度、政策支持构建起土地流转的基本框架

历年来,中央对农村土地承包经营权流转问题一直高度重视。1978年的家庭联产承包责任制确立了农户的市场主导地位。1984年的中央一号文件允许种田能手可以转包承包地,当时承包期为15年。[①] 1988年4月的《宪法修正案》明确规定土地使用权可以依照法律的规定转让。[②] 1993年中央一号文件允许农户在承包期内转让土地使用权,此时承包期确定为30年。[③] 1998年《中共中央关于农业和农村工作若干重大问题的决定》提出“土地使用权的合理流转,要坚持自愿、有偿的原则依法进行,不得以任何理由强制农户转让”,全面开展延长土地承包期30年的工作。[④] 2001年中央一号文件系统地提出了“土地承包经营权流转政策”[⑤]。2002年8月通过的《农村土地承包法》以稳定和完善以家庭承包经营为基础、统分结合的双层经营体制,对土地承包经营权的流转做了较为全面的规定,标志着准物权化的土地承包经营权制度的确立。2005年通过的《农村土地承包经营权流转管理办法》第六条的规定[⑥]确立了农民长期有保障的土地使用权。2007年3月通过的《中华人民共和国物权法》把土地承包经营权定义为“用益物权”,进一步明确了农民土地承包经营权的财产性质。2013年十八届三中全会《关于全面深化改革若干重大问题的决定》再一次确定了土地承包经营权流转形式的多元化。2014年中央一

---

① 1984年中央一号文件。

② 1988《宪法修正案》第二条规定:宪法第十条第四款“任何组织或者个人不得侵占、买卖、出租或者以其他形式非法转让土地”修改为“任何组织或个人不得侵占、买卖或者以其他形式非法转让土地,土地的使用权可以依照法律的规定转让”。

③ 1993年中央一号文件。

④ 《中共中央关于农业和农村工作若干重大问题的决定》。

⑤ 2001年中央一号文件。

⑥ 《农村土地承包经营权流转管理办法》第六条规定:“承包方有权依法自主决定承包土地是否流转、流转的对象和方式。任何单位和个人不得强迫或者阻碍承包方依法流转其承包土地。”

号文件第一次明确提出，赋予农民对承包地的承包经营权抵押、担保权能。[①] 2015年中央一号文件指出，引导土地经营权规范有序流转，创新土地流转和规模经营方式，积极发展多种形式适度规模经营。承包地的经营权可以向金融机构申请抵押融资。[②] 2016年中央一号文件指出，依法推进土地经营权有序流转。[③] 2017年中央一号文件指出，通过经营权流转、股份合作、代耕代种、土地托管等多种方式，加快发展土地流转型、服务带动型等多种形式规模经营。[④] 这些方针、政策、法律的不断出台，为土地承包经营权的流转搭建了法律政策上的可行性。

2. 土地承包经营权流转的市场、社会保障机制的逐步完善

2004年福建省永安市在推进集体林权制度改革中成立了全国第一家林业要素市场。2008年在四川成立了全国第一家综合性的农村土地产权交易所。[⑤] 目前，全国已有1231个县(市)、17826个乡镇建立了土地流转服务中心，为流转双方提供信息发布、政策咨询、价格评估等服务。[⑥] 土地承包经营权在流转的实践中，也会出现诸如传统生产要素供求信息不对称、供给与需求不均衡的情况。一直以来，我国中介组织比较缺乏，并且运作不够规范，这也在一定程度上阻碍了土地承包经营权的流转。不过，随着中介组织的重要性被越来越多的人认识，各级政府也逐渐加大了中介组织建设的投入，我国的中介组织正在不断增多并逐渐规范。因此，全国范围内日臻完善的土地产权交易市场为土地承包经营权流转提供了保障。从2003年起，我国在基本医疗保障制度上取得巨大进展，医保范围开始向农村地区覆盖，经过十几年的建设，已经形成了覆盖绝大部分农村地区的医疗保障网络。从2007年起，国务院开始实施覆盖农村地区基本养老试点建设工作，并逐步向全国推开。由此，农村社会保障体系

---

① 2014年中央一号文件。

② 2015年中央一号文件。

③ 2016年中央一号文件。

④ 2017年中央一号文件《中共中央、国务院关于深入推进农业供给侧结构性改革加快培育农业农村发展新动能的若干意见》。

⑤ 叶兴庆. 农村产权流转交易市场[J]. 中国农村金融，2015(2).

⑥ 《农业部：全国承包耕地流转比例已超过三分之一》，http://www.cuncunle.com/village-101-400496-article-9421482713661227-1.html.

日臻完善，使得土地承包经营权的保障作用逐渐淡化，同时为土地承包经营权流转提供了社会条件。

3. 土地承包经营权流转规模不断增长的实践证明了其可行性

近年来，随着我国工业化、信息化、城镇化和农业现代化深入推进，农村劳动力大量转移，新型农业经营主体不断涌现，土地流转和规模经营发展已成为必然趋势。我国土地经营权流转规模不断扩大，已经有超过1/3的承包土地流转出去，每年新增流转面积4000多万亩。农业部统计数据显示，截至2015年底，全国已有1231个县(市)、17826个乡镇建立了土地流转服务中心，覆盖了全国约43%的县级行政区划单位，流转合同签订率达67.8%。① 截至2016年6月底，全国承包耕地流转面积达到4.6亿亩，超过承包耕地总面积的1/3，在一些东部沿海地区，流转比例已经超过1/2。全国经营耕地面积在50亩以上的规模经营农户超过350万户，经营耕地面积超过3.5亿多亩。② 这反映出近几年来，我国农村土地流转规模呈不断增长的趋势。

土地承包经营权是农民最重要的财产权利，农民基本的生活保障以及农民生活水平的提高有赖于权利行使和保护的程度。因此，土地承包经营权的流转正是对我国农业发展实践要求的积极回应和准确把握。因为随着市场经济的发展以及经济体制改革的深入，我国城市化和工业化进程不断加速，根据国家统计局数据，2016年中国城镇化率已达到57.35%，③部分城市进入后工业时代。城市化和工业化一方面要求农村剩余劳动力从农业产业中解放出来，另一方面，强大的土地需求要求农村土地经营实现规模化和市场化。实践表明，农村土地流转规模基本上是与区域经济发展程度成正比的，经济越发达的东部地区比中西部地区的农村土地流转的规模越大。城市化和工业化的推进有赖于农村土地顺利流转以及农村土地资源优化配置。各地的实践充分证明，土地经营权流

---

① http://www.582808.com/news/8494.html.

② 《农业部：全国承包耕地流转比例已超过三分之一》，http://www.cuncunle.com/village-101-400496-article-9421482713661227-1.html.

③ 《国家统计局：2016年中国城镇化率达到57.35%》，http://finance.sina.com.cn/roll/2017-01-20/doc-ifxzutkf2122186.shtml.

转具有强烈的现实需求，为相关法律制度的修改与完善、政策的支持提供了实践依据和现实支撑。

第三节　土地经营权流转与“三权分置”的关系

从“三权分置”历史变迁的梳理中，我们可发现土地经营权流转与“三权分置”关系紧密，两者具有相互依存和相互促进的作用。规范化、统一、大规模的土地经营权流转，不仅能够提高流转效率，还能够有效降低农村土地产权“三权分置”变迁的成本，也提高了农村土地产权“三权分置”的制度绩效；而“三权分置”完善既是土地经营权流转的基础和保障，又对土地经营权流转具有明显的促进作用。

一、土地经营权流转促成“三权分置”，提高“三权”运行效率

按照我们对农村土地产权制度的理论分析，产权的有效流动影响资源配置的效率。农村土地流转是产权流动的外在表现，农村土地流转情况将对农村土地产权制度的资源配置效率产生直接影响。在城乡分割时期，农业支援工业，农村的劳动力和农产品向城市流动。而农村的土地的经营权却禁止自由流动，即便是在村庄内部流动也要受到流转双方必须是集体成员的条件限制。由此，出现的情况是农业剩余农村劳动力增加并可以自由向城市流动，将农村可移动资产带入城市；而城市的工商业的资本和现代生产技术等要素却不能向农村流动。客观上造成的劳动力和生产资源的分离导致农业生产在小农经济下呈现出低水平的“无效率”增长。因此，我们说，农村土地流转受到阻碍，使得农业生产的资源配置效率受到极大影响。而新一轮农村土地产权制度改革，使得土地承包权与经营权分离，加速了经营权的流转，促进了农村土地产权“三权分置”资源配置功能的实现。从目前来看，农村土地承包经营权的流转将使现有的农村土地产权制度的运行更加流畅化。农业部部长韩长赋在接受媒体采访时指出，随着工业化、城镇化的快速发展，目前大量劳动力离开农村，农

民出现了分化，承包农户不经营自己承包地的情况越来越多。顺应农民保留土地承包权、流转土地经营权的意愿，把农民土地承包经营权分为承包权和经营权，实现承包权和经营权分置并行，这是我国农村改革的又一次重大创新。韩长赋认为，“三权分置”创新了农村土地集体所有制的有效实现形式，顺应了发展适度规模经营的时代要求，是中国特色“三农”理论的重大创新，为实现城乡协调发展、全面建成小康社会提供了新的理论支撑。[①] 张元红在接受《中国产经新闻》记者采访时指出，此前承包权和经营权是合在一起的，而所有权属于集体，承包权属于农户，即为‘两权分离’。随着工业化、城镇化的快速发展，目前大量劳动力离开农村，承包农户不经营自己承包地的情况越来越多。随着土地流转的增加，很多经营权和承包权已经分开了，无疑“三权分置”的决策顺应了当下的趋势。[②]

人民公社时期将农户私有土地转化为集体所有，我国的农村土地产权制度中所有权归集体的性质没有再发生较大的改变，随后的农村土地产权制度变革都在这一前提下进行。在家庭联产承包责任制推行初期，我国农村土地经营权只允许农户家庭承包经营，不允许转包流转。随着农业生产效率的提高和劳动力的流动，逐步允许有限的流转。到目前为止，我国农村土地流转依然是在土地归集体所有的框架下进行的。只是逐步对土地产权的主体明细，产权权能进行完善。对农民的土地权利予以保护，使得土地能够市场化流转，以此达到提高产权制度绩效的目标。由此，可以看出，农村土地产权制度变迁的过程是农业生产发展的必然要求。只是变迁的方式不同，要么是政府等相关部门根据现实需要进行的强制性制度变迁，要么是制度自身根据内部需求而进行的诱致性变迁。在农村土地产权制度变迁过程中，由于农村土地流转不畅，可能导致产权制度变迁的成本过高。如缺少必要的市场中介，农村土地流转信息存在不对称性，流转供需失衡，将对农村土地产权制度的变迁带来阻碍；另外，农村土地产权流转主体之间的权利义务不清，也会导致产权制度变迁的

① 《深化农村土地制度改革“三权分置”重在放活经营权》，http://news.hexun.com/2016-08-31/185788367.html.

② 《“三权分置”：唤醒农村“沉睡的资本”》，http://finance.sina.com.cn/roll/2016-08-31/doc-ifxvqctu5845572.shtml.

成本增加。所以农村土地流转是否能够顺利进行将对制度变迁的成本造成影响。从农村土地变迁中各主体之间的“成本-收益”关系来看，集体作为土地的所有者，目的是获得绝对地租（目前的制度下，以承包经营的方式转让给农户所有）；农户是土地的承包经营者，主要是将经营权转让给他人而取得转让收入；而工商资本、农业生产大户等土地经营者则通过规模化、现代化生产获得土地投资增值收益；而政府相关部口作为土地管理则是通过级差地租的方式获得土地增值收益税。那么在土地流转不畅的情况下，主体之间相互沟通达到妥协的成本较高，农村土地产权制度变迁的成本自然增加；农村土地流转越顺畅，主体之间的“成本-收益”达到最优，各主体利益都得以实现，既能降低交易成本，还能减少时间成本，新的农村土地产权制度的可行性提高，自然降低变迁成本。

当前工业化、城镇化快速发展，大量劳动力离开农村，承包农户不经营自己承包地的情况越来越多。为顺应农民保留土地承包权、流转土地经营权的意愿，我国开始把农民土地承包经营权分为承包权和经营权，让进城务工的农民可以把土地出租、转让给其他人（包括村庄以外的人），突破了集体成员范围。这样就有了三种权利，即归集体的土地所有权，归原农户的承包权，以及归实际经营者的经营权。目前中国农业总产值占GDP的比重约为9%，但是，农业劳动力却占中国劳动力的20%以上，超过2亿农民工从事制造业和服务业。这说明，中国农业领域并不需要那么多劳动力。而随着大型农业机械在农村的逐渐普及，农业劳动力的需求更趋于减少。在这种情况下，很多农民就希望把土地出租或转租，在进城打工的同时，还能享有耕地的控制权和收益。由此，各方对于“三权分置”改革提速的呼声渐高。作为农村改革的重磅制度，农村土地“三权分置”正不断向深处推进。早在2014年的《关于引导农村土地经营权有序流转发展农业适度规模经营的意见》中就曾指出，要坚持农村土地集体所有，“实现”所有权、承包权、经营权“三权分置”。

二、“三权分置”促进土地经营权流转

产权主体越清晰，产权交易的主体之间进行交易的摩擦越小，产权交

易的成本就越低,就越容易促进产权流转。因此,农村土地产权主体越清晰,农村土地流转的速度就会越快。从我国“三权分置”的发展历程和带来的生产力的解放表明,农村土地产权的变革不仅仅是权属清晰和权能细化,而是农村土地产权权能分配的更合理化。目前,我国农村集体产权变迁就是要在坚持农村集体土地所有权主体的前提下,改变国有和集体两类土地地位不平等的现状,将现有的国家控制集体产权的状态扭转过来,使集体拥有的完整的农村土地权利。明晰土地产权,将使得集体土地权利主体虚化的状况有所改变,从而可以有效克服土地财政中的干部寻租等问题,保护农民的正当权利。集体拥有对农村土地的完整的所有权,在对集体土地资源进行处置的时候可具有更大的自主性,为土地承包经营权的初次流转创造条件;集体所有权主体的明晰,并从立法上予以保护,使得集体土地经营权的流转排除行政权力的干扰,对加速集体土地经营权流转具有促进作用。现阶段,由于政绩和土地增值收益的诱惑,绝大部分土地流转都受到行政干预,尤其是基层政府的干预。而干预的理由多是按照现有法律模糊公共利益的规定,对农民土地依法征收等,农村集体作为土地的所有者,在与基层政府的利益博弈中处于弱势,根本原因在于集体概念的法律规定的模糊。如果能够将土地所有限定为农村集体经济组织,或者是行政村一级或者是自然村一级的经济组织,将会使所有权主体更加明确。既然所有权已经明确,那么农村土地的实物形态和价值形态发生分离,土地使用权明确归集体成员所有,土地承包权归农户,土地经营权归土地经营者,土地发展的资金可以通过社会化的形式筹集,形成实物股权和现金股权,土地的自由处置权归集体经济组织所有,再通过利用市场实现资源的有效配置,放活了土地经营权,促进了土地经营权流转市场的形成。

产权结构是产权各项权能的优化组合,它以产权进一步细化为前提,产权细化是市场经济分工发展的必然要求,产权细化能够使得市场各主体发挥自己的优势,从而提高资源配置的效率。产权优化可以使得产权交易中的模糊区进一步清晰化,保障各主体按照自己的权利和义务行为,从而使得产权流转更加有序。就“三权分置”的历史变迁来看,农村土地产权结构的优化也是未来农村土地产权制度变迁的一项重要内容。现行

“三权分置”中三权权能的分置促进了农村土地市场的发展。同时，细化的“三权”需要进一步优化组合，使不同的产权权能结构优化。产权结构优化能进一步提高农村土地产权制度的运行效率，有效保障权利主体的正当权益。以我国现行的农村集体土地地承包经营权流转制度改革为例，这一制度的实质是将土地所有权中的承包权与经营权与土地所有权分离，从而消除农村土地使用权受到极大禁锢的问题，既促进土地的规模利用，又避免承包经营权的权利主体浪费土地。同时，在经营权权能可以行使土地抵押权后，经营权与抵押权的优化组合，使得土地经营者能够获得农业发展资金，进一步流转更多的土地，扩大经营规模，促进土地流转市场的形成。

农业部部长韩长赋曾多次强调，“三权分置”政策是引导土地有序流转的重要基础，既可以维护集体土地所有者权益，保护农户的承包权益，又能够放活土地经营权，解决土地要素优化配置的问题；既可以适应第二、第三产业快速发展的需要，让农村劳动力放心转移就业、放心流转土地，又能够促进土地规模经营的形成。对于“三权分置”的意义，韩长赋进一步指出，新的制度是对农村土地产权的丰富和细分，满足了土地要素合理流转、提升农业经营规模效益和竞争力的需要。“三权分置”理论从权利二次分离而非权利转让的角度重新构建农村土地流转制度，允许承包农户在其土地承包经营权上再行设定一个物权性土地经营权并流转给受让人，既满足承包农户只转出一部分权利或一定期限内的权利的需要，又实现规模经营户享有稳定而有保障的土地物权权利，并可以实现转让、抵押、入股等承包地的现实需求，从而更好实现原承包农户与规模经营户之间的利益平衡，也即既稳定了承包权，又实现了放活经营权的目的。

第二章　土地经营权流转的相关理论

科学的研究必须建立在科学的理论之上，理论基础是我们进行研究的前提。研究农村土地流转所涉及的理论基础十分广泛，包括土地经营权流转的法理基础、马克思主义经典作家的商品交换及资源配置理论、农村土地所有权理论、地租理论以及西方经济学家的产权理论、制度变迁理论、土地适度规模经营理论、农民行为理性假说等。这些理论所阐述的学术观点，以及其中的研究方法及思路，对于研究我国农村土地流转法理问题具有重要的理论借鉴意义。而土地经营权能否流转、为什么流转以及在多大范围内流转，这些问题首先是法理问题，然后才是具体的制度设计问题。因而本章通过分析土地经营权流转的相关理论来阐明土地经营权流转的正当性。

第一节　马克思主义经典作家的相关理论

农村土地承包经营权的流转问题是中国特色社会主义发展及全面建成小康社会时期的重要现实问题，也是理论界关注的焦点和热点问题。中国特色社会主义以马克思主义理论为指导，马克思主义关于农村土地的基本理论是我国深化农村土地制度改革的行动指南。在社会主义市场经济条件下，农村土地不仅是农民的衣食所托、生存之本，而且是农村经济社会发展乃至城市建设的重要因素资源。符合实际又行之有效的农村土地承包经营权流转制度对于维护广大农民的利益，对于有效配置农村土地资源，促进农业农村经济社会发展，都十分重要。所以在实践中，要以马克思主义关于土地尤其是农村土地问题的基本理论观点为指导，以此不断完善我国农村土地承包经营权流转制度。

一、关于商品交换及资源配置的主要论述

马克思主义认为，生产力发展到一定阶段，必然产生社会分工和产品剩余，因此产品与产品的交换是不可避免的。在马克思、恩格斯看来，资本主义发展阶段是交换及其载体即市场的发达阶段，商品是资本主义经济运行中最为常见的现象和基本元素。马克思和恩格斯对资本主义生产方式、生产关系的研究就是从资本主义最常见的商品开始的。马克思和恩格斯虽然没有明确使用市场经济概念，但在他们的著作中有货币经济和交换经济的概念。在他们看来，货币流通、商品交换及其所体现的资源配置是市场经济运行（货币经济和交换经济）的核心。同时，实现货币流通、商品交换及其所体现的资源配置的必备条件是产品、劳动以及非物质性成果都要能够用相应的价格标尺来衡量。马克思对此指出，流通首先必须具备两个条件：“第一，商品预先确定为价格；第二，存在的不是个别的交换行为，而是川流不息的发生在社会整个表面上的交换总和，交换总体，即交换行为体系”。[①] 在《〈政治经济学批判〉导言》中，马克思特别强调生产资料分配和流转的重要意义，他指出：“如果在考察生产时把包含在其中的这种分配撇开，生产显然是一个空洞的抽象；相反，有了这种本来构成生产的一个要素的分配，产品的分配自然也就确定了。正因为如此，力求在一定的社会结构中来理解现代生产并且主要是研究生产的经济学家李嘉图，不是把生产而是把分配说成现代经济学的本题。”[②]

列宁作为社会主义的实践家和马克思主义理论的继承者和发展者，将马克思主义的商品交换、资源配置思想从理论层面推向实践层面。在十月革命后的战时共产主义时期，列宁仍强调，要努力促进商品交换。他指出：“必须使商品交换的轮子在我们这里正常地转动起来。这就是当前的全部任务，在这方面我们还需要做大量的工作”。[③] 1921 年 3 月，全俄

① 马克思，恩格斯. 马克思恩格斯全集（第 30 卷）[M]. 北京：人民出版社，1995：138.

② 马克思，恩格斯. 马克思恩格斯全集（第 30 卷）[M]. 北京：人民出版社，1995：14.

③ 列宁. 列宁全集（第 30 卷）[M]. 北京：人民出版社，1985：393.

苏维埃中央执行委员会通过了《关于用实物税代替粮食和原料收集制》的法令，标志着新经济政策的开始。新经济政策的基本内容就是如何利用商品货币关系，促进商品交换，有效配置资源。

土地是最基本的生产资料，人类绝大多数生产，都要依赖土地资源，因此土地也是资源配置中的重要领域。在我国，农村土地承包经营权的流转并非土地所有权的流转，而是土地承包经营权的流转，从而实现土地经营主体的转换，并通过农村土地承包经营权主体的转换，有效配置土地资源。所以，农村土地承包经营权的流转体现了我国的社会主义市场运行，是我国社会主义市场经济发展的组成部分。在实践中，推进社会主义新农村建设，发展现代农业，都要以马克思主义经典作家关于商品交换及资源配置的有关论述为指导，关注农村土地资源的合理有效配置，促进农村土地承包经营权有效、有序、规范地流转。

二、有关农村土地所有权理论

产权是马克思主义经济学和法学的重要范畴，“尽管产权的重要性已为马克思之前的社会主义者所承认，但是马克思第一次提出了产权理论”，马克思主义产权思想是历史上第一个系统的产权理论。马克思和恩格斯所界定的产权概念指的是财产所有权。由此可以看出，马克思、恩格斯在研究产权理论时将产权纳入到财产、法权、所有权和财产权关系加以分析，以反映人与人之间关系的实质内容来进行研究，这也呈现了不同于西方学者的研究视角和特色。

土地产权是马克思主义产权理论中的重要概念，在研究土地产权理论时，马克思同样也是将土地产权纳入经济或生产关系范畴。马克思产权理论的内容主要包括：

(1)农村土地所有权权能：土地产权是一个权利束

马克思主义认为，土地产权一般是指由土地终极所有权以及由其衍生出来的占有权、使用权、处分权、收益权等权能组成的权利束。

对于终极所有权，马克思有时又称为最高所有权或股权，是土地产权的核心。马克思指出：“一些人垄断一定量的土地，把它作为排斥其他一切人的、只服从自己个人意志的领域。”[①]可见，土地终极所有权明确了土地的归属关系，无论是在法律上还是意志上，所有权主体把土地作为支配对象并长期保持这种权利，这种归属关系得到社会的公认，具有排他性。这表明：终极所有权具有严格的排他性，无论从法律角度还是意志角度，土地客体终将属于土地终极所有者主体所有，土地终极所有权主体拥有土地最初和最终处分权。

土地占有权是从土地所有权中派生出来的一种权利，是指经济主体实际掌握和控制土地的权利。马克思指出：“实际的占有，从一开始就不是发生在对这些条件的想象的关系中，而是发生在对这些条件的能动的、现实的关系中，也就是实际上把这些条件变为自己的主体活动条件。”[②]土地所有者和土地占有者是两个不同的概念，属于不同的主体。在封建社会地主土地所有制下，地主阶级拥有土地所有权，而享有土地占有权的是租地耕地的农民；在资本主义土地私有产权制度下，大资产阶级拥有土地的所有权，而享有土地占有权的是租地的农业资本家或者农场主。

土地使用权是土地产权中最重要的权能之一，是土地实际使用者对土地加以利用的权利，当然，这种利用需要依据一定的规则。马克思曾明确使用“土地使用权”这一概念来论述土地所有者与土地使用者之间的关系，他指出：“在考察地租的表现形式，即为取得土地的使用权（无论是为生产的目的还是为消费的目的）而以地租名义支付给土地所有者的租金时，必须牢牢记住……”[③]

土地收益权是指土地所有权主体或其他土地权属主体依法享有的从占有、使用、处分土地中获得一定经济收益的权利，其中，土地收益包括自然收益和法定收益。例如，在土地出租关系中，一方面，土地所有者因对土地所拥有的终极所有权而具有获取租金的权利；另一方面，租地的农业资本家或农场主依据自己对土地的占有权和使用权，在一定时期内具有取得土地经营利润的权利。

---

① 马克思．资本论（第3卷）[M]．北京：人民出版社，1975：695.

② 马克思，恩格斯．马克思恩格斯全集：上（第46卷）[M]．北京：人民出版社，1979：493.

③ 马克思．资本论（第3卷）[M]．北京：人民出版社，1975：714.

土地处分权是土地所有权体系中比较重要的权能，是土地所有权实际运行的表现形式，是土地所有者决定怎样安排、处分土地的权利。土地处分权包括法律上的土地处分权和事实上的土地处分权，事实上或法律上的土地处分权又分为最初处分权和最终处分权。马克思指出："不要忘记，在通常以九十九年为期的租约期满以后，土地以及土地上的一切建筑物，以及在租佃期内通常增加一两倍以上的地租，都会从建筑投机家或他的合法继承人那里，再回到原来那个土地所有者的最后继承人手里。"[①]由此可见，在土地出租关系中，在土地租约期间，租佃人有权处分从土地所有者那里租来的土地，一旦租约期满，这种权利随之消失，有权处理土地的仅是土地所有者。

对于土地转让，马克思也曾做出明确说明。他认为，土地转让权一般包括两个方面，一是土地所有权权能的转让，也就是土地所有者把自己享有的土地终极权利转让给他人。二是除土地所有权之外的其他权能的转让，例如，租地农场主在租约有效期内还可以将土地再出租等。

(2)关于农村土地所有权权能的结合与分离

土地所有权体系中的各种权能既可以全部集中起来由一个主体行使，又可以实现权能的分离，由不同的主体独立运作其中一项或几项权能。马克思说："在苏格兰拥有土地所有权的土地所有者，可以在君士坦丁堡度过他的一生。"[②]可见，分离或独立后的土地所有权，既要在经济上获得实现，又要形成新的经济关系。在充分认识土地所有权权能统一和分离的可能性的基础上，马克思在《政治经济学批判》(1857—1858年草稿)和《资本论》等著作中考察了在不同历史条件下土地所有权权能统一和分离的各种形式以及它们的特征。

①小生产方式中所有权和占有权、使用权、收益权结合在一起，即作为一个权利束，土地产权由一个产权主体行使，土地所有者同时也是土地支配者和土地使用者。这种形式的主要特点是：一是这种形式只有一个所有权权能主体，土地所有者同时又是土地占有者、使用者和受益者；二

---

① 马克思.资本论(第3卷)[M].北京：人民出版社，1975：873.

② 马克思.资本论(第3卷)[M].北京：人民出版社，1975：697.

是这种形式独立发展的基础是个人对土地的所有权，它进行生产的必要条件则是土地占有权。在小土地私有制条件下，农民是土地的所有者，土地是农民劳动及其资本活动不可缺少的场所。因此，农民对土地的所有权是这种生产方式最有利的条件，而农民对土地的占有是直接生产者的主要生产条件，是使他的生产方式得以繁荣的条件。马克思认为，这种形式必然会消失，其原因是“小块土地所有制按其性质来说就排斥社会劳动生产力的发展、劳动的社会形式、资本的社会积累、大规模的畜牧和科学的不断扩大的应用”[①]，“会限制租地农场主的、最终不是对他自己有利而是对土地所有者有利的生产投资”。[②]

②土地私有权制度下土地产权中一项或几项权能与土地所有权相分离并独立运作，即土地终极所有权、占有权与土地使用权相分离，分属不同的产权主体。这种形式的主要特点是：一是土地所有权与占有权、使用权相分离，形成经济利益独立的多元权属主体，包括土地所有者、占有者、使用者等。例如，在封建土地私有制中，农民作为直接生产者不是所有者，而只是占有者。在这种运作形式中，各种土地权属表现为直接的统治和从属关系。但是，由于农民本身拥有实现自己的劳动和生产所必需的生产资料的所有权，因而他不仅能够“独立地经营他的农业和与农业结合在一起的农村家庭工业”，[③]而且这种独立性不会因为这些小农“组成一种或多或少带有自发性质的生产公社而消灭，因为这里所说的独立性只是对名义上的地主而言的”[④]。二是土地所有权借以实现的经济形式是地租。在马克思看来，土地所有者原本不可能因土地所有权而获得任何收入，但这种所有权使土地所有者有权不让别人去经营他的土地，直到与土地经营者建立一种经济关系，这种关系能使土地利用给土地所有者提供一个余额为止。土地所有者“必须和兄弟辈的资本家，共分这个剩余”，[⑤]即地租。在这种形式下，马克思认为“土地对土地所有者来说只代

① 马克思.资本论(第3卷)[M].北京：人民出版社，1975：910.

② 马克思.资本论(第3卷)[M].北京：人民出版社，1975：915-916.

③ 马克思.资本论(第3卷)[M].北京：人民出版社，1975：890-891.

④ 马克思.资本论(第3卷)[M].北京：人民出版社，1975：890-891.

⑤ 马克思.资本论(第3卷)[M].北京：人民出版社，1975：853.

表一定的货币税"[①]。实现土地占有权、使用权等权能与土地终极所有权分离，必须坚持的原则是分离和独立后的土地产权能够形成新的经济关系，同时在经济收益上获得独立，这样才能保证这种多元化的土地产权主体格局有实际意义。

③土地公有产权制度下所有权与使用权、所有权与占有权相分离并形成所有者与使用者、所有者与占有者等多元产权主体，即土地国有基础上的所有权与使用权、占有权相分离。在研究亚细亚土地公有产权制度时，马克思发现土地所有权与占有权相分离，形成所有者与占有者相分离的两种情况。一种是在公社内部，"不存在个人所有，只有个人占有；公社是真正的实际所有者"[②]。所以土地所有权只是作为公共的土地财产而存在，公社拥有土地所有权，个人拥有土地占有权，土地所有者与占有者相分离。另一种是总合统一体拥有土地所有权，总合统一体内部的各个小共同体拥有土地占有权。同时，马克思指出，在大多数亚细亚的基本形式中，"凌驾于所有这一切小的共同体之上的总合的统一体表现为更高的所有者或唯一的所有者，实际的公社却只不过表现为世袭的占有者"[③]。另外，马克思还研究了土地国有产权制度下土地所有权与占有权、使用权相分离的情况，指出："如果不是私有土地的所有者，而像在亚洲那样，国家既作为土地所有者，同时又作为主权者而同直接生产者相对立，那么，地租和赋税就会合为一体，或者不如说，不会再有什么同这个地租形式不同的赋税。……在这里，国家就是最高的地主。在这里，主权就是在全国范围内集中的土地所有权。但因此那时也就没有私有土地的所有权，虽然存在对土地的私人的和共同的占有权和使用权。"[④]这表明，即使是当土地归国家所有时，不存在个人的私人所有权，土地的全部产权也不是由国家这个唯一主体行使，土地的占有权、使用权可以分离出去，存在私人

---

① 马克思. 资本论(第3卷)[M]. 北京：人民出版社，1975：697.

② 马克思，恩格斯. 马克思恩格斯全集：上(第46卷)[M]. 北京：人民出版社，1979：481.

③ 马克思，恩格斯. 马克思恩格斯全集：上(第46卷)[M]，北京：人民出版社，1979：473.

④ 马克思. 资本论(第3卷)[M]. 北京：人民出版社，1975：891.

个体或共同的占有权和使用权。

(3)关于农村土地所有权的商品化和市场化

马克思虽然没有明确指出农村土地所有权是商品,但在谈到商品经济条件下的农村土地所有权问题时,无不把农村土地所有权当作商品来理解。他说:“在这里,社会上一部分人向另一部分人要求一种贡赋,作为后者在地球上居住的权利的代价。”①因此,土地所有者对于土地的所有权不仅是其收入的一个源泉,而且在土地作为生产条件时,土地所有权作为一种手段和一种权利,使得土地的所有者能够在土地加入生产的领域中占有被产业资本家榨取的剩余价值的一部分,于是剩余价值就会在土地所有者和产业资本家之间进行分割。因此,就像资本一样,土地产权“变成了支配无酬劳动,无代价劳动的凭证”②。这样,一方面人类生活和生产离不开土地,使用土地的前提是必须首先取得与土地有关的各种权能,土地所有权主体与需要使用土地的主体不同,这就使得土地所有权很容易被当作商品进行交易;另一方面,商品经济的发展使得土地权能的有偿使用得以普及化,土地所有权的商品化随之深化。

在商品经济中,土地所有权与其他财产权利为了实现优化配置,实现土地产权配置市场化,自然会按照市场规则的要求进行有效流转。然而,土地本身不能移动,所以土地的市场配置实质就是土地所有权的市场配置。事实上,由于地租的存在,土地所有权不仅丧失了不动产的性质,而且“变成一种交易品”③,与其他财产通过市场机制进行优化重组。

马克思不仅研究了土地所有权通过市场来进行配置的可能性,而且探讨了土地所有权实现市场配置的具体途径。第一条途径是土地所有权的出租和转租。通过这一途径,实现了土地使用权和占有权等权能由土地所有者向土地使用者的流转;第二条途径是土地所有权的买卖。商品配置市场化的核心是商品价格,同样,土地产权配置市场化的核心是土地所有权价格。因为土地所有权价格是地租的资本化,所以马克思认为,土

① 马克思.资本论(第3卷)[M].北京:人民出版社,1975:872.

② 马克思,恩格斯.马克思恩格斯全集:上(第46卷)[M].北京:人民出版社,1979:481.

③ 马克思,恩格斯.马克思恩格斯选集(第1卷)[M].北京:人民出版社,1972:148.

地价格“不是土地的购买价格，而是土地所提供的地租的购买价格，它是按普通利息率计算的。”[①]土地价格与地租收入成正比，与银行存款利息率成反比，另外，土地所有权价格不像一般商品价格那样由价值决定并受市场供求关系影响，它主要是由土地所有权供需状况决定的。

三、地租理论

马克思主义地租理论诞生于19世纪中叶，马克思和恩格斯在对资产阶级早期地租理论进行批判的基础上，根据土地产权特性阐释其地租理论。马克思在《哲学的贫困》一书中，严肃批判蒲鲁东一系列谬论的同时，精辟地阐述了有关地租的基本理论观点，他指出：“不管租的起源怎样，只要它存在，它就是租佃者和土地所有者之间激烈争执的对象。”[②]“在农业生产中，使用劳动量最多的产品的价格决定一切同类产品的价格。首先，这里不能像工业生产中那样随意增加效率相同的生产工具，即肥力相同的土地……但由于竞争使市场价格平均化，所以优等地的产品就要同劣等地的产品等价销售。优等地的产品价格中超过生产费用的余额就构成地租。”[③]这是马克思对地租的最初理论阐述，随后在《剩余价值理论》手稿中，马克思逐步构建起完整的地租理论。经过多年的努力，马克思最终在《资本论》一书中完成了“地租篇”手稿，成为地租理论上的又一里程碑性科学著述。在《资本论》中，马克思将地租共性概括为“地租的占有是土地所有权借以实现的经济形式，而地租又是以土地所有权，以某些个人对某块地的所有权为前提”[④]。由此可知，地租的形成并不是“自然对人类的赐予”，而是因使用土地而支付的费用，它是土地经济关系的体现，是土地所有者通过垄断土地所有权，实现其在经济层面上的价值，深刻地阐明了地租的性质。马克思地租理论的基本内容包括：资本主义土地所有者把土地租给农业资本家，农业资本家雇佣农业工人，把超过平均利润的超

---

① 马克思．资本论（第3卷）［M］．北京：人民出版社，1975：703．

② 马克思，恩格斯．马克思恩格斯文集（第1卷）［M］．北京：人民出版社，2009：639．

③ 马克思．资本论（第3卷）［M］．北京：人民出版社，1975：697．

④ 马克思．资本论（第3卷）［M］．北京：人民出版社，1975：891．

额利润作为地租交给土地所有者。

(1)土地所有权与土地经营权分离是地租产生的前提

资本主义生产方式已经统治农业部门,这是资本主义地租赖以存在的客观经济条件。在资本主义农业中,土地同土地所有者分离是其作为生产要素吸收资本的条件。马克思指出:资本主义生产方式"使作为劳动条件的土地同土地所有权与土地所有者完全分离,土地对土地所有者来说只代表一定的货币税,这是他凭他的垄断权,从产业资本家即租地农场主那里征收来的"①。因此,土地所有权的存在以及其与土地经营权的分离,为农业产业资本投资土地并由此产生地租创造了条件。

在资本主义社会,农业资本家要在农业部门获取利润,不仅要雇佣劳动者,还要租借土地所有者的土地,按照租约的规定支付给土地所有者一部分的剩余价值,即地租。因此,资本主义地租是农业资本家为了取得土地使用权而交给大土地所有者的由农业工人创造的超过平均利润以上的那部分剩余价值。马克思指出:"作为租地农场主的资本家,为了得到在这个特殊生产场所使用自己资本的许可,要在一定期限内(例如每年)按契约规定支付给土地所有者即他所使用土地的所有者一定货币额(和货币资本的借入者要支付一定利息完全一样)。这个货币额,不管是为耕地、建筑地段、矿山、渔场、森林等支付,统称为地租。这个货币额,在土地所有者按契约把土地租借给租地农场主的整个时期内,都要支付给土地所有者。因此,在这里,地租是土地所有权在经济上借以实现即增值价值的形式。"②

可见,土地所有权是地租形成的基础,只要存在土地所有权就必然存在地租。马克思指出:"不论地租有什么独特的形式,它的一切类型有一个共同点:地租的占有是土地所有权借以实现的经济形式。土地所有者可以是代表公社的个人,如在亚洲、埃及等;这种土地的所有权也可以只是某些人对直接生产者人格的所有权的附属品,如在奴隶制度或农奴制度下那样;它又可以是非生产者对自然的单纯私有权,是单纯的土地所有

① 马克思.资本论(第3卷)[M].北京:人民出版社,1975:696-697.

② 马克思.资本论(第3卷)[M].北京:人民出版社,1975:698.

权；最后，它还可以是这样一种土地关系，这种关系，就像在殖民地的移民和小农土地所有者的场合那样，在劳动孤立进行和劳动的社会性不发展的情况下，直接表现为直接生产者对一定土地的产品的占有和生产。”[①]可见，任何形式的地租都是土地所有权在经济上的体现，是土地所有者凭借其土地所有权而获得的收入。

(2)地租是农业超额利润的转化形式

租地农业资本家投资农业后，在其所获得的利润总和中扣除平均利润后的余额，即为地租。在资本主义社会，职能资本进入农业，把农业作为资本的特殊使用场所，在一个特定的农业生产部门进行投资经营后，职能资本家如果不能因为投资农业而获得平均利润，他就会从中退出。或者说，把职能资本留在农业领域的前提是，必须保证它能获得社会平均利润。

在资本主义农业生产中，劣等地生产条件下的个别生产价格决定农产品的社会生产价格。资本主义地租按其产生原因和条件的不同，可分为绝对地租和级差地租两种基本形态。绝对地租是农产品价格超过社会生产价格的差额，是土地所有者凭借其拥有的土地所有权而取得的地租；级差地租是指与土地等级相联系的有差别的地租，是农产品的社会生产价格与个别生产价格之间的差额所形成的超额利润。

在资本主义农业发展的相当长一段历史时期内，社会平均资本有机构成高于农业资本有机构成，社会生产价格小于农产品的价值，农产品可以按照高于社会生产价格的价值出售，其生产者既能获得平均利润，又能获得超额利润，即价值高于社会生产价格的差额。而且这部分超额利润由于土地私有权的垄断存在，不参与社会平均利润的形成，而留在农业部门内部，转化为绝对地租。随着农业生产技术的进步，社会平均的资本有机构成被农业的资本有机构成赶上并超过的时候，农业资本就不能实现更多剩余劳动，农产品的价值就不会高于社会生产价格。这时，绝对地租“只能来自市场价格超过价值和生产价格的余额，简单地说，只能来自产

① 马克思.资本论(第3卷)[M].北京：人民出版社，1975：714.

品的垄断价格”[①]。在这种情况下，绝对地租就具有垄断地租的性质。

(3)农业资本家与土地所有者围绕土地租期长短的竞争

农业资本家与土地所有者签订地租契约后，为了获取更多的超过社会平均利润率的高额收益，一般会加大对于农业的投资，但是，他的投资前提是在租期内能全部收回成本。在租约期内，追加投资带来的超额利润理所当然地归农业资本家所有。当租约期满后，土地所有者就会把追加投资带来的好处计算在地租内，落入土地所有者手中。因此，农业资本家希望租期越长越好，土地所有者则希望租期越短越好。马克思指出：“在农业的通常的生产过程中，比较短期的投资，毫无例外地由租地农场主来进行……投入土地的较长期的，即经过较长时间才损耗尽的固定资本，也大部分是，而在某些领域往往完全是由租地农场主投入的。但是契约规定的租期一满，在土地上实行的各种改良，就要作为实体的即土地的不可分离的偶性，变为土地所有者的财产。这就是为什么随着资本主义生产的发展，土地所有者力图尽可能地缩短租期的原因之一。”[②]农业资本家避免进行一切不能期望在自己的租期内完全收回的改良和支出。[③]实际上，土地所有者力图缩短租期的行为成了农业发展的最大障碍之一。

马克思是马克思主义地租理论的创立者和奠基人，但这项理论在创立和形成过程中始终没有离开恩格斯的协助和配合。恩格斯对《政治经济学批判大纲》《反杜林论》和《资本论》马克思遗稿的整理和编辑，都说明了恩格斯在马克思地租理论形成过程中做出了不可磨灭的卓越功绩。

列宁是马克思主义理论的继承者和发展者，更是将马克思主义从理论转化为实践的第一人。列宁所处的时代，资本主义制度经历了从自由竞争阶段向帝国主义阶段过渡的时期。列宁根据时代特点，在实践中进一步发展和完善了马克思、恩格斯地租理论。列宁在《土地问题和“马克思的批评家”》《社会民主党在1905—1907年俄国第一次革命中的土地纲领》中，针对布尔加柯夫和马斯洛夫等对马克思主义地租理论的“批评”，予以批判和驳斥。在《土地问题和“马克思的批评家”》一书中，针对布尔

① 马克思.资本论(第3卷)[M].北京:人民出版社,1975:863.

② 马克思.资本论(第3卷)[M].北京:人民出版社,1975:699.

③ 邵彦敏.中国农村土地制度研究[M].长春:吉林大学出版社,2008:45.

加柯夫的谬论，列宁明确指出，布尔加柯夫根本不懂“对土地所有权的垄断和对土地经营的垄断，不仅在逻辑上而且在历史上，都是两种完全不同的现象”[①]。针对俄国孟什维克分子彼德马斯洛夫歪曲马克思对所谓“土地肥力递减规律”的批驳，并鼓吹否定绝对地租的奇谈怪论，列宁也进行了严肃的批判。这不仅捍卫了马克思主义地租理论，而且对其也有了进一步的发展。

马克思主义经典作家关于地租的相关理论阐述，也主要立于当时资本主义经济发展现实。地租理论是马克思主义政治经济学的重要内容，他们对地租的精辟论述，对于我们今天认识和分析农村土地承包经营权流转的出租、代耕、转包等形式，具有重要的理论指导意义，也是我们研究农村土地承包经营权流转及其制度的重要理论基础。

第二节　西方经济学家的相关理论

按照我国相关法律和政策规定，在我国农村，主要坚持农村土地的集体所有，这与大多数西方国家农村土地的私人占有不同。所以我国农村土地的流转不是其所有权的流转，而是土地承包经营权的流转。农村土地承包经营权是我国特有的土地权属类型，尽管如此，从理论层面上来看，土地承包经营权流转问题涉及产权、制度变迁、土地适度规模经营理论、农民行为理性假说等基本理论在实践中的应用，因此研究农村土地承包经营权流转制度，必须对这些理论有基本的认识。关于产权、制度变迁等理论国外研究者已进行了广泛深入的研究，其中一些有益的研究成果对我国农村土地流转制度的完善，有一定的参考价值。

一、现代西方产权理论

现代西方产权理论是新制度经济学框架下的一个理论分支，它主要

---

① 列宁.列宁全集(第5卷)[M].北京：人民出版社，1986：100.

是指20世纪以来产生的对产权的系统分析。

(一)罗纳德·科斯:产权清晰有助于降低社会资源配置成本

科斯是现代产权理论的奠基者和主要代表,科斯运用制度分析方法,阐述其产权理论的基本框架。科斯对这一问题的研究是从20世纪30年代开始的,1937年他在英国著名杂志《经济学家》上发表《企业的性质》一文。在这篇论文中,科斯从分析企业在市场机制中的地位出发,阐明了企业成为市场活动中的基本经济单位的原因,提出了交易费用的概念,开拓性地阐述了自由价格制度运转代价及厂商存在的原因,而这实质上奠定了“交易费用”学说的基础,成为现代西方产权理论的基石。

科斯对产权理论的研究是以交易成本作为逻辑起点的,科斯将交易成本概括为信息成本、谈判成本、督促契约条款成本等方面,同时科斯通过交易成本的假设,进一步透视产权对经济系统的影响。什么是产权?按照美国学者A.阿尔钦的定义,“产权是一个社会所强制实施的选择一种经济品的使用的权利”[①]。产权界定越清晰,交易人之间通过市场建立起来的经济关系可能产生的摩擦就越小,交易成本也就越低,反之就越高。所以科斯认为产权清晰状况影响和决定着社会资源配置效率,这一命题也同样适用于中国农村土地承包经营权流转问题。产权的界定是否清晰,同样影响着土地承包经营权流转成本的高低。

但是,科斯并没有单纯停留于交易成本基本层面,而是将其扩展为社会成本范畴。科斯认为,社会成本研究的核心问题仍然是产权界定与市场机制的关系问题,在社会整体运行中,必须考虑各种社会格局的运行成本(不论它是市场机制还是政府管理机制),以及转成一种新制度的成本。他提出了著名的“科斯定理”:若交易费用为零,无论权利如何界定,都可通过市场交易达到资源的最佳配置。但在实际中,不存在交易费用为零的情况。在交易过程中,当交易成本为正时,对于初始产权的界定清晰度将直接影响经济体制的运行效率,这就是所谓的“科斯第二定理”。“科斯第二定理”表明,在交易费用为正的情况下,不同的权利界定,会带来不同

① [美]R.科斯,A.阿尔钦,D.诺斯,等.财产权利与制度变迁:产权学派与新制度学派译文集[M].上海:上海三联书店,上海人民出版社,1994:166.

效率的资源配置。用科斯的话说就是："一旦考虑到进行市场交易的成本……在这种情况下，合法权利的初始界定会对经济制度运行的效率产生影响。权利的一种调整会比其他安排产生更多的产值。但除非这是法律制度确认的权利的调整，否则通过转移和合并权利达到同样后果的市场费用如此之高，以至于最佳的权利配置以及由此带来的更高的产值也许永远也不会实现。"[①]科斯第二定理强调了产权明晰和自由交易对资源最优配置的重要性，但这里又同时强调了产权界定给谁也是重要的。因为产权界定给不同的主体所产生的交易费用大小是不同的，从而对有效配置资源将产生不同的影响。科斯认为，从企业角度来看，企业的产权界定越是清晰，企业之间运用市场手段建立经济往来时的摩擦就越小，则交易成本也越低；反之，交易成本就越高。科斯在对交易成本进行论证的基础上，进一步将交易成本扩展为社会成本范畴，通过对"走失的牛群损害庄稼"、"铁路运行产生的农田火灾"、"工厂烟尘"等案例的分析，说明了法官在进行这些诉讼判决时通常是根据限制损害的收益和损失对比而作出的。如果诉讼双方的协商成本为零，则双方可以在协商的基础上由一方出让某一权利，并最终达到各自利益的最大化，也就可以实现"帕累托最优"[②]。因而，如果产权被清楚地界定，且交易费用为零，实现资源利用最优化的结果与产权的归属无关。法律最初如何规定权利和责任，对资源配置来说其实并没有什么意义，在任何一定的权利和责任下，只要竞争是自由的，人们都会根据自己的行为，使自己的资源充分得到有利的用途。

(二)德姆塞茨：产权的主要功能在于将外部性内在化

德姆塞茨指出，"产权的主要功能就是引导人们在更大程度上将外在性内在化"[③]。这里的外在性指的是由某种有益或有害效应转化而来的，

① [美]罗纳德·哈里·科斯. 论生产的制度结构[M]. 盛洪，陈郁，译. 上海：上海三联书店，1994：158.

② 刘莉君. 农村土地流转模式的绩效比较研究[M]. 北京：中国经济出版社，2011：39.

③ 卢栎仁. 德姆塞茨，在质疑中丰富科斯理论[J]. 产权导刊，2009(12)：72-74.

并且“总含有某个人或某些人因这些效应而得益或受损”①。外部性问题是普遍的问题,而外部性问题内部化需要两个基本条件:一是交易双方必须明确产权;二是内部化的收益大于内部化的成本。外部性问题内部化的主要成本是谈判成本,降低谈判成本的途径有两个:一是将产权由分散向集中转变,进行产权调整;二是使所有权与经营权相分离。但是需要注意的是产权的调整可能引起新的外部性问题。另外,为有效防止或减少外部性问题内部化的投机行为,就要对其进行监督,由此产生监督成本。降低监督成本的途径包括:限制和监督经营者;改变分散的股权结构;对控股股东实施有效监督;建立激励与监督机制等。

此外,德姆塞茨还提出了产权残缺的观点。他指出,因为一些代理者获得了改变所有制结构安排的权利,对一部分私有权进行控制,使产权变得残缺,这样资源就无法借助于交易配置到最有效的使用者手中。产权的残缺在一定意义上限制了产权的可让渡性而保留了排他性。

(三)张五常:界定明确的产权是交易费用降低的前提

张五常认为,社会的进步在于人们有可能认识和选择可以降低交易费用的产权制度和安排。“私人产权必须包括三个权利:一是私有的使用权;二是私有的收入享受权;三是自由的转让权。”②因为在私人财产受到保护的社会,属于他人所有的资产是不可随意转让和处置的。可以说,对于产权的这些约束条件是在界定的产权关系下,对产权转让过程中人们之间的相互制约关系以及人们的权利、责任和义务等内容的界定。张五常指出,合约的本质在于,它是一些确定的约束产权转让过程中双方行为的条件。只有在产权明确界定并为个人所有的前提下,产权转让才有可能在交易费用最低的情况下进行,并使资源得到有效的配置。另外,张五常认为,衡量一个国家制度和体制的优劣及其优劣的程度,一般是以维系既定制度和体制运作的费用的多少而判定的。计划经济之所以发展缓慢,效率低下,难以实现资产的有效配置,是因为构成这个制度基础的产

① 杜旭宇.外在性、效率与产权——H.德姆塞茨的产权理论及其启示[J].延安大学学报:社会科学版,1996(3):29-32.

② 程恩富.产权、经济发展和社会主义——与张五常先生商榷之一[J].学术月刊,1995(6):57.

权制度和安排，既没有明确界定的产权，又不允许资产的自由转让，使得维系这种制度的费用极其庞大。

张五常对产权经济学理论的另一突出贡献是把产权制度分析的方法系统地引入到对中国经济问题的研究。1969 年张五常在完成其博士论文《佃农理论》时，将产权制度的分析方法应用在台湾的土地改革上并创立了“新佃农理论”。其理论的精髓是透过某些因素的变动，不管是分租、定租还是地主自耕，其土地利用效率都是一样的。如果产权弱化或是政府过度干预资源配置，将导致资源配置的无效率。如果能确定土地为私人产权，明晰产权制度，允许土地自由转让，这会使生产要素与土地发挥出更大效率。

产权方法的一个重要应用领域是对企业制度的分析，另一个应用领域则是对土地制度安排的分析。中国农村土地承包经营权流转制度是建立在家庭承包责任制基础之上的农村基本经营制度的组成部分。从产权角度来看，是农村土地承包经营权的转移与转让。现代西方产权理论是基于资本主义生产方式、自由市场环境的产权理论阐释，其中有合理因子，也存在缺憾和不足。现代西方产权理论中的合理因子为中国农村土地承包经营权流转制度的发展与完善提供了一个重要的理论参考。

二、制度变迁理论

制度变迁理论是新制度经济学研究中的一个重要理论分支。西方学者从不同层面对制度变迁理论进行了研究与总结，具体包括：从经济发展史角度分析制度变迁；从博弈角度研究制度变迁；从稀缺性、价格变化角度所反映的供需和成本收益分析框架研究制度变迁。

从经济发展史角度分析研究制度变迁理论的奠基人是道格拉斯·C.诺斯。1973 年，诺斯与罗伯特·保尔·托马斯合作出版了《西方世界的兴起》一书，他们认为，更有效的经济组织的变迁，与技术变迁一样，是西方世界增长的重要一部分(诺斯，1971)。这说明，制度变迁在西方经济增长中发挥了重要作用。1981 年出版的《经济史上的结构和变革》与 1994 年出版的《制度、制度变迁与经济绩效》是诺斯以制度分析方法创立新经济史学的代表作。《制度、制度变迁与经济绩效》一书中，诺斯提出，经济变迁、技术开发和制度环境之间的关系等基本问题，阐明了新古典理论解释增长的缺陷，而制度变迁与技术变迁可以弥补这一缺陷。

福格尔也为这一理论做出了重要贡献，福格尔运用经济学和历史学的分析方法来研究技术和制度变迁的基本力量，以及技术和制度变迁对经济增长的影响。但如果说诺斯擅长从纯理论角度揭示这一理论，福格尔更注重从实证角度来证实这一理论的真实性和可行性。

最早从博弈论的视角系统研究制度演化的是安德鲁·肖特。安德鲁·肖特的《社会制度的经济理论》一书的问世被认为是博弈论制度分析史上的一块里程碑。安德鲁·肖特将制度定义为：被社会所有成员同意的，在特定的反复出现情况下规范行为的准则，它是自我维持的，或者是被某个外在的权威所维持的。安德鲁·肖特认为，社会制度是自发形成的，是个人行为的结果，而不是人类集体行为的结果。制度的出现主要是为了解决人们社会生活中普遍存在的“囚犯困境”弈局和其他协调博弈问题。H.培顿·扬在博弈论制度分析的研究领域中也做出了重要的贡献，H.培顿·扬在其代表作《个人策略与社会结构》一书中，发展了一个在微观层次上个人之见如何交互作用的博弈模型，这种模型与传统博弈论不同的是：博弈方不是固定的，而是取自大量的潜在博弈群；个人之见交互作用的概率依赖于外生因素；博弈方并非完全理性，但也不是完全非理性。

改革开放以来，中国农村土地的经营经历了包产到户、包干到户、联产计酬、土地使用权流转等形式，这是土地经营制度创新的结果。从根本上说来，我国现行土地制度还存在农村土地承包经营权流转不畅通、土地产权不清晰等缺陷，在一定程度上也束缚了其经济绩效的进一步发挥。因此，西方新制度经济学中的制度变迁理论对我国农村土地制度及农村土地承包经营权流转制度的完善，具有一定的借鉴意义。

三、土地适度规模经营理论

（一）阿瑟·杨格：资本主义的农场优于传统小农经济

最早开展对农业适度规模经营研究的是英国古典农业经济学家阿

瑟·杨格。阿瑟·杨格在对英国国内外的农业状况进行实地考察之后，比较详细地论述了农业生产中生产要素的配置比例、生产费用和经营收益的关系。1770 年，在其出版的《农业经济论》一书中，阿瑟·杨格提出，"从事综合经营的农场最佳规模为土地 560 公顷(其中耕地 348 公顷)，役畜 30 头，固定劳动者 46 人，临时工 9760 人"①。他以追求利润最大化的资本主义农业企业为研究对象，认为生产手段的合理配合是农业经营中重要的原则，资本主义农业企业要获得最佳的经济利益，必须调整农业企业内部各要素及生产经营手段，使其保持合理的比例。就调整的速度来看，小规模的农业企业慢于大规模的资本主义农业企业。因此，阿瑟·杨格认为资本主义大农场优越于传统小农经济。

(二)威廉·配第:土地经营规模过大会产生报酬递减倾向

自从人类开始利用土地从事生产劳动，土地报酬递减规律就已存在了。17 世纪中叶，英国人威廉·配第提出了土地报酬递减的粗略思想，他在《政治算术》中指出，一定面积的土地的生产力存在一个最大的限度，一旦超过这个限度，土地生产物的数量就不会随着劳动的增加而增加了。另外，亚当·斯密在其《国民财富的性质和原因的研究》一书中，专门分析了"社会进步对原生产物的不同影响"，并提出了劳动分工和规模收益可以提高劳动生产力的理论。亚当·斯密认为，自由市场竞争的发展、个人致富的追求以及城市工商业的促进，必然会导致农业资本主义的发展。后来，许多西方经济学家在他们相关研究成果的基础上，对规模经济进行了新的解释，并将边际理论运用到其他生产部门，得出这样的结论:每一个生产部门中都有一个边际存在，在生产劳动和技术要素的投入等有关条件不变的前提下，其中任何一种生产要素使用量的增量超过了这个边际，都会产生递减的报酬。同理，在农业生产上，如果对农产物的需求和耕作技术等条件没有发生变化，当用于耕种土地的劳动量或资本的增量超过边际使用量后，所产生的报酬就必然会出现不可抗拒的递减倾向。

(三)马歇尔:生产要素投入会产生递增的报酬

英国经济学家阿弗里德·马歇尔对报酬问题进行研究而得出的主要

① 张新光."小农经济稳固论"产生的历史背景和早期争论(上)[EB/OL]. 中国乡村发现网站，http://www.zgxcfx.com/Article/45858.html.

结论集中于报酬递增趋势。马歇尔认为，当一种生产要素使用量增加时，在一定的边际之内，报酬会随之增加；当任何一种生产要素使用量的增加超过了这个边际，如果技术等其他生产要素需求和投入等诸条件也随之发生相应的变化，就可以产生递增的报酬，至少会在不同程度上阻遏报酬的递减。马歇尔指出，可以带来递增报酬的生产要素包括：一是生产技术的改良。对土地耕种的技术和方法进行不断的改进，将会增加报酬。“知识是我们最有力的生产动力。”[①]知识和智力的进步将会在许多方面增进报酬，“生产技术的改良——我们总是这样理解——通常可以提高任何数额的资本和劳动所能产生的报酬”[②]。即使农民只使用那些他们已经熟悉的方法，随着资本和劳动能增加，有时也可以在耕作的后一阶段获得递增的报酬。二是生产要素的适当使用。依马歇尔之见，在生产者的知识和经营能力所及的限度内，他们在每一场合都会选择那些最适合他们用的生产要素，即用效率较高的去代替效率较低的生产要素。因此，他们所用生产要素的供给价格的总和，一般都小于可以用来替代它们的其他生产要素的代价之和，这就是替代原则。在诸多生产要素中，只要与某一生产要素合用的其他生产要素有适当增加，该生产要素边际增量的报酬将会相应增加。三是组织的改进。马歇尔着重分析了组织对农业生产的影响。按马歇尔的说法，组织作为一种独立的生产要素，在生产中具有巨大的、日益增长的重要性。他指出李嘉图等经济学家从报酬递减规律中做出的结论，“一般都过于草率；他们没有充分考虑来自组织方面的力量之增大”[③]。由于工业组织和商品贸易的发展，“报酬递减律之适用于花在一个区域的全部资本和劳动，就不像适用于花在一块田地上的全部资本和劳动那样明确”[①]。所以，马歇尔由此得出的结论是：“劳动和资本的增加，一般导致组织的改进，而组织的改进能增大劳动和资本的使用效率。”[①]

① 马歇尔.经济学原理：上卷[M].北京：商务印书馆，1964：157.

② 马歇尔.经济学原理：上卷[M].北京：商务印书馆，1964：176-178.

③ 马歇尔.经济学原理：上卷[M].北京：商务印书馆，1964：184.

四、农民行为理性假说

现代经济学是研究人类行为的科学，其突出的特征在于其研究的最重要的前提是"人的行为是理性的"。理性具有规律、思想等含义，是指一个决策者在几个可供其选择的方案中，会选择一个能使他的利益得到最大满足的方案。[①] 农民作为农村土地流转的参与主体，其行为对土地流转的各个环节至关重要。关于农民行为理性假说这一问题，很多学者进行过有益的研究，对于本书具有重要的借鉴意义。

（一）亚当·斯密：大地主土地所有制阻碍农业生产的发展

亚当·斯密是经济学说史上第一个应用"经济人"假设的经济学家，以"经济人"作为研究的逻辑起点，亚当·斯密演绎出第一个经济学理论体系。在他看来，"经济人"就是从自身需要和利益出发，参与商品生产和社会分工的人，作为经济活动主体的"经济人"具有两个特质：一是自利，二是理性。所谓自利，是指人们的行为动机在于实现自身利益；所谓理性，是指人们的行为具有目的性，同时人也具有对目的和手段关系进行分析和比较的能力。亚当·斯密强调，人的行为理性表现在对利益相互性的认识和认同，追求自身利益以不损害他人利益为前提。于是，个体利益追求的无意识的结果是社会利益的实现。基于以上观点，亚当·斯密认为，中世纪的欧洲，在大地主土地所有制下所采取的奴隶式耕作制度在农村占统治地位，这种制度阻碍了农业生产的发展，不利于土地的改良。他指出："我相信，一切时代、一切国民的经验，都证明了一件大事，即奴隶劳动虽表面上看来只需维持他们的费用，但彻底通盘计算起来，其代价是任何劳动中最高的。一个不能获得一点财产的人，食必求其最多，作必望其最少，除此之外，什么也不关心。他的工作，够他维持生命就行了，你要从他身上多榨出一些来，那只有出于强迫，他自己绝不会愿意的。"[②]

---

① 刘卫柏．中国农村土地流转模式创新研究[M]．长沙：湖南人民出版社，2010：63．

② 亚当·斯密．国家财富的性质和原因的研究：上卷[M]．北京：商务印书馆，1997：354．

(二)弗农·拉坦:农民角色转变有利于农业发展

拉坦从制度变迁的需求和供给的角度来分析诱致性制度变迁。他认为,“根据我们对土地占有制度改革经验的评论得出的根本结论是,当迅速变化的技术开辟了新的生产可能性而这种可能又被现有的土地占有关系制约时,土地占有形式的彻底变革将会产生最大的经济效果”①。

制度变迁的需求主要在于追求更多的潜在收益;制度变迁的供给动力主要在于降低现行成本;不管是追求潜在收益,还是降低现行成本,最终目的都在于“潜在的外部利润”。因此,在制度变迁需求和供给共同作用下出现了诱致性制度变迁。此外,拉坦强调了内生变量对于诱致性制度变迁的影响,认为首先利用经济体导致非均衡的内部力量自发的进展,然后沿着非均衡的发展路径再给予一个强制变迁的外部推动力,就能保证改革沿着社会理性与个人理性的相一致的道路加速前进。因此,拉坦认为,把佃户转变成为自耕农,可以使得自耕农有能力购买、利用新型的耕作机械和耕作技术;同时还可以消除分租佃和其他阻碍个人决策的因素,增加对生产的刺激,通过一定土地占有制度下农民角色的转变达到促进农业生产发展的目的。

(三)西奥多·舒尔茨:农民是理性的经济人

在20世纪50年代,经济学家普遍重工轻农,他们把经济发展等同于工业发展,认为农业对经济增长无所裨益,甚至还拖了工业的后腿。在舒尔茨看来,农业可以成为经济增长的原动力,绝不是那么消极无为。因此,他坚决反对轻视农业的观点。关于传统农业贫困的原因,舒尔茨认为,即使在传统农业中,农民也并不愚昧,他们精明能干,锱铢必较,时刻盘算着怎样才能少投入,多产出,生产要素在他们手里,被配置得恰到好处,达到了最佳状态,即便是学识渊博的专家,也不可能再作哪怕是一小点改进,农民在其可以控制的生产领域把一切都安排得很有效率。因此,在现实生活中,农民之所以不愿意接受新粮种的原因并不是他们不想摆脱贫困,而是因为新粮种对于土质、温度以及技术的要求过高,超出农民

① 早见雄次郎,弗农·拉坦.农业发展:国际前景[M].北京:商务印书馆,1993:271.

的掌握范围，甚至可能出现产出比传统品种还要低的情况。[①] 因此，要打破传统农业贫困的现状，必须给农民有利的投资机会，也就是通过采用具有更高投资效益的现代化生产技术和良种，并依靠教育投资农民的人力资本，使他们能够充分掌握新的耕作技术并应对随之而来的风险。“提高生产的决定性因素并非空间、能源和耕地，而是人口素质的提高。”[②]

马克思主义经典作家的关于商品交换及资源配置理论、农村土地所有权理论、地租理论等以及西方经济学家的产权理论、制度变迁理论、土地适度规模经营理论、农民行为理性假说等都是建立在对资本主义市场经济长期观察的基础上，经过总结得出了规律，这些理论有助于我们深入了解我国“三权分置”背景下的农村土地产权制度。以它们为工具，来分析中国的农村土地流转，并尝试对中国的经济改革实践给予解释和说明，对于深入剖析农村土地流转中存在的法律问题具有重要的理论指导意义。

第三节 我国土地经营权流转的法理基础

一、基于土地承包经营权的物权属性分析

土地承包经营权能否流转，流转的条件如何设定，流转的范围有多大等，这些都与土地承包经营权的法律性质有关。在 2007 年《物权法》颁布之前，我国学术界对土地承包经营权的法律性质进行了很多争论，主要存在着债权说和物权说两种不同的观点。《物权法》的颁布结束了这种“百家争鸣”的格局，从成文法的角度确立了农村土地承包经营权的用益物权

① 韩喜平.关于中国农民经济理性的纷争[J].吉林大学社会科学学报，2001(3)：24.

② 舒尔茨.改造传统农业[M].北京：商务印书馆，1987：426.

属性。① 在《物权法》第三编“用益物权”下第十一章专章用 11 个条款(《物权法》第一百二十四条至一百三十四条)系统规定了土地承包经营权的物权内容。如根据《物权法》第一百二十五条土地承包经营权人对土地的占有、使用、收益权的规定也反映了其权利支配性。占有权外在表现为土地处于承包人的实际控制和支配之下,使用权则表示承包人有权自主决定以何种方式利用与开发所占有土地资源,收益权则反映承包人对于土地的人财物力投资所获回报成果的自由支配。以具体法条看,《物权法》第一百三十条、一百三十一条与《农村土地承包法》第三十四条均通过不同侧面表明土地承包经营权人有权依照本人意志支配享有权利并不受他人剥夺和侵害。② 至此,土地承包经营权的物权属性在法律上得到完全确立,债权说理应废除,切实实现“稳定农村土地承包关系并保持长久不变”的目标。

从上述的论述中我们得知,土地承包经营权的物权属性在法律上已经得到完全确立。成文法角度确立的农村土地承包经营权物权属性,为其自由流转提供了基础和条件。从权利理论上说,只要是一项真正的权利,权利人都享有处分其权利的能力。也就是说,不管是债权性质的土地承包经营权还是物权属性的土地承包经营权,作为权利的一种形态,土地承包经营权人都享有处分其权利的能力。但相比债权而言,物权是一项效力更为强大的权利形态,物权人对物的支配不仅是直接的,而且具有排他性,物权人可以自主地、独立地将其对物的支配权利进行事实或者法律上的处分。而债权人对其债权的处分就不如物权人处分物权那样自主与独立,如依我国法律规定,债权人对债权的处分往往要受到债权性质、与债务人的约定以及法律限制性规定的约束,并且债权人还负有通知债务

---

① 《物权法》第一百二十四条第二款:“农民集体所有和国家所有由农民集体使用的耕地、林地、草地以及其他用于农业的土地,依法实行土地承包经营制度。”第一百二十五条:“土地承包经营权人依法对其承包经营的耕地、林地、草地等享有占有、使用和收益的权利,有权从事种植业、林业、畜牧业等农业生产。”

② 《物权法》第一百三十条:“承包期内发包人不得调整承包地。”第一百三十一条:“承包期内发包人不得收回承包地。”《农村土地承包法》第三十四条:“土地承包经营权流转的主体是承包方。承包方有权依法自主决定土地承包经营权是否流转和流转的方式。”

人的义务。① 土地承包经营权的物权化，提升了土地承包经营权人对土地的支配力，并且土地承包经营权人对土地的支配力可以对抗第三人甚至发包人，土地承包经营权的独立性更强了，其财产性也更充分了。可以说，土地承包经营权物权化的过程也就是其物权性或者说财产性不断强化的过程。有学者认为，如果中国能够在维护土地公有制的前提下，将土地承包经营权界定为土地财产权，是承包人享有经营权、收益权、资本化权、安全权、转让权、无期限使用权、处置权、剩余索取权和继承权等 9 种财产权利，不仅能使农村土地承包户具有不顾一切保护土地资源的充分权力和利益冲动，在土地资源利用中既考虑当前利益，也考虑长远利益，减少甚至杜绝土地抛荒现象，而且能够使他们利用资本化权和转让权获得抓住各种创业发展机会所需要的资本。② 而且，我国物权法的立法目的是“明确物的归属，发挥物的效用”。根据产权经济学理论，土地作为农业发展不可或缺的生产要素，不仅是宝贵的自然资源，而且还是一种资产，具有商品属性。农村土地承包经营权流转是市场经济发展的必然，因为只有其经营权流动起来才能实现最优配置，只有让其进入市场才能产生交换价值；若不能流通和转让，则产权效益实现的交易成本就会提高。同样，土地承包经营权作为一种财产权利若不能进行合理流转，则农村土地资源的配置效率就难以提高。国内外经济发展的历史表明：一切稀有资源优化配置的主要途径就是流动和转让。③

二、基于法价值视角分析

从法价值层面上讲，土地承包经营权流转的法律基础可表述为效率与公平价值。土地承包经营权的物权基本属性及其背后的农村土地利用效率最大化的现实需要，决定了土地承包经营权流转的法律调整应该坚持效率价值取向；而由于农村土地的稀缺、人地关系的日益紧张以及农村

① 参见《中华人民共和国合同法》第七十九条、第八十条。

② 殷仲仪，詹长智．挪威土地制度与区域发展政策考察报告[N]．中国（海南）改革发展研究院简报，总第 505 期，2004-07-15．

③ 季虹．论农村土地使用权的市场化流转[J]．农业经济问题，2001(10)．

社会保障制度的不完备导致土地保障仍是农民最主要的生活保障等原因，又决定了土地承包经营权流转的法律调整应坚持公平价值取向。

(一)土地承包经营权流转法律调整的效率价值取向

效率价值取向一直是农村土地立法的基本价值取向之一。从土地占有事实的保护到土地所有权的确立，从他物权在土地所有权上的发育与成长，到土地所有权的社会化运动，其目的都是促进农村土地的有效利用。土地占有事实的保护使得土地占有者获得了一种较为稳定的占有利益，有利于调动土地占有者的生产积极性，因而土地占有的保护第一次解放了土地生产力。土地所有权的确立使得农村土地的保护更加充分。土地所有权被认为是权利主体对土地享有的永久的、完全的支配权，即土地所有者可以最大限度地对土地进行占有、使用、收益、处分。耕者有其田的农村土地所有权制度就曾经激发起亿万农民耕作的巨大热情，因而土地所有权制度的确立本身就是一种有效率的土地制度安排。土地他物权如永佃权的发育与成长，保护了土地的非所有人对土地的利用，有利于土地的非所有人对土地的劳动、资金投入。至于土地所有权的社会化运动，其目的之一也是促进土地的非所有人对土地的利用，因而也是一种有效率的安排。20 世纪 80 年代，我国农村开始的土地制度改革，使农民获得了对集体所有的土地的承包经营的权利。因为稳定了农民的土地权利，因而极大地提高了农民在土地上的劳动、资金投入，农业生产在短期内有了大幅度的增长。今年来，随着农民外出打工的增多，土地流转规模越来越大，通过土地流转形成的种植大户也越来越多。在此，土地承包经营权的流转沟通了农民相互之间的利益需求，土地作为主要的农业生产要素得到了优化配置，因而有利于土地的有效利用。

土地承包经营权作为一种财产权，理应可以自由处分、转让，而只有自由转让才能使资源本身的价值得到最大的发挥，实现效率最大化。

(二)土地承包经营权流转法律调整的公平价值取向

土地承包经营权流转问题不仅仅是一个效率问题，而且是一个社会公平问题。在我国历史上，土地权利变更问题一向是社会矛盾、社会冲突的一个焦点。土地权利变更有可能导致土地兼并，而土地兼并问题上的矛盾与冲突又常常导致社会动乱乃至政权更迭。“一般认为，中国的改朝换代与农民起义和土地问题有直接的关系；或者说，中国历史上的政权更迭主要起因是由于土地兼并、横征暴敛而将农民推上了绝路。”[①]正是由于土地问题的敏感性，土地权利的配置总是离不开“公平”二字。土地承包经营权流转关系同样具有社会敏感性，需要一套公平的土地流转法律制度予以调控。有学者指出土地承包经营权的流转满足以下三个方面的利益补偿才为公平[②]：一是农户的生存保障利益补偿。在中国的社会保障体系还无法容纳庞大的农业人口的条件下，土地是国家和集体提供给农民就业和养老的基本的物质资料。农民承包土地是支付了对价的，即表现为一般情况下不要求社会提供生老病死的社会保障。因此，土地承包的价值在于它能够提供农户基本的生活所需。当土地流转使农民失去土地承包经营权时，农民首先必须得到与生存保障利益相称的土地收益才为公平。现在的土地流转极少评估土地承包经营权中的生存保障利益，这是土地流转常常不为农民接受的根本原因。二是农业生产经营者对土地的投入利益补偿。农业经营的投入主要集中在维持和改善土地的生产条件上，土地承包经营权人不仅为当年的收成而投入，也常常对土地作基础性的长期性的投入，尤其是荒地、废田，往往要大量投入才能变成熟地良田。投入既包括物质成本，也包括人力成本。必须根据土地的状况合理地评估农业生产经营者在土地上的投入，在土地流转时予以返还。三是土地流转的增值利益分成。同一块土地，因经营方式的不同而呈现出不同的产出能力，以规模经营、集约经营为目的的土地流转，是以提高土地的产出能力、增加土地收益的预期为基础的。能不能对土地流转后的增值有一定的分成利益，往往是土地承包经营权人愿不愿意流转土地承包经营权的一个重要因素。

根据社会公正原则，土地承包经营权的流转不得导致农民流离失所，不得形成大土地经营者对失地农民劳动力的奴役。土地承包经营权的流转必然导致大量的失地农民，因此必须将失地农民保障制度建设作为土

---

① 杨一介.中国农村土地权基本问题：中国集体农地权利体系的形成与发展[M].北京：中国海关出版社，2003：16.

② 孟勤国.物权二元结构论——中国物权制度的理论重构[M].北京：人民法院出版社，2002：241-242.

地承包经营权流转法制建设的一项内容。

土地承包经营权主体和客体的特殊性决定了土地承包经营权流转要注重公平价值。土地承包经营权的主体主要是农民及农户,这种特殊性主要表现在:一是农村人口数量多,人地关系紧张。二是农民收入不高,所受的社会保障待遇低,由此也决定了农民对土地的依赖。农民需要自己支付医疗费、养老费用,甚至义务教育费用,一旦出现天灾人祸,更容易导致贫穷状态。因而,在许多地方,土地仍然是农民不愿放弃的最后的生活依赖。三是中国社会的乡土文化特性,孕育了农民的特有土地情结。在人与土地的关系上,农民对土地仍然有一种恋恋不舍的感情,农民虽然被带进了市场经济社会,但对于其中的许多人来说,仍然保留着熟人社会中惯用的交易方式。土地承包经营权客体的特殊性首先表现为农业生产土地的珍贵性。土地承包经营权的客体是农业生产土地。农业生产土地的特殊性决定了土地承包经营权客体的特殊性。这种特殊性表现在:一是农业生产土地特别是耕地数量有限。二是我国整体的农业生产土地质量差、生产力水平低。三是农业生产土地后备资源缺乏,且开发难度大。四是土地不仅是生产资料,而且还是生活资料。我国现行的农村社会保障制度极不完备,农村医疗、养老等社会保障体系都没有建立起来。因此,对绝大多数中国农民而言,土地保障仍然是其最主要的生活保障形式。因而,土地资源在我国极其珍贵,土地的利用不仅关系到农民的生存,也关系到国家的发展大局。在这种情况下,土地保障在现行的农村社会保障体系中无疑具有基础性作用,因而在土地承包经营权流转时必须要注重公平价值。

任何法律制度的确立都是建立在一定的价值选择的基础之上。法的价值是指法律在发挥其社会作用的过程中能够保护和助长那些值得期冀、希求的美好的东西。[①] 其中,人权、秩序、自由、正义和效率,在现代社会中都是备受珍视的基本价值,法律发挥作用的过程也是对这些价值予以保护的过程。由于各种价值之间存在的复杂关系,自由与秩序、公平与

① 张文显.法理学[M].北京:北京大学出版社,高等教育出版社,2007:293.

效率之间存在着相互竞争、此消彼长的冲突关系。[①] 土地对于人类具有重要的价值,农村土地的价值表现为它的社会价值和经济价值。前者是指土地在维系人类生存、保持社会稳定、解决人口温饱等基本生活、生产方面所具有的意义和作用。所谓土地的经济价值,是指在发挥社会价值的基础上,为促进土地的使用价值的提高,追求土地利用效率等方面所具有的意义和作用。[②] 农村土地制度的构建是以农村土地社会价值和经济价值选择为前提的,农村土地制度对农村集体土地的诸多限制体现了对公平和秩序价值的追求,而完善农村土地流转制度,实现农村土地的规模化经营则体现了对效率和自由的追求。公平与效率是处于同一位阶的法律价值,农村土地资源的稀缺性和社会经济状态的变化导致农村土地价值呈现此消彼长的关系。一方面,市场经济条件下,经济效率、经济自由的价值取向强化了农村土地作为经济投资要素的价值,在完全市场经济条件下,土地资源的配置应该总是向利润高的方向流动,且形成一定的集聚规模。因而,在单纯经济功能的作用左右下,土地自由流转,必将导致农村土地支配权利的不均衡,并在各个权利主体之间不断流动。[③] 另一方面,我国农村土地必须承受提供食物、提供居住地和提供庞大农业人口就业的压力。农村土地的社会价值要求即便农村土地的利润极低也不能改变用途,甚至不能随意抛荒。"禁止城镇居民在农村购置宅基地。""村民按照前款规定转让宅基地使用权的,不得再申请宅基地。"因此,我国严格的耕地和宅基地保护制度,体现了农村土地制度对公平和秩序的价值追求。从法律所追求公平和秩序价值的目标看,秩序是自由的基础,公平制约着效率。我国目前农村土地的福利性分配本身是基于公平、秩序的考虑,公平要求尊重农村土地制度本身稳定性的功能,即农村土地制度的社会保障与失业保险功能,效率则是要求农村土地制度在配置农村土地资源方面的自由高效。从我国农村土地制度的历史变革上看,我国是在城市化水平和生产力水平都十分低下的历史背景下,探索实行农村土地

① 张文显.法理学[M].北京:北京大学出版社,高等教育出版社,2007:302.

② 孟勒国.中国农村土地流转问题研究[M].北京:法律出版社,2009:1-2.

③ 李长健.论农民权益的经济法保护——以利益与利益机制为视角[J].中国法学,2005,(3):120.

家庭联产承包责任制的。随着我国生产力水平的提高，城市化进程加快，实现农村土地的自由流转和大规模现代化经营成为可能。在集体土地流转中引入市场机制对农村土地资源进行配置，当农村土地的权利被清晰地界定给农民之后，土地对农民的保障功能将可能会被农民自发地作为土地流转与让渡的交易条件。总之，就农村集体土地初始取得来说，体现着分配的正义，而就农村集体土地流转而言，是对农村土地资源的再配置，在市场机制的作用下，追求效率原则，体现的是一种“矫正的正义”。所以，效率、自由的价值对于集体土地流转有着重要的意义。①

（三）土地资源优化配置，实现土地利用率最大化的需要

作为农村土地制度的核心——土地承包经营权就在于实现对土地的高效利用，然而当前我国农村土地资源配置效率低下，农业生产效益不高。一方面是由于我国农村土地资源极为稀缺，2004 年我国耕地只有 18.37 亿亩，人均耕地 1.41 亩，不到世界平均水平的一半；另一方面，农村土地细碎化问题严重，我国有接近 2.5 亿农户，平均每户经营土地不到半公顷，农业劳动生产率为第二产业的 1/8，为第三产业的 1/4，加之大量农民进入城市务工，农村土地呈现出大量弃耕抛荒的现象，土地的使用价值没有最大限度地发挥出来。

若允许土地承包经营权发生流转，则能促进擅于以土地谋生的经营者获得更多的土地，而欲另谋出路的农民则可以放弃自己的土地，找到更适合自己的选择，从而促进土地从低效利用向高效利用的转变，提升农村土地资源的配置效率，提高农业产出效率；若使农民固守各自的土地，则不仅不利于实现土地的使用价值，也不利于农民生活水平的提高。

---

① 朱建华.我国农村集体土地流转的典型模式和法律困境研究[D].重庆：重庆大学，2010：6.

第三章 “三权分置”背景下土地经营权流转的现状与实证调查

近年来,我国社会经济环境发生了深刻的变化,工业化与城市化的迅速发展使得原有产业结构发生转变,农村土地产权由“两权分离”到“三权分置”转变,农村剩余劳动力逐渐向城市的第二、第三产业集中,给农村土地承包经营权的流转和农业规模经营的实现创造了极佳的外部环境。中央不断明确强调要促进农村土地流转,许多地区也出台了促进土地流转的规定和办法,各地农民自发地积极探索转包、出租、互换、转让、股份合作等多种形式的适度规模经营模式,农村土地流转的发展势头明显加快,有力推动了我国农村经济社会的发展,也为解决“三农”问题和建设社会主义新农村提供了新思路。

第一节 “三权分置”背景下土地经营权流转的现状

一、土地经营权流转的原则

根据《农村土地承包法》第33条的规定,我国农村土地承包经营权流

转应当遵循以下五项原则：[①]

(一)平等协商、自愿、有偿原则

这一原则包含着三层含义：第一，平等协商。参与农村土地承包经营权流转的双方当事人处于平等的地位，这是发展市场经济的内在要求，也是流转的基础和前提。也就是说，参与流转的双方当事人应该是平等的民事主体。流转双方均不得将自己的意志强加给另一方，必须通过协商、共同决定土地流转的条件、形式、内容和期限等。第二，自愿。参与土地流转的双方当事人都是出于自己的意愿参与流转的，不存在任何一方强迫或者胁迫另一方。尤其是必须充分尊重农民的意愿，农民的承包土地是否流转由农民自主决定，任何组织和个人不得强迫或阻碍农民进行土地承包经营权流转。第三，有偿。农村土地承包经营权流转不是无偿进行的，应当获得一定的报酬。至于流转所获报酬的支付时间、方式、具体数额等，则由流转双方进行协商、共同决定。农民有从土地流转中获得合法收益的权利，并且所获得的收益受法律保护，任何组织和个人不得截留、扣缴。

(二)不改变土地所有权和用途原则

农村土地承包经营权流转的对象不是土地所有权，而是承包方依法享有的土地承包经营权。农村土地归集体所有，因此，必须明确的是，在土地流转过程中，承包地的所有权权属关系是不能变更的，土地所有者的权益也不能受到损害。而且，农村土地承包经营权流转后，土地的农业用途不得擅自改变，也不允许将农业用地用于非农建设。农业用地既是农业生产力的载体，又是农民赖以生存并提供社会财富的生产资料和生活资料。实行土地用途管制是我国进行土地管理的一项重要制度，农村土

① 《农村土地承包法》第33条规定：“土地承包经营权流转应当遵循以下原则：

(一)平等协商、自愿、有偿，任何组织和个人不得强迫或者阻碍承包方进行土地承包经营权流转；

(二)不得改变土地所有权的性质和土地的农业用途；

(三)流转的期限不得超过承包期的剩余期限；

(四)受让方须有农业经营能力；

(五)在同等条件下，本集体经济组织成员享有优先权。”

地只能农用。因此,在农村土地流转的过程中必须坚持重点保护农业用地,确保农村土地面积不再减少。

(三)流转的期限应当限定在承包期原则

在农村土地承包经营权流转实践中,应该签订流转合同,其中应该对流转期限加以限定。流转期限最长到承包期到期为止,也就是说,在签订的土地流转合同中,流转期限不能超过土地承包合同尚未履行的剩余时间。例如,在承包合同上承包期限为几年的话,在履行了承包合同巧年之后再进行土地承包经营权流转,这时土地流转的期限就不能超过巧年。

(四)受让方须有农业经营能力原则

必须明确的是,不是所有的个人和经济组织都可以参与农村土地承包经营权流转实践的,农村土地流转应当主要在从事农业生产经营的农户之间进行。工商企业可以开发农业,但应主要从事农业产前、产中、产后的服务、农产品的加工营销以及进行“四荒”的开发,采取订单农业和“公司十农户”的方式,带动农户发展产业化、规模化经营。我国人多地少,人地矛盾突出,而土地作为农民基本的生产资料和生活来源,一旦放开工商企业和城镇居民到农村租赁和经营农户承包地的限制,会存在很多令人担忧的隐患。目前的中央政策对于工商企业长时间、大面积租赁和经营农户承包地的做法并不提倡,因为这样做可能造成土地兼并,使农民成为新的雇农甚至无业者,危害整个国家和社会的稳定。在我国租赁农户承包地的外商,必须是农业生产加工企业或农业科研推广单位,是不准其他企业或单位来租赁经营农户承包地的。这样的规定可能造成农户在农业生产的资金、技术等方面的不足,再加上农户自身观念上的差异,这就会导致土地不能发挥其最大效能。不过,综合全面来看,特别是从我国目前的农业发展水平来看,这一原则还是利大于弊的。

(五)同等条件下本集体经济组织享有优先权原则

农村土地属于集体所有,因此,本集体经济组织成员作为土地所有者的一员,对土地享有特殊的权益。农村土地承包经营权流转,改变的是土地使用权,而不是土地所有权。所以,土地流转虽然是按照市场原则进行的,但同时也应该注意照顾土地所有者,即维护本集体经济组织成员的利益。在土地流转中,如果出现两个以上的受让方争夺土地承包经营权时,在各受让方关于流转费用和流转时间等方面的条件相同的情况下,那么优先权应当归属于本集体经济组织成员的受让方。这样是为了保护土地所有者本集体经济组织成员的土地权利,同时也体现了本集体经济组织作为土地所有者的特殊地位。

二、土地经营权流转概况

(一)农村土地耕地流转面积情况

近年来,农村土地流转速度明显加快,土地流转管理和服务水平明显提高。2007 年,全国家庭承包耕地流转面积约为 0.64 亿亩,仅占家庭承包耕地总面积的 5.2%,截至 2016 年 6 月底,全国家庭承包耕地流转面积达到 4.6 亿亩,超过承包耕地总面积的 1/3,在一些东部沿海地区,耕地土地流转比例已经超过 1/2。历年农村土地流转面积,见表 3-1①。

表 3-1 2007—2016 年国家土地累计流转面积情况

年份	土地累计流转面积(亿亩)
2007	0.64
2008	1.09
2009	1.50
2010	1.87
2011	2.28
2012	2.78
2013	3.51
2014	4.03
2015	4.47
2016 年 1—6 月	4.6

对于全国承包耕地流转面积,目前仅有上半年的统计数据。农业部统计数据显示,截至 2016 年 6 月底,全国承包耕地流转面积达到 4.6 亿

① http://www.tuliu.com/ask/question-17504.html(土流网).

亩，超过承包耕地总面积的1/3，在一些东部沿海地区，耕地土地流转比例已经超过1/2。全国经营耕地面积在50亩以上的规模经营农户超过350万户，经营耕地面积超过3.5亿多亩。目前，全国已有1231个县(市)、17826个乡镇建立了土地流转服务中心，为流转双方提供信息发布、政策咨询、价格评估等服务。家庭农场、农民合作社、农业产业化龙头企业等新型主体数量已经超过270万家。这些新型主体在推动农业适度规模经营发展、建设现代农业、保障农产品有效供给等方面发挥着越来越重要的作用。其中农民合作社发展态势良好，数量持续增长，农业部数据显示，截至2016年10月底，全国依法登记的农民合作社达174.9万家，入社农户占全国农户总数43.5%。产业分布广泛，涵盖粮棉油、肉蛋奶、果蔬茶等主要产品生产，并扩展到农机、植保、民间工艺、旅游休闲农业等多领域。在专业合作的基础上探索出股份合作、信用合作、合作社再联合，超过一半的合作社提供产加销一体服务。①

各个省份农村土地流转情况不同，由于网络资源查不到2016年的数据，我们以2015年底部分省份农村土地流转面积的数据来进行说明。②

安徽：安徽省农委表示，截至2015年底省耕地流转面积为2921.9万亩，耕地流转率已达46.8%，新型农业经营主体成为流转主力军。

黑龙江：全省农村土地流转面积达到6897万亩，规模经营面积达到6389万亩，同比分别增长6%和7%。

河南：据河南省农业厅统计数据显示，河南土地截至2015年2月流转总面积3393万亩，占家庭承包经营土地的34.8%。自2011—2013年的监测显示，流转总面积年均增长率达5%。

吉林：2015年，吉林省农村土地流转总面积为1683万亩，占家庭承包面积的27%，同比增长3%。各类规模经营主体6.3万户，经营面积1222万亩。

山东：在山东“工商资本＋农村集体经济组织＋土地入股＋新型经营

① 参见http://www.tuliu.com/read-46231.html，《全国承包耕地流转面积达到4.6亿亩比例已超过三分之一》。

② 参见http://mt.sohu.com/20160530/n452062761.shtml《2016年全国土地流转情况大盘点》。

主体"等产业化经营模式开始萌芽。有1800多个工商资本通过土地流转、土地入股等方式进入农业，流转土地200多万亩，占全省土地流转总面积的近10%，涉及农户40多万户。

湖北：2015年，全省已有59个县(市、区)基本完成农村土地承包经营权确权登记颁证工作，确权249.5万户，实测面积3013.4万亩。而截至2017年1月，全省农村家庭承包耕地流转面积达到1633万亩，比"十一五"增长231.5%。

江西：截至2016年1月，江西省建立市、县、乡农村土地流转服务机构分别达7个、96个和1299个，推动全省流转农户承包土地1069万亩，流转率达33.7%，首次超出全国平均水平。

由此，从这些数据可以看出，随着我国工业化、信息化、城镇化和农业现代化深入推进，农村劳动力大量转移，新型农业经营权主体不断涌现，土地流转和规模经营发展已经成为必然趋势。

(二)土地经营权的流转方式

改革开放以后，随着外出打工和经商人员逐渐增多，农村土地流转成为一个十分普遍的现象。在家庭联产承包责任制的条件下，各地农民创造了多种土地流转方式，如转包、互换、出租、股份合作、反租倒包、信托等。

1.转包

土地承包经营权转包是土地流转形式中最普遍的一种，根据的相关法规解释，转包主要是"承包方在有效时间内，把土地一些权能分离出来以约定的时间范围及条件依法转移给本集体内的另外的农民，由其进行农业相关的生产经营活动"①。转包之后土地所有权及原始的承包关系不变。原始承包合约所约定的各项权利与义务依然由原承包方履行。新建立的转包合同必须在原始承包合同的时间范围内。

转包的实现便产生了两种承包法律关系，一种是初次承包合约和二次承包合约。在这两个合同中产生了三方主体：发包方、承包方和受让方。发包方与受让方之间不存在直接的权利义务关系，它只与承包方存

① 《农村土地承包经营权流转管理办法》第35条规定。

在法律关系。所以对原始承包合同相关的法律责任只能是承包方承担。

转包这种方式的主要特点主要有两点，其一，流转的流出主体主要是同一集体内的其他农民；其二，转包期限相对于转让来说流转期限灵活。因此转包这种形式适合于那些只是短时间内不想从事农业的农户，或者已有其他就业门路，但同时又想留有退路作为保障，而且土地也不至于落荒，因此这种方式是比较受农民欢迎的，也对农业发展做出了贡献。转包目前也主要有两种形式：一是农户间的短期的、小面积转包，这种形式往往转包费用不高；二是种植大户或者是企业经济组织为了实现规模经营大片接包承包地，这种情形下多是与村集体签订转包合同，当然是在得到农户同意的前提下；也有的是直接与农户订立经营权的转包合同，村集体组织进行一定的监督和指导。

2.互换

互换指的是“同一农村经济集体农户为了便于劳作或者是为了实现各自的生产需要而进行的承包地的换动”。由于我国在分配承包地的时候是按照家庭人数和土地的优劣等级平均分配的，所以家庭承包的土地多是分散的，这样就造成农耕和管理的麻烦，所以有时为了集中生产耕作和便于管理，在双方的意愿下进行交换土地同时交换土地的承包经营权。

互换在立法流程上并不需要发包方的允诺，但是多数情况下还会以书面协议形式供发包方记录存档。根据当事人的意愿可以到法定登记部门进行登记，互换是物权的转让，一方失去经营权的同时又获得了另一方的经营权，所以从立法效能上来说，互换登记后一方面可以对抗善意第三人，同时更重要的是变动了承包合同。

互换在实践中主要有两种情形：一种是农户自发进行，这是最普遍的一种情形；另一种是村集牵头。土地承包经营权流转过程中对于流转方式，都是以农民平等、自愿、公平作为前提的，而且多数农民都认为自己本身就有处分土地的权利，所以对于互换多数都是农户间的口头约定，或者简单订立合同并不会想到要去得到村集体的同意。村集体出面协调的互换多数是关系到整个村的农业结构调整或者规模化经营的需要。互换主要的特征：一是长期或短时的土地承包经营权的新旧变动；二是互换的适用范围较小，由于在互换土地时会涉及土地的级差问题，所以评估很难，所以多是在同一集体农户间自发形成。

3.出租

出租指的是“承包方把土地完整的或者是某些方面的经营权按照约定的时间和要件租给他人进行与农业相关的生产活动”。出租以后原始各项承包合同的权利义务关系不变，承租方依照出租约定享受其权利及承担其义务。从《农村土地承包经营权流转管理办法》对出租的解释来看，出租与转包没有本质上的区别。从硬性要求上来看，转包强调转包对象是本集体组织内部人员，出租没有这个规定，所以这种流转方式更具有广泛性。从实践调查来看，出租的费用要普遍高于转包。

4.股份合作

股份合作指在承包期内，承包方之间为发展农业经济，自愿将各自的土地承包经营权量化为股份，共同进行农业生产，按股从土地收益中获取分红。在农村土地股份合作组织中，集体是土地所有权主体，股份合作经济组织是集体和农户股份权利的代理人，经营管理权则由股东代表大会推选的管理者来行使。股份合作是具有合作生产性质的流转形式，促进了农村生产要素的合理流动及优化组合。这种流转形式一般发生在非农产业比较发达、金融资产意识比较强的经济发达地区。

5.反租倒包

反租倒包指在承包方自愿的基础上，集体经济组织将已发包给农民的土地再反租回来，经过统一的规划和整理以后，重新发包或倒包给其他从事农业生产的经营者。反租倒包指的是村集体在农户自愿的基础上将承包到户的土地以租赁的形式重新集中起来，进行统一规划，重新承包经营大户或者是其他单位或个人，原承包户可以获得相应的租金。这将产生两种法律关系：一是农户与集体的租赁合同关系；二是集体与种植大户之间的承包合同。

反租倒包这种形式虽然没有在法条中明确规定，但是《农村土地承包经营权流转管理办法》第八条规定：承包方自愿委托发包方或中介组织流转其承包土地的，应当由承包方出具土地流转委托书。可见我国法律还是允许这种形式的。这种流转形式有利于土地的规模发展、资源优化，可以提高土地利用率，降低农户的生产经营风险，当然它也存在一定的问题，缺少稳定预期，谈判机制不规范等。不过有些农村集体经济组织在反租倒包的操作过程中，出现了不尊重承包农户意愿的行为，强行收回农户承包的土地，由流转的中介者变成支配者，损害了农户利益，所以要慎重运用这种流转形式。

6. 信托

信托指作为委托人的农村土地承包经营权人，在坚持农村土地集体所有权不变、承包权长期稳定的前提下，将土地的经营权使用权委托给土地信托服务组织受托人，在一定期限内由受托人以自己的名义管理、使用该土地或者处分土地的使用权，并将因此而获得的收益归属于土地信托契约所指定的收益人通常就是委托人或者用于特定目的的一种土地流转行为。运用这种土地流转形式需要满足一定的条件，即当地的社会经济发展水平应该较高，故此形式较适用于经济比较发达的地区。

农村土地信托是一项制度的创新，是深化农村土地改革制度的必然要求，也是促进农村土地承包经营权有效流转的必由之路。土地信托制度的有效推行必将对城镇化建设起到积极作用，影响深远。但是前路困难重重。首先，由于农村土地属于集体所有，根据《农村土地承包法》土地用途不能改变，信托的只是农村土地的收益权，所以要想推广首先要迈过土地二元制的门坎[①]。再次，土地确权登记工作进展缓慢，作为土地流转的主要标的——承包经营权的确是一个漫长的过程。因此土地流转信托的发展还需要通过立法来进一步地规范、保护和支持。

通过以上的分析可以看出，农村土地流转形式趋于多样化，但每一种流转形式的适用性是不同的，各地要坚持土地流转的灵活性，结合当地实际情况来选择适合的土地流转形式。

三、土地经营权流转的经济现状

（一）户籍制度改革加快，城乡二元结构逐步破除

长期以来，中国实行特有的户籍制度，将人口按区域分为农业人口和

① 专家：土地流转信托推广需先迈二元制土地结构门坎[N]. 新民网，2014-08-08.

非农业人口，实行了“城乡分治”的二元社会结构，对城市和农村分别实行两种不同的政策。在这种二元结构下，不仅造成了城乡经济发展形成了巨大的差距，农民不能自由向城镇迁移也造成了我国城市化滞后于工业化，尤其是我国的人口城市化。近年来，随着经济的发展，我国政府认识到城市化的必要性，加快了城市化进程。伴随着城市化，城镇吸纳就业的能力不断增强，并带动了乡村富余劳动力不断向城镇转移，这进一步促进了我国的户籍制度改革。为统筹我国的工业化、城镇化和农业现代化，适应我国人口迁移现状，国务院提出户籍制度改革将放宽户口迁移政策，2014 年 7 月 24 日颁布了《关于进一步推进户籍制度改革的意见》，加速了农业户口向非农户口的转变的可能性。这次改革目的要“达成 1 亿左右的农村转移人口以及其他外来常住人口在城镇的落户”[①]，有序推进农业转移人口市民化。这个《关于进一步推进户籍制度改革的意见》的背后所映射的便是刺激农村土地经营权流转的规模和速度，之后我国的城镇化和农村土地流转都将会处于一个快速推进阶段。

(二)人均耕地面积较小与农业规模化经营发展矛盾突出

自 1978 年我国家庭联产承包责任制改革以来，我国对农村的耕地面积实行土地“均田承包”的政策，造成了我国农村土地的“细碎化”现象。我国人均耕地面积仅为 0.08km^2，只占世界人均耕地面积的约四分之一。[②] 随着经济的发展，农业产业结构调整及农业经营集约化、现代化的需要，人均耕地面积较小以及适度规模经营农村土地的矛盾越发突出。亟须通过农村土地改革，改变农村土地“细碎化”现象造成的生产效率较低的现象，推动土地流转改革的加快。

(三)第一产业发展缓慢、农村产业结构亟待调整

随着经济的发展，第一产业所占比重逐渐减少，第一产业发展速度有所增长。目前中国农业产业结构相对落后，为调整农业产业合理发展，各

---

① 参见 http://news.qq.com/a/20140730/025893.htm，《官方谈户籍改革：力度之大涉及面之广前所未有》。

② 参见 http://baike.baidu.com/link? url=x3sqaxD9rhYh3Ef9UW4Y40lqxkX_nVuK07NjJUHyKlIeU_JNLVSNNrFWwdcOW5zh82_LhYvN0bLlMtvgoNJxQ77_-mMKHLDq8Hke_rzzSR2GbzCAdRmUdvSzyZ7zmDs6，《耕地面积》。

省份加强对产业结构调整的力度，农业产业结构相对提升。随着我国工业化、城镇化进程，农村经济在中国经济中的作用逐渐下降，尤其是第一产业对国民生产总值的贡献率也在逐步下降。据 2016 年统计公报数据显示（图 3-1）：全年国内生产总值 744127 亿元，比上年增长 6.7%。其中，第一产业增加值 63671 亿元，增长 3.3%，在国民经济中的比重下降到 8.2%，比 2015 年下降 0.2 个百分点；第二产业增加值 296236 亿元，增长 6.1%；第三产业增加值 384221 亿元，增长 7.8%。第一产业增加值占国内生产总值的比重为 8.6%，第二产业增加值比重为 39.8%，第三产业增加值比重为 51.6%，比上年提高 1.4 个百分点。[①]

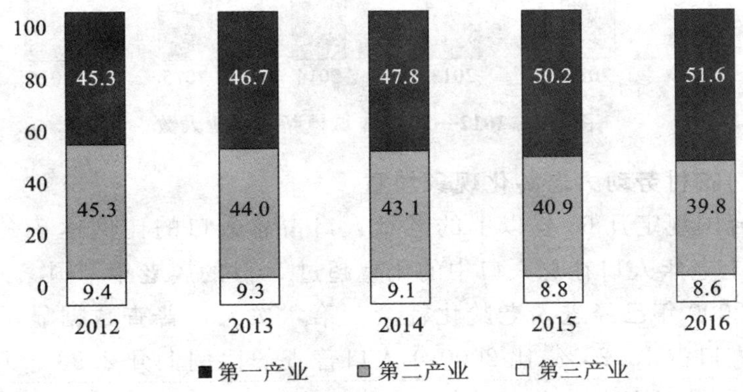

图 3-1 2012—2016 年三次产业增加值占国内生产总值比重

（四）农村劳动力转移持续增加

2016 年末全国内地总人口 138271 万人，比上年末增加 809 万人，其中城镇常住人口 79298 万人，占总人口比重（常住人口城镇化率）为 57.35%，比上年末提高 1.25 个百分点。户籍人口城镇化率为 41.2%，比上年末提高 1.3 个百分点。全年出生人口 1786 万人，出生率为 12.95‰；死亡人口 977 万人，死亡率为 7.09‰；自然增长率为 5.86‰。全国人户分离的人口 2.92 亿人，其中流动人口 2.45 亿人。2016 年末全国就业人员 77603 万人，其中城镇就业人员 41428 万人。全年城镇新增

① 参见 http://finance.sina.com.cn/roll/2017-02-28/doc-ifyavrsx5398750.shtml，《2016 年统计公报：GDP 增 6.7%第三产业增加值占 51.6%》。

就业1314万人。年末城镇登记失业率为4.02%。全国农民工总量28171万人，比上年增长1.5%。其中，外出农民工16934万人，增长0.3%；本地农民工11237万人，增长3.4%，如图3-2[①]所示。

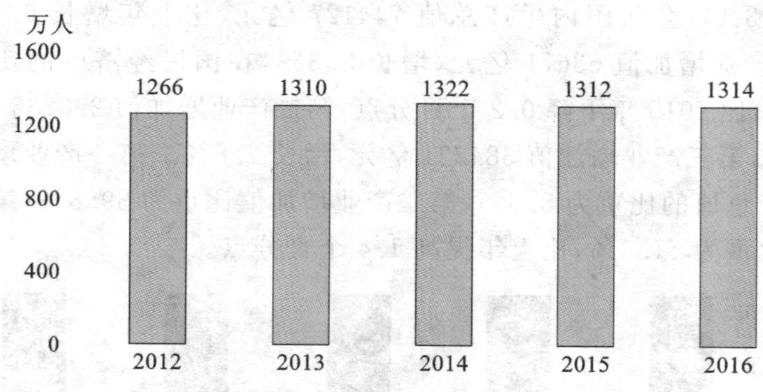

图3-2　2012—2016年城镇新增就业人数

（五）农村劳动力老龄化现象加重

联合国规定凡65岁以上的老年人口占总人口的比例达7%以上或60岁以上老年人口在总人口中的比重超过10%的属老年型国家或地区。我国从2000年已经进入老龄化社会。第六次人口普查数据显示，60岁及以上人口占13.26%，比2000年人口普查的比例上升2.93个百分点，其中65岁及以上人口占8.87%，比2000年人口普查的比例上升1.91个百分点。0～14岁人口占16.60%，比2000年人口普查的下降6.29个百分点。[②] 由于我国整体老龄化现象的出现，以及农村居民外出打工多以青壮年劳动力为主，农村劳动力老龄化现象越来越严重。尤其是近几年出现了农村外出劳动力年龄增大的趋势，农村劳动力老龄化程度越加严重，相伴而生的农村养老问题也成为阻碍农村经济发展的重大问题。2016年8月28日，在“2016健康中国养老产业高峰论坛”上，由中国经营报社编制的《中国养老产业发展白皮书》正式发布。白皮书显示，2015年末，我国60周

---

① 参见：http://finance.sina.com.cn/roll/2017-02-28/doc-ifyavrsx5398750.shtml，《2016年统计公报：GDP增6.7%第三产业增加值占51.6%》。

② 参见http://mt.sohu.com/20161013/n470181664.shtml《2016年中国人口老龄化现状分析及发展趋势预测》。

岁及以上老年人口已经达到2.22亿,占到总人口的16.1%,老年人口数量已经接近印度尼西亚的总人口数量,超过巴西、巴基斯坦、尼日利亚、孟加拉国、俄罗斯、日本、墨西哥和菲律宾等8个国家的总人口数量;空巢和独居老年人已经接近1亿人,占比较高,家庭养老功能弱化,亟待社会养老补位。根据预测,到21世纪50年代,我国的老年人口数量将达到峰值,老年人口数量将超过4亿人,平均每3个人中就有1个老年人,见图3-3①。解决农村老年人养老问题,关乎中国农村改革、社会稳定的重大问题。土地流转改革,不仅能够使得农村老年人从土地上解放出来,其流转收益也为其基本生活保障提供了保障,进一步推进了土地流转改革。

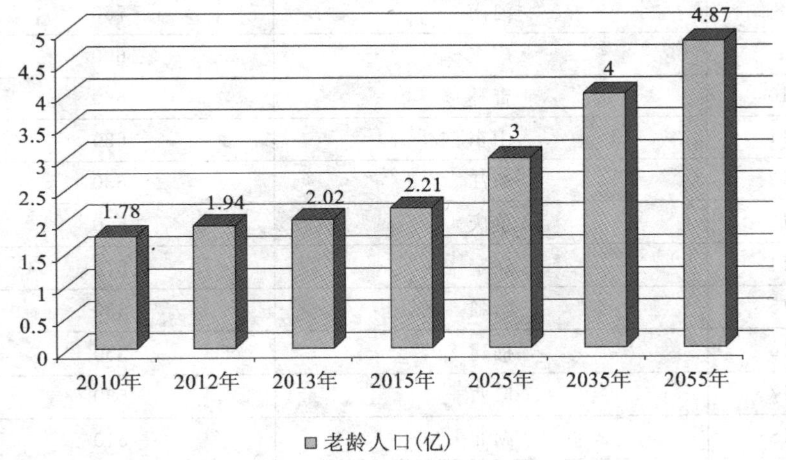

图3-3

目前,虽然土地流转情况成果显著,但流转法律制度的不完善,因而并不能很好地保障农户的切身利益,这大大挫伤了农户对土地流转行为的积极性。因此,在“三权分置”背景下,完善土地流转相关法律制度,稳步有序推进农村土地流转的进程。

(六)土地流转价格偏低

表3-2是2016年年初统计的各地平均土地价格，这个价格既结合了

① 参见http://www.fudao888.cn/portal.php?mod=view&aid=15,《2016年我国60周岁及以上老年人口已经达到2.22亿》。

表 3-2 2016 年全国土地流转平均价格(参考)

排名	省份	单价[元/(亩·年)]
1	上海	3240
2	海南	2630
3	北京	2371
4	天津	2041
5	陕西	1420
6	山西	1261
7	四川	1211
8	河南	750
9	广东	690
10	吉林	660
11	山东	630
12	浙江	630
13	重庆	610
14	辽宁	570
15	新疆	550
16	福建	550
17	广西	530
18	湖北	510
19	宁夏	480
20	湖南	460
21	河北	450
22	黑龙江	440
23	安徽	420
24	江苏	420
25	内蒙古	390
26	贵族	360
27	云南	360
28	江西	340

工商资本下乡租地的价格(这部分价格较高,很多地方在1000元以上,如果是政府行为,基本为1500左右),也结合了当地村集体内土地流转价格(这部分价格较低,很多村内都是免费流转或者每亩收200左右),同时,既包括耕地价格,又包括其他种类(园地、山地)的价格。因而,农村土地流转价格较低对农民无法产生相应的吸引力,土地流转的价格形成机制也缺乏。到了2017年,这个价格又有了不小的变动,因为粮价下跌,北方地区下降了100～200元/亩(极个别地区甚至还有免费送地的情况),南方地区因为稻谷价格下降幅度不大,所以土地价格虽然也有下跌,但相比北方变化不是很大。[①]

四、土地经营权流转的法律、政策现状

(一)土地经营权流转的法律现状

现行法律中《宪法》《民法通则》《担保法》《土地管理法》《农村土地承包法》《物权法》等都是当时“两权分离”背景下的法律制度,而在“三权分置”背景下,土地经营权从土地承包经营权中独立出来,因而在现行法律中,土地经营权是一片空白,故而本书研究的土地经营权法律现状实指土地承包经营权抵押的法律现状。1987年1月实施的《民法通则》第八十条第二款规定首次提出了“土地的承包经营权”概念;[②]第八十条第三款虽禁止农村土地抵押,但回避了土地承包经营权的抵押问题。[③] 1988年4月,我国通过的首个宪法修正案中明确了土地使用权是可以依照法律的规定转让的。这也是我国首次基于宪法层面承认土地使用权可以商品化的事实。一般认为,土地使用权是一类权利的总称,其具体包括建设用

---

① 参见 http://www.zhaoshang800.com/news/n-44255.html.《2017年农村土地流转平均价格是多少钱一亩?(附2016年全国土地流转价格)》。

② 《民法通则》第八十条第二款规定:“公民、集体依法对集体所有的或者国家所有由集体使用的土地的承包经营权,受法律保护。承包双方的权利和义务,依照法律由承包合同规定。”

③ 《民法通则》第八十条第三款规定:“土地不得买卖、出租、抵押或者以其他形式非法转让。”

地使用权、集体建设用地使用权、宅基地使用权、土地承包经营权以及其他具有债权性质的土地使用权等。[①] 但作为国家根本大法的《宪法》对于一类权利的转让作概括性的规定，便意味着其对于土地承包经营权流转的原则性持肯定态度，也为其下位法留下了规定土地承包经营权流转的空间。之后，以宪法作为基本依据，分别有《土地管理法》《农业法》《农村土地承包法》以及《物权法》等对土地承包经营权流转作了具体而又较为详尽的规定。1986 年 6 月颁布、1998 年 12 月修订的《土地管理法》与修宪精神一致，规定集体所有土地的使用权可依法转让。[②] 该法第十四条明确规定了从事种植业、林业、畜牧业、渔业生产的土地承包经营期限为 30 年，规定了发包方和承包方的权利义务关系和土地承包经营权调整的相关规则。1993 年 7 月实施的《农业法》第四条规定：国有土地和集体所有的土地的使用权可以依法转让。任何组织或者个人不得侵占、买卖或者以其他形式非法转让土地。第十三条第二款规定：在承包期内，经发包方同意，也可以将农业承包合同的权利和义务转让给第三者。2002 年修订的《农业法》第十条规定：国家实行农村土地承包经营制度，依法保障农村土地承包关系的长期稳定，保护农民对承包土地的使用权。农村土地承包经营的方式、期限、发包方和承包方的权利义务、土地承包经营权的保护和流转等，适用《中华人民共和国土地管理法》和《中华人民共和国农村土地承包法》。1995 年 10 月实施的“四荒”(荒山、荒沟、荒丘、荒滩)等土地使用权抵押的法律效力。[③] 2003 年 3 月实施的《农村土地承包法》第十条明确规定：“国家保护承包方依法、自愿、有偿地进行土地承包经营权流转。”[④]第二章第五节共用了 12 个条款对土地承包经营权流转问题作

---

① 耿卓.农村土地承包经营权流转自由之实现[J].甘肃政法学院学报，2009(1).

② 第七届全国人民代表大会常务委员会第五次会议根据宪法修正案和国务院关于提请修改《中华人民共和国土地管理法》的议案，决定对《中华人民共和国土地管理法》作如下修改：第二条增加两款，作为第四款、第五款：“国有土地和集体所有的土地的使用权可以依法转让。土地使用权转让的具体办法，由国务院另行规定。”“国家依法实行国有土地有偿使用制度。国有土地有偿使用的具体办法，由国务院另行规定。”

③ 《担保法》第三十四条第五款规定：“下列财产可以抵押：(五)抵押人依法承包并经发包方同意抵押的荒山、荒沟、荒丘、荒滩等荒地的土地使用权。”.

④ 《农村土地承包法》第十条的规定。

出了具体规定。可以讲,《农村土地承包法》是我国第一部对土地承包经营权流转的方式、原则、价格形成制度、收益归属制度、流转合同及变更登记等许多法律问题做了较为全面的规定。因而,《农村土地承包法》以法律形式赋予了农民长期享有保障的土地使用权,标志着中国农村土地承包经营制度真正走向了法制化轨道。2005年3月实施的农业部《农村土地承包经营权流转管理办法》更是从下位法的角度规定了土地承包经营权流转的主体、流转方式等方面做了具体规制。2007年10月实施的《物权法》明确规定对农村土地承包经营权给予物权保护,将农村土地承包经营权定位为用益物权。第一百二十八条规定土地承包经营权人依法有权采取转包、互换、转让等方式流转,但未规定抵押流转方式。[①] 第一百三十三条规定:“通过招标、拍卖、公开协商等方式承包荒地等农村土地,依照农村土地承包法等法律和国务院的有关规定,其土地承包经营权可以转让、入股、抵押或者以其他方式流转。”[②]该法第一百八十条第一款第三项允许“四荒”等土地承包经营权设定抵押。[③] 当然,作为规范民事财产关系的民事基本法律,其对农村土地承包经营权的流转态度较多援引了《农村土地承包法》的规定,因而并没有对先前法律关于土地经营权流转作出突破。诚然,这些法律及行政法规的出台无疑对于推动土地承包经营权流转产生了巨大作用。此外,“在我国湖南、山东等省份也相继出台了一批规范土地承包经营权流转的地方性法规,还有部分省份专门制定了地方规章,如《江苏省农村土地承包经营权流转办法》”[④]。以上效力层级不同的法律规范的制定与实施已构建起土地承包经营权流转制度的基本法律框架,为土地承包经营权流转搭建了法律制度上的可行性。

---

① 《物权法》第一百二十八条规定:“土地承包经营权人依照农村土地承包法的规定,有权将土地承包经营权采取转包、互换、转让等方式流转。流转的期限不得超过承包期的剩余期限。未经依法批准,不得将承包地用于非农建设。”

② 《物权法》第一百三十三条的规定。

③ 《物权法》第一百八十条第一款第三项规定:“债务人或者第三人有权处分的下列财产可以抵押:(三)以招标、拍卖、公开协商等方式取得的荒地等土地承包经营权。”

④ 丁关良.土地承包经营权流转制度法律问题研究[J].农业经济问题,2011(3).

(二)土地经营权流转的政策现状

1984年1月1日,为了贯彻党的农村政策,不断总结农村土地承包实践经验,发展农村的新局面,中共中央制定了《关于一九八四年农村工作的通知》。提出要继续稳定和完善联产承包责任制,帮助农民在家庭经营的基础上扩大生产规模,提高经济效益。一要延长土地承包期,鼓励农民增加投资,培养地力,实行集约经营。二要“鼓励土地逐步向种田能手集中。社员在承包期内,因无力耕种或转营他业而要求不包或少包土地的,可以将土地交给集体统一安排,也可以经集体同意,由社员自找对象协商转包,但不能擅自改变向集体承包合同的内容。转包条件可以根据当地情况,由双方商定”①。这一规定标志着国家开始在政策上允许农村土地承包经营权流转。1986年中共中央、国务院发布的《关于一九八六年农村工作的部署》指出:“随着农民向非农产业转移,鼓励耕地向种田能手集中,发展适度规模的种植专业户。”②1987年中央政治局在《把农村改革引向深处》提出“在京津沪郊区、苏南地区和珠江三角洲,可分别选择一两个县,有计划地兴办具有适度规模的家庭农场或合作农场,也可以组织其他形式的专业承包,以便探索土地集约经营的经验”③。在这一方针引导下,在江苏、北京、广东和山东进行了农业生产规模经营的试点。1993年中共中央十四届三中全会通过的《中共中央关于建立社会主义市场经济体制若干问题的决定》指出:“农业、农村和农民问题,是我国经济发展和现代化建设的根本问题”以及“以家庭联产承包为主的责任制和统分结合的双层经营体制,是农村的一项基本经济制度,必须长期稳定,并不断完善。在坚持土地集体所有的前提下,延长耕地承包期,允许继承开发性生产项目的承包经营权,允许土地使用权依法有偿转让。少数经济比较发达的地方,本着群众自愿原则,可以采取转包、入股等多种形式发展适度规模经营,提高农业劳动生产率和土地生产率。”④2001年12月30日中共中央发布了《中共中央关于做好农户承包地使用权流转工作的通

① 参见《中共中央关于一九八四年农村工作的通知》。

② 参见《关于一九八六年农村工作的部署》。

③ 参见《把农村改革引向深处》。

④ 《中共中央关于建立社会主义市场经济体制若干问题的决定》。

知》,针对土地流转中违背农民意愿、损害农民利益的问题,提出农户承包地使用权流转在长期稳定家庭承包经营制度的前提下进行。农户承包地使用权流转必须坚持依法、自愿、有偿的原则,土地流转要按照有关法律法规和中央的政策进行。土地使用权流转必须建立在农户自愿的基础上进行。农村土地流转应当主要在农户间进行。已经租赁承包地的,要进行清理,加以规范。地方各级政府的农业主管部门要切实履行职责,做好农村土地流转的指导和管理工作,防止以土地流转为名,擅自改变土地农业用途。[①] 为贯彻落实中央确定的各项政策,2002 年 5 月 28 日农业部发布了《关于贯彻落实〈中共中央关于做好农户承包地使用权流转工作的通知〉的通知》,强调正确把握土地流转的原则,引导和规范土地流转,加强对土地流转的指导和管理。2008 年 10 月 9 日,党的十七届三中全会召开,会议审议通过的《中共中央关于推进农村改革发展若干重大问题的决定》(以下简称《决定》)中明确提出,“土地承包关系要保持稳定并长久不变”、“允许农民以转包、出租、互换、转让、股份合作等形式流转土地承包经营权”、“逐步建立城乡统一的建设用地市场”[②]等改革思路,土地流转制度成为新一轮中国农村改革的轴心。一方面,十七届三中全会在土地流转问题上实现了“两个突破”。一是延长了集体土地的承包期。《决定》赋予广大农民“更加充分而有保障”的土地经营权,并明确指出“现有土地承包关系要保持稳定并长久不变”。二是放宽了集体用地流转的限制。《决定》中明确提出“允许农民以承包、出租、互换、转让、股份合作等形式流转土地承包经营权”,对经批准进行商业开发等非公益项目而被占用的农村集体土地,其开发与经营的过程,允许农民依法通过多种方式参与。另一方面,十七届三中全会强调土地承包经营权流转的三个“不得”,即“不得改变土地集体所有性质,不得改变土地用途,不得损害农民土地承包权益”,明确了土地流转制度改革的前提是农村土地集体所有制和家庭承包经营制,体现了中央在农村土地改革上极为审慎的态度。可以说,十七届三中全会的召开对于我国农村土地流转制度的完善和推进具有深远

---

① 《中共中央关于做好农户承包地使用权流转工作的通知》。

② 《中共中央关于推进农村改革发展若干重大问题的决定》。

的影响。会后，农村土地流转试点在各地轰轰烈烈地展开，各种农村土地流转创新模式在全国纷纷出现，土地流转规模、流转速度、流转覆盖范围等都有显著增长。2008 年 12 月 31 日，《中共中央、国务院关于 2009 年促进农业稳定发展农民持续增收的若干意见》再次强调，“坚持依法、自愿、有偿原则，尊重农民的土地流转主体地位，任何组织和个人不得强迫流转，也不能妨碍自主流转。按照完善管理、加强服务的要求，规范土地承包经营权流转”①。2010 年 12 月 31 日中央一号文件《中共中央、国务院关于加大统筹城乡发展力度进一步夯实农业农村发展基础的若干意见》指出：“加强土地承包经营权流转管理和服务，健全流转市场，在依法、自愿、有偿流转的基础上发展多种形式的适度规模经营。”②2012 年 2 月 1 日，中共中央一号文件《中共中央、国务院关于加快推进农业科技创新持续增强农产品供给保障能力的若干意见》进一步强调，“加快修改完善相关法律，落实现有土地承包关系保持稳定并长久不变的政策。按照依法、自愿、有偿原则，引导土地承包经营权流转，发展多种形式的适度规模经营，促进农业生产经营模式创新”③。2013 年 2 月 1 日，中共中央一号文件《中共中央、国务院关于加快发展现代农业进一步增强农村发展活力的若干意见》对于农村土地流转问题进行了论述，指出：“坚持依法自愿有偿原则，引导农村土地承包经营权有序流转，鼓励和支持承包土地向专业大户、家庭农场、农民合作社流转，发展多种形式的适度规模经营……规范土地流转程序，逐步健全县乡村三级服务网络，强化信息沟通、政策咨询、合同签订、价格评估等流转服务”，“建立归属清晰、权能完整、流转顺畅、保护严格的农村集体产权制度”。④ 2014 年 1 月 19 日，中共中央一号文件《关于全面深化农村改革加快推进农业现代化的若干意见》指出：“稳定

---

① 《中共中央、国务院关于 2009 年促进农业稳定发展农民持续增收的若干意见》。

② 《中共中央、国务院关于加大统筹城乡发展力度进一步夯实农业农村发展基础的若干意见》。

③ 2012 年中共中央一号文件《中共中央、国务院关于加快推进农业科技创新持续增强农产品供给保障能力的若干意见》。

④ 2013 年中共中央一号文件《中共中央、国务院关于加快发展现代农业进一步增强农村发展活力的若干意见》。

农村土地承包关系并保持长久不变,在坚持和完善最严格的耕地保护制度前提下,赋予农民对承包地占有、使用、收益、流转及承包经营权抵押、担保权能。在落实农村土地集体所有权的基础上,稳定农户承包权、放活土地经营权,允许承包土地的经营权向金融机构抵押融资”,“鼓励有条件的农户流转承包土地的经营权,加快健全土地经营权流转市场,完善县乡村三级服务和管理网络。探索建立工商企业流转农业用地风险保障金制度,严禁农用地非农化。有条件的地方,可对流转土地给予奖补。土地流转和适度规模经营要尊重农民意愿,不能强制推动”。[①] 2015 年 2 月 1 日,中央一号文件《关于加大改革创新力度加快农业现代化建设的若干意见》指出:“坚持和完善农村基本经营制度,坚持农民家庭经营主体地位,引导土地经营权规范有序流转,创新土地流转和规模经营方式,积极发展多种形式适度规模经营,提高农民组织化程度……土地经营权流转要尊重农民意愿,不得硬性下指标、强制推动。尽快制定工商资本租赁农村土地的准入和监管办法,严禁擅自改变农业用途”,“充分发挥县乡村土地承包经营权、林权流转服务平台作用,引导农村产权流转交易市场健康发展”。[②] 2016 年 1 月 27 日,中央一号文件指出:“完善工商资本租赁农村土地准入、监管和风险防范机制。健全县乡村经营管理体系,加强对土地流转和规模经营的管理服务。”[③]2016 年 10 月 30 日,中共中央办公厅、国务院办公厅印发《关于完善农村土地所有权承包权经营权分置办法的意见》,对完善“三权分置”办法提出了具体意见,提出加快放活土地经营权,依法依规开展土地经营权抵押融资,探索更多放活土地经营权的有效途径。2017 年 2 月 5 日,中央一号文件《关于深入推进农业供给侧结构性改革加快培育农业农村发展新动能的若干意见》更进一步提出大力培育新型农业经营主体和服务主体,通过经营权流转、股份合作、代耕代种、土

---

① 2014 年中共中央一号文件《关于全面深化农村改革加快推进农业现代化的若干意见》。

② 2015 年中共中央一号文件《关于加大改革创新力度加快农业现代化建设的若干意见》。

③ 2016 年中共中央一号文件《关于落实发展新理念加快农业现代化实现全面小康目标的若干意见》。

地托管等多种方式，加快发展土地流转型、服务带动型等多种形式规模经营。积极引导农民在自愿基础上，通过村组内互换并地等方式，实现按户连片耕种。“落实”农村土地集体所有权、农户承包权、土地经营权“三权分置”办法。[①] 这些方针、政策、法律的不断出台进一步维持了土地经营权流转的有序性，促进了农村土地的流转。

第二节 农村土地经营权流转的实证考察

在法律制度构建的过程中，一切方案的科学性及其现实可行性，均取决于它们是否以对社会现实的正确认识为前提的，经常发生的制度无效，往往与缺乏对社会现实的正确认识有关。源于此，土地经营权流转法律制度的构建方案必须建立在对土地经营权流转的现状基础上，方才有可能具有科学性及现实可行性。因而本节将通过对土地经营权流转的实地调研分析，探寻土地经营权流转对我国农业生产实践及农民生活状况的现实意义，发现我国土地经营权流转法律制度亟待解决的法律问题，为我国农村土地制度未来的发展道路指明方向。

一、安徽省蚌埠市固镇县的实证调查

安徽省蚌埠市固镇县是传统农业县，是国家商品粮基地县，商品油料基地试点县。选择固镇县作为土地经营权流转研究的对象，具有一定的代表意义，本书试图以此个案来诠释我国城镇化进程中农村土地承包经营权流转的现状。

我国农村土地经营权流转是在不断尝试和摸索中进行的，目前整体上事态良好，但是问题也是在探索实践中相伴而生的。蚌埠市固镇县主要以政策扶持、资金奖励大规模流转为主，协助发展、积极引导小规模流

① 2017年中央一号文件，中共中央、国务院《关于深入推进农业供给侧结构性改革加快培育农业农村发展新动能的若干意见》。

转为辅的发展路子，不断摸索出地承包经营权流转的新机制。

（一）调查对象的概况

1.固镇县的自然地理情况

固镇县位于淮河中游北岸，是安徽省东北部蚌埠市的一个小县城，是典型的农业县。固镇县面积1371平方公里，县城建成区面积是12平方公里，63万人口，农村人口53万。2017年一季度全县实现农林牧渔业总产值9.61亿元，按可比价计算，同比增长3.4%。其中农业产值1.42亿元，同比增长6.1%；林业产值0.26亿元，同比增长2.5%；畜牧业产值7.18亿元，同比增长2.6%；渔业产值0.46亿元，同比增长1.3%；农林牧渔服务业产值0.30亿元，同比增长16.0%。扣除中间消耗，一季度实现农林牧渔业增加值5.83亿元，同比增长3.4%。固镇县农林牧渔业总产值和增加值增幅均居三县之首。[①] 主要有八镇、三乡：城关镇、新马桥镇、任桥镇、王庄镇、连城镇、湖沟镇、刘集镇和濠城镇以及杨庙乡、石湖乡和仲兴乡。固镇县也是安徽省重要的粮油产区，是全国油料第二大县、国家财政部波尔山羊产业化项目建设县[②]。

2.固镇县土地承包经营权流转总体情况

固镇县以“推进土地流转，发展规模经营”为理念，不断引导宣传，完善服务体制，全县土地流转规模快速增加。目前土地承包经营权面积120.9万亩，其中耕地面积105.4万亩。目前流转面积累计为60.57万亩，占承包经营土地面积的50.1%。出现了新型农业经营主体，安徽雨荷生态农业公司、安徽丰原发展有限公司等为代表的企业流转土地6万亩；以红彤彤农业合作社、乐丰果蔬种植专业合作社等合作组织为主体流转土地13万亩；以云彩生态家庭农场等为代表流转土地3万亩；以周华峰等为代表的种植大户流转土地4万亩。农村的土地承包经营权流转一定程度上提高了农民的收入，同时推进了城镇化的进程，加快了新农村建设的步伐。

---

① 参见 http://www.guzhen.gov.cn/4133720/4481038.html，《一季度固镇县农林牧渔业总产值增幅居三县之首》。

② 参见 http://www.360doc.com/content/11/0924/13/1164894_150856079.

(二)城镇化进程中固镇县农村土地经营权流转形式

1.稳步进行的传统流转模式

目前城镇化进程中农村土地流转的模式多采用转包、出租、互换和转让等形式进行。目前固镇县转包面积占流转总面积的13.68%,此种方式在当地还是农户个体间比较普遍的方式,往往都是简单的合同,多数都是口头协定,主要是方便、省时间。但由于没有统一的规定,转包的交易金额不易确定,多数容易产生纠纷,有的便中途废止,这又牵扯到索赔的纠纷。出租占流转总面积的84.85%,这是目前最受欢迎的土地流转方式,合同明确,收益明确,但是农户无法享受到土地所带来的增值收益。互换占流转总面积的0.15%,这种多数是农民间通过口头约定,主要目的是便于规模经营,但是也容易产生纠纷,但是涉及土地的级差问题,所以实现起来还是比较困难。转让占流转面积的0.46%,现在农民都比较看重土地,即使不想种地也极少会转让出去。随着农民专业合作社的不断发展和壮大,入股和出租的比重会越来越大。

2.积极探索、推动流转新模式

固镇县为了适应土地集约化、规模化的现代农业发展经营的需要,不断探寻新的土地流转模式,在坚持家庭联产承包责任制前提下,固镇县连城省级现代农业示范园区摸索出了企业租赁模式、专业合作组织承接模式、种养大户集中模式和协调互换模式,这四种模式的推广推进了农村土地承包经营权流转体制的创新,同时也撑起了固镇县农业现代化。

(1)企业租赁模式。该模式指的是把土地规模经营与企业化经营和发展农业产业化结合起来,通过加大农业招商引资力度、引进优质项目、引进实力企业、建立农产品规模化生产,提高土地生产力,示范区内的亿只肉鸡产业化项目,投资12.8亿元,项目采取以大公司为龙头,"公司+农户"为主体的形式,以合同的方式明确约定双方的权利和义务,实现统一管理、统一提供饲料、统一提供鸡苗、统一回收的养殖模式。项目在用电、用地、贷款等方面享受政府优惠扶持政策。项目实施后,养鸡每年净收入2.3亿元,农民人均收入增加了470元。安徽圣美现代农业园、安徽雨荷生态农业公司都是采用的这种租赁模式。提高了土地的利用率,增加了农民收入。

(2)专业合作组织承接模式。该模式就是充分发挥农民专业合作社的中介作用，上面连接加工企业和市场，下面连接农户，以合作社通过流转土地建设基地，按照要求实行标准化的生产。合作社为企业提供农产品，企业为合作社提供良种、农资、技术和销售等服务，从而形成了“企业＋合作社＋基地”三位一体的农业产业化经营模式。合作组织是市场经济发展到一定阶段的产物，能有效地减少农户生产风险，提高效益。合作组织的发展，促进了农村土地合理流转，有利于现代农业的形成，是解决“农村、农民和农业”的重要途径之一。

固镇县国家级专业合作社玉鹏连城果蔬专业合作社于 2007 年 8 月注册成立，流转土地 4 万多亩。主要负责的是农业技术培训、新品种引进、“玉鹏”果蔬产品加工以及产品的保鲜和销售。目前出资农户已经达到 406 户、合作社从业人员 155 人，其中 15 名管理人员以及 10 名专业科技员，专业运输、销售大户 21 人。合作社采用先进技术、实行规范化操作，企业化管理，生产效益可观。同时带动周边 6000 多户的农户，对农业规模化生产和土地流转起了龙头示范作用，一方面农户出资可以获得土地的增值效益，另一方面流转土地的农户还可以放心地外出务工，促进了城镇化发展。

(3)种养大户集中模式。该模式主要是指政府引导这些种植大户通过土地流转进行大规模种植，这样在水电设施方面可以减少重复浪费，还可以资源共享，从而提高生产效率。这已成为农民致富的新亮点，农户通过引导对零星土地的集中、整合，发展适度规模经营。这种类型的土地流转模式一方面可以发挥种养能手的特长，另一方面使各种生产要素得到了最优化的合理配置，同时有效地解放了农村劳动力和提高了土地效益。蚌埠绿源现代农业有限公司就是由科技能人牵头，由种植能手组织成立的，流转土地 1500 亩，主要推广草莓及蔬菜的种植。平均每亩纯收入比传统生产增值一倍多。

(4)协调互换模式。该模式指的是在政府的指导下，针对小规模的土地流转，以自愿为前提，打破土地级差、实行一家一户一地，划分产业发展区、亲朋好友地连边的方式进行小规模土地资源整合，形成集约化和标准化生产。这种模式打破传统零碎土地不利于大型机械操作的僵局，解放了劳动力，提高管理效率。这种模式往往都是配合上述三种模式的实施。目前固镇县以此形式建立了西瓜大棚、花生大棚和蔬菜大棚等生产基地2000多亩。

3.土地经营权流转主体多元化

固镇县把培育规模经营主体作为推动土地经营权流转的重要举措，积极扶持培育农业龙头企业，推进招商引资，引导农民专业合作社，鼓励专业种养大户。对于带动能力强、示范作用大、发展前景广阔的经营主体，在资金、项目建设及营销平台政策方面加大优惠力度，增加了土地流转主体的产业带动能力以及对土地流转的积极性和信心。目前，固镇县的土地经营权的土地流转主体有种养大户、农业龙头企业、退休职工、部分乡村干部和一些城市居民。这些成为农村土地流转的重要推手。如仲兴乡孟庙村以村支书带头成立金牛农机专业合作社，在孟庙村流转土地1024亩；种粮大户曹兴利在石湖乡园林场流转土地2010亩；城镇居民刘汉在任桥镇流转土地1500亩；连城玉鹏蔬菜专业合作社在连城镇流转土地600亩；农业龙头企业安徽成祥面粉有限公司在仲兴乡和连城镇流转土地1.5万亩作物原料基地[①]。

4.固镇县土地经营权流转过程中出现的问题

固镇县在国家政策的导向下，基本上摸索出一条自己的土地承包经营权流转的路子，但问题的存在不可忽视。

(1)流转操作流程不规范

第一，个体农户间的土地流转多为口头协议，比较随意。

当地流转特别是私人流转之间多数以口头协商为主要流转方式，多数表现为不签订合法合同。这也是近几年土地流转的法律纠纷增多的一个主要原因，同时也在一定程度上不利于对集体土地的管理和监督，使土地承包关系更加混乱，不利于政府的长期规划。多数农户认为方式比较简便，采用这种方式的多数是同一集体组织成员，比较熟悉。而且多数约

① 安徽固镇县农经管理局.安徽省固镇县农村土地流转与规模经营情况调研报告.中国农经信息网。

定时间是一年，时间到了可以再议继续或者终止。也正因为时间的不确定性，往往受让方不愿意过多投入，从而进行掠夺式经营或者仅仅维持现状，浪费了土地资源。

第二，政府牵头的土地经营权流转多为硬性任务式引导，且定价机制不合理。

随着土地流转大规模的开展，有些地方当成硬性任务来完成，政府在引导和推动方面难免出现一些越俎代庖的现象。政府为了完成一定的土地流转的任务，就不断地“引导”农民进行土地流转，这对那些出去务工的农民来说，多数是愿意的；对少部分在规划范围内的农民，政府往往采用“少数服从多数”来解决，农民得到的是远低于自己种田收入的“包地”租金。笔者看到湖沟镇集贤村的一村民的《农村土地承包经营权流转合同》的复印件，发现在合同的最后签字处只盖了两枚公章，分别是固镇县湖沟镇农村合作经济管理站和集贤村村委会的，并没有村民签名。据当地村民说他们都没有签字，乡镇政府签好了就发给他们，每户都是这样。一面是流转冲动的基层政府，一面是无奈的留守种地的农民，成为现代城镇化进程中不和谐的两个对立面。

湖沟镇集贤村的一村民的土地承包经营权流转合同显示，甲方王某某以租赁方式把面积为 11.85 亩的土地承包经营权流转给乙方从事农业生产，流转费用为每亩每年 700 元，并根据物价五年一议，流转期为 14 年，首先定价过低，并不能达到农民土地流转的激励效果；另外流转期限如此之长，“五年一议”不明确，应该把地价用实物来表示，如等同于当年多少斤麦子的价格等。

(2)“非粮化”种植占据流转土地的大部分

随着全国城镇化建设热潮，农村土地也变得炙手可热，耕地流转“非粮化”、“非农化”已经成为农村经济长久发展的巨大暗礁。一些土地流转改变其农业发展性质，用于建房开发。目前，固镇县除了个别散户用流转来的土地种粮食之外，基本上都是种植蔬果或栽培苗木，还有一部分人钻法律的空子，建立观光农业和旅游地产。国家鼓励规模经营是从保障粮食安全和提高农产品供给以及农业现代化角度说的[①],但是现在农村的这种普遍现象是值得警惕的。

二、湖北省洪湖市、襄阳市的实证调查(基于问卷的调查分析)

地处我国中部腹地的湖北省为农业大省,是粮食主产区之一。选取湖北省的洪湖市和襄阳市作为我们调研的目标地,基于两个理由:一是洪湖是典型的平原,襄阳是典型的山区;二是洪湖是典型的水产养殖地区,而襄阳是典型的耕作地区。湖北洪湖是中国第七大淡水湖、湖北省第一大湖,东西两侧与长江相通,是鱼类繁殖的良好场所。湖北襄阳北连南阳盆地,南接江汉平原,是我国重要的商品粮基地和夏粮主产区。因此,本书选取湖北省洪湖市、襄阳市 28 个村组、230 户基层农户的调研数据,了解农户土地流转意愿、土地流转去向、土地流转方式、土地流转主要原因以及土地流转政策落实情况等,探索农户土地经营权流转行为的形成机制。

(一)调研情况说明

1. 调研方法

(1)问卷调查(见附录)

调研组设计了《湖北省农村土地承包经营权流转情况问卷调查表》进行实地调研,具体内容主要涉及以下几个部分:被调查农户的基本情况,包括被调查农民的年龄、性别、文化程度、家庭成员情况、职业、收入来源、家庭收入等内容;土地流转去向,包括流转地缘和流转人缘;土地流转基本情况,包括土地流转意愿、土地流转经历、土地流转主要原因、土地流转方式、土地流转去向、土地流转合同规范程度等方面;对土地流转政策的落实情况,包括惠农政策(如粮食直补)的享受主体、流转是否得到政府支持、承包期长短、社会保障及城市工作与收入预期等。问卷的填写采取等距离随机抽样的形式来进行。本次调查发放调查问卷 235 份,收回 230 份,回收率 97.87%。回收问卷经整理以 stata11.0 软件进行统计分析,

---

① 习近平.土地流转不搞大跃进[N].北京青年报,2015-05-27.

并在访谈记录的基础上，形成分析图表和调研报告。

(2)实地访谈

这是最能够切实了解实际情况、收集第一手资料的调研方式。调研组通过两种途径进行实地访谈：一是到所调研村组织村委会召开小组会议，向乡村干部等相关人员核实重要数据，保证调研数据的真实性和可靠性；二是深入农户家里，在田间地头对农民进行访谈或走访，倾听他们对农村土地流转的真实想法。

2.调研对象

(1)被调查农户分布在湖北省、安徽省两个不同的省份，共6个乡镇、28个村组。湖北省洪湖市大同湖管理区柳西湖办事处、四分场和八分场3个村、襄阳市庞公乡、尹集乡、卧龙乡3个乡等。这些村组所处的地理环境不同，有平原地区、丘陵地区和山区。

(2)本次调研共对28个村组的2140家农户进行了走访，对230名农民进行了问卷调研。

3.分析方法

本项目研究的是农户土地流转行为的影响因素分析，以此为因变量，进行定性和定量分析。其中，定性分析主要通过相关性和均值分析，描述数据的基本特征及变量间的相互关系，推断出影响农户土地流转行为的主要变量。而定量分析则是根据农户土地流转的行为特征，选择logit模型，由自变量对因变量的影响程度进行分析。

(二)调研结果

调研结果描述性统计见表3-3。

表3-3 变量描述性统计分析

变量名	选项	取值	频数	频率	变量名	选项	取值	频数	频率
地理环境	平原地区	1	126	54.78	流转地缘	本组	1	15	17.4
	丘陵地区	2	50	21.74		本村外组	2	54	62.8
	山区	3	54	23.48		本乡外村	3	5	5.81
性别	男	1	163	70.87		本县外乡	4	2	2.33
	女	2	67	29.13		外县	5	10	11.6

续表 3-3

变量名	选项	取值	频数	频率	变量名	选项	取值	频数	频率
年龄	18～30	1	18	7.83	流转人缘	直系亲属	1	2	2.33
	31～45	2	30	13.04		亲戚朋友	2	5	5.81
	46～59	3	112	48.7		企业	3	23	26.7
	60 以上	4	70	30.43		专业大户	4	24	27.9
文化程度	小学以下	1	35	15.22		专业合作社	5	18	20.9
	小学	2	60	26.09		家庭农场	6	10	11.6
	初中	3	93	40.43		科技示范园	7	2	2.33
	高中或中专	4	26	11.3	合同方式	口头协议	1	21	24.4
	大专	5	5	2.17		书面协议	2	65	75.6
	本科及以上	6	11	4.78	合同是否可中断	是	1	18	20.9
家庭人口	4 人以下	1	52	22.61		否	2	68	79.1
	4～5 人	2	129	56.09	流转方式	转让	1	4	4.65
	6～7 人	3	47	20.43		转包	2	34	39.5
	7 人以上	4	2	0.87		代耕	3	7	8.14
职业	农业	1	40	17.39		互换	4	1	1.16
	农业为主	2	8	3.48		出租	5	35	40.7
	非农业为主	3	27	11.74		入股	6	5	5.81
	非农业	4	78	33.91	村委会参与情况	私下协商	1	41	47.7
	未工作	5	77	33.48		中间人作证	2	9	10.5
收入来源	农业	1	53	23.04		村委会参与	3	35	40.7
	农业为主兼业	2	17	7.39	解决纠纷途径	村委会	1	23	26.74
	非农业为主	3	33	14.35		权威老人	2	2	2.33
	非农业	4	127	55.22		双方协商	3	53	61.62
2015 年收入	5000 以下	1	16	6.96		法院	4	8	9.3
	6000～1 万	2	12	5.22	惠农政策享受	转出方	1	186	80.9
	1 万～2 万	3	55	23.91		转入方	2	44	18.7
	2 万以上	4	147	63.91	政府支持度	不支持	1	0	0
土地流转意愿	想转入土地	1	39	16.96		很少	2	1	0.43
	想转出土地	2	168	73.04		一般	3	74	32.2
	保持不变	3	15	6.52		支持	4	155	67.4
	没想过	4	8	3.48	承包期影响流转	不同意	1	57	24.8
是否流转过土地	是	1	86	37.39		有点不同意	2	56	24.4
	否	0	144	62.17		一般	3	81	35.2
流转方式	转出	1	56	65.12		有点同意	4	11	4.78
	转入	2	30	34.88		同意	5	25	10.9

续表 3-3

变量名	选项	取值	频数	频率	变量名	选项	取值	频数	频率
转出原因	劳动力不足	1	12	12.50	社会保障预期	有	1	215	93.5
	外出打工	2	28	29.17		无	2	15	6.52
	高收益	3	16	16.67	城市工作与收入预期	有	1	156	67.8
	集体干预	4	9	9.38					
	务农收入低	5	28	29.17		无	2	74	32.2
	从事其他产业	6	3	3.13	政策满意度	满意	1	4	1.74
转入原因	增加收入	1	24	58.54		基本满意	2	20	8.7
	劳动力多	2	7	17.07		不满意	3	106	46.1
	给亲友帮忙	3	5	12.20		不清楚	4	100	43.5
	其他	4	5	12.20					

通过表 3-3,我们可以得出农户土地流转行为的现状与特征:

1. 被调查农民的个体特征、家庭特征。性别、年龄结构方面:男性 163 名(占 70.87%),女性 67 名(占 29.13%)。18～30 岁的 18 名(占 7.83%),31～45 岁的 30 名(占 13.04%),46～59 岁的 112 名(占 48.7%),60 岁以上的 70 名(占 30.43%)。调查数据显示:洪湖市大同湖区、襄阳市庞公乡、尹集乡、卧龙乡的农民正趋于老龄化,青年力量缺乏,主要的农民劳动力集中在 46 岁以上的男性。文化程度方面:被调查农民中有 188 人(占 81.74%)仅有或低于初中文化程度,其中不识字或识字很少的有 35 人(占 15.22%),小学或初中学历的有 153 人(占 66.52%),只有 42 人(占 18.25%)具有高中以上文化程度,本科及以上仅 11 人(占 4.78%)。调查数据显示:农民文化水平低下,仅有或低于初中文化的比例较大,学历越高的人回到农村从事农业的越少。当然,在这次调研中有个新发现,刚毕业的本科生有 11 人,打破了以往调研中本科生为零的记录。职业、主要收入来源和家庭收入方面:被调查农民中职业农民和以农业为主的农民只有 48 人(占 4.78%),大量青壮年劳动力选择进城务工或以非农业为主,还有 77 人(占 33.48%)属于“未工作”,这部分人除了几个刚毕业处于谨慎状态的大学生之外,皆为年满 60 岁以上的无劳动能力的老人。因而大部分农户家庭(160 人,占 69.57%)的收入来源于非农业或以非农为主,且这部分家庭收入普遍较高。

2.被调查农户的土地流转基本情况。土地流转真实意愿方面:绝大多数农民(207人,占90%)愿意流转土地,其中,愿意转出土地的有168人,比例高达73.04%。土地流转经历方面:86人有土地流转经历,144人没有。土地流转主要原因方面:外出打工、务农收入低等是土地转出的主要原因,而流转出去所得比自己种植的收益高、劳动力不足、集体干预等原因对土地的转出也有一定的促进作用。而增加收入和劳动力多是土地转入的主要原因,给亲友帮忙等只是次要原因。土地流转方式方面:无论是转入土地还是转出土地,农户更愿意采用出租(占40.7%)和转包(占39.5%)的形式,采用互换、代耕、入股等形式流转农村土地的较少,且代耕方式仅存于经济欠发达的山区,也仅限于亲戚朋友之间。土地流转去向,包括地缘范围和亲缘范围。地缘范围方面,农村土地流转本组的比例不是很高,仅17.4%;亲缘范围方面,农村土地流转在亲戚朋友间的比例也不高,仅8.14%,向专业合作社和专业大户集中的趋势很明显。土地流转合同规范程度方面:有流转经历的86人中签订流转合同的有65人,高达75.6%,绝大部分人(有68人,占79.1%)认为合同不可随时中断。

3.土地流转政策落实情况。惠农政策(如粮食直补)的享受主体绝大多数为转出方(186人,占80.9%)。被调查主体67.4%认为政府支持土地流转,而比例高达32.2%的人却认为政府对土地流转支持度一般。约一半的人(113人,占49.2%)认为承包期的长短并不影响土地流转,仅有25人(占10.9%)认为政府规定的土地承包期较短,阻碍土地流转。调研中,绝大多数(215人,占93.5%)被调研者认为如果他们与城里人有同样的社会保障,他们是愿意流转土地的。而没有社会保障预期,仅在城里有稳定的工作和收入来源愿意流转土地的比例为67.8%,远远低于有社会保障愿意流转土地的比例93.5%。230户农户中,农民对土地流转政策落实情况的满意度相对较低,较满意的仅24人(其中满意有4人,基本满意有20人),满意度不足11%。

(三)影响农户土地流转行为的因素分析

1.变量间相关分析

根据调研结果,认为可能影响居民土地流转行为的因素包括地理环境、年龄、文化程度、家庭人口数、家庭农业人口数、家庭劳动力人数、职业、收入来源、政府支持度、承包期影响流转预期、社会保障预期和城市工作与收入预期。首先通过 spearman 相关分析检验以上变量同土地流转行为之间的相关性，所得结果见表 3-4。

表 3-4 流转行为与各影响因素 spearman 相关系数

变量	相关性	P 值
地理环境	0.1502	0.0227
年龄	−0.1625	0.0136
文化程度	0.1793	0.0064
家庭人口数	−0.0516	0.4364
家庭农业人口数	0.0097	0.8836
家庭劳动力人数	0.2672	0.0000
职业	−0.2480	0.0001
收入来源	−0.1253	0.0579
政府支持度	0.0604	0.3622
承包期影响流转	0.2348	0.0003
社会保障预期	−0.0222	0.7382
城市工作与收入预期	−0.0706	0.2864

由表 3-4 可知，地理环境、年龄、文化程度、家庭人口数、家庭劳动力人数、职业、承包期对流转的影响和土地流转行为存在显著的关系，其余变量同土地流转行为之间的关系并不显著。其中，地理环境的相关性为 0.1502，显著为正，表明农村土地是平原的农户越愿意将手中的农村土地转让出去，原因在于平原地区交通便利，经济（非农产业）比丘陵地区、山区更发达，农户转向第二、第三产业的积极性更高，因而农户愿意流转农村土地，更倾向于从事收益高的非农产业而放弃收益低的农业。年龄的相关性为 0.1625，显著为负，表明随着年龄的增长，由于农村社会保障制度的滞后，加上“恋土情结”心理，越把土地当成自己的养老保障、生存之本，因而不愿意流转土地。文化程度的相关性为 0.1793，显著为正，表明文化水平越高的农户综合素质越高，接受新事物新思想的能力越强，对市

场变化的反应能力越快，出去就业的概率越大，所以，这些农户越愿意流转农村土地。家庭人口数的相关性为0.0516，为负数，说明家庭人口数对农户农村土地流转行为有负面影响，表明家庭人口越多，劳动力资源相对丰富，自己耕种农村土地或希望增加农村土地规模的愿望更大。家庭劳动力人数的相关性为0.2672，显著为正，表明家庭人口越多的农户，劳动力资源越丰富，从事非农就业的机会就越多，其流转农村土地的愿望就越强烈。职业的相关性为0.2480，显著为负，表明以非农业为主的农户更愿意流转农村土地，因为非农业收入比纯农业收入高，所以非农业为主或进城务工者更愿意流转农村土地。承包期影响流转的相关性为0.2348，显著为正，表明农户对获得土地权利的稳定性预期越高，越愿意流转土地并作长期投资。

2.农户土地流转行为影响因素建模及结果

根据相关性分析，可以通过建立居民土地流转行为的logit模型来进一步估计各分类变量同土地流转行为概率之间的相互关系。所建立的方程形式如下：

$$lop\ \frac{p}{1-p} = \alpha + \beta_1 \text{landform} + \beta_2 \text{age} + \beta_3 \text{edu} + \beta_4 \text{familynum} + \beta_5 \text{familynum\_ag} + \beta_6 \text{familynum\_lab} + \beta_7 \text{occupy} + \beta_8 \text{incomesource} + \beta_9 \text{landcusupport} + \beta_{10} \text{landcuterm} + \beta_{11} \text{socialsecurity} + \beta_{12} \text{cityincome} + \varepsilon$$

其中，因变量为发生土地流转行为的概率比，α为截距项，β_1到β_{12}分别表示地理环境、年龄、文化程度、家庭人口数、家庭农业人口数、家庭劳动力数、职业、收入来源、政府支持度、承包期影响流转预期、社会保障预期、城市工作与收入预期的系数，ε为随机误差项。所得回归结果见表3-5。

表3-5 回归结果

变量	系数	标准误差	Z	P
地理环境				
2	−0.01982	0.47775	−0.04	0.967
3	0.264619	0.489928	0.54	0.589
年龄				

续表 3-5

变量	系数	标准误差	Z	P
2	0.8897	1.25323	0.71	0.478
3	0.185343	1.253354	0.15	0.882
4	3.157139	2.134939	1.48	0.139
文化程度				
2	2.529951	0.735072	3.44	0.001
3	1.691697	0.79549	2.13	0.033
4	1.696553	0.944675	1.8	0.073
6	2.177734	2.124181	1.03	0.305
家庭人口数				
2	−1.09591	0.59656	−1.84	0.066
3	−0.97593	0.905922	−1.08	0.281
4	−1.38076	1.97669	−0.7	0.485
家庭农业人口数	0.112781	0.246166	0.46	0.647
家庭劳动力数	1.068528	0.284043	3.76	0
职业				
3	−0.83057	1.172665	−0.71	0.479
4	−0.46266	0.696243	−0.66	0.506
5	−3.73761	1.710757	−2.18	0.029
收入来源				
2	−1.2614	1.485114	−0.85	0.396
3	−1.20735	1.080933	−1.12	0.264
4	−1.32347	0.637638	−2.08	0.038
政府支持度				
3	13.57631	1137.882	0.01	0.99
4	14.2456	1137.882	0.01	0.99

续表 3-5

变量	系数	标准误差	Z	P
承包期影响流转预期				
2	－0.29553	0.563608	－0.52	0.6
3	1.488513	0.509809	2.92	0.004
4	0.487864	0.904695	0.54	0.59
5	1.550233	0.653864	2.37	0.018
社会保障预期	－0.45813	0.91875	－0.5	0.618
城市工作与收入预期	－0.47751	0.490036	－0.97	0.33
截距	－17.871	1137.884	－0.02	0.987
LR-chi2	84.49			0.0000
likelihood	－102.1052			
Pseudo R^2	0.2926			

由表 3-5 可知，满足本科以下的文化程度、家庭人口数 3 人以下、收入来源以非农收入为主、对土地承包期敏感等一个或几个条件的家庭或个人更容易做出土地流转的行为。原因在于，农户流转土地作为一种经济行为，其寻求自身利益诉求及其最大化是农户考量的一个重要因素，但自身利益诉求及其最大化并非农户考虑的唯一标准，文化、社会和“恋土情结”心理等诸多因素也会产生较大的影响。本科以上文化程度的人开始回农村发展，这是本研究的一个新发现，因为之前的调研没有发现本科毕业生，毕竟学历越高，从事非农就业的机会越多，且目前非农业收入明显高于农业的现状，使得本科以上文凭的人皆不愿意务农。尽管回归农村的只有 11 名本科生，但至少表明高学历的人开始关注农村、服务农村，其中有 2 户家庭已经转入土地，且经营状况较好，而另外 9 户家庭并不急于流转土地，处于观望、考察阶段，属于潜在的土地流转户。而家庭人口数 3 人以下的家庭由于劳动力不足，因而更愿意流转土地。对于收入来源以非农收入为主的农户，非农收入本身就比农业收入高，此时已无暇顾及农村土地，因而更容易做出土地流转的行为。而对于土地承包期，农户都倾向于农村土地权利的稳定性，因而承包期越长，越愿意流转土地。

第三节 “三权分置”背景下土地经营权流转实践访谈

我们的访谈提纲考虑到地缘关系，以湖北省洪湖、襄阳农村为主，主要内容包括以下几个方面：

(1)你家是转出土地，还是转入土地？

(2)你家流转土地首先考虑的是什么，租金还是亲朋关系？

(3)你家流转土地最大的顾虑是什么？如何消除这些顾虑？

(4)目前土地流转存在哪些问题或不足？如何解决？

(5)你了解土地流转政策吗？

(6)你对政府在土地流转中提供的服务满意吗？

出于对受访者隐私的考虑，我们省去了真实姓名。

1.襄阳市庞公乡十家庙村——陈某

被访年龄55岁，男性公民，初中文化，农业兼业户，收入主要来源于农业，没有流转过土地，认为影响土地流转的因素主要是文化水平低，乡村落后，传统观念太深，也就是对土地经营权认识不清，对国家土地流转的政策不清楚。

2.襄阳市尹集乡青龙村——李某

被访年龄60岁，女性公民，初中文化，农业兼业户，收入主要来源于农业，没有流转过土地，认为影响土地流转的因素主要是乡村落后，没有人愿意转入土地，对国家土地流转的政策不清楚。

3.大同湖管理区柳西湖办事处——黄某

被访年龄48岁，男性公民，初中文化，以农业为主，收入主要来源于水产，没有流转过土地，认为影响土地流转的因素主要是乡村落后，没有人愿意转入土地，都出去打工了，对国家土地流转的政策不清楚。

4.襄阳市尹集乡白云村——李某

被访年龄47岁，男性公民，初中文化，以农业为主，收入主要来源于种植，流转过土地，认为影响土地流转的因素主要是乡村落后，没有形成规模经营，都出去打工了，对国家土地流转的政策不清楚。

5.洪湖市大同湖管理区四分场——杨某

被访年龄50岁，男性公民，初中文化，以农业为主，收入主要来源于水产，流转过土地，认为影响土地流转的因素主要是乡村落后，种植养殖成本太高，都出去打工了，对国家土地流转的政策不清楚。

6.襄阳市庞公乡十家庙村——陈某

被访年龄49岁，男性公民，初中文化，以农业为主，收入主要来源于种植，没有流转过土地，认为没有流转土地的原因是乡村落后，种植成本太高，没有人愿意转入土地，都出去打工了，抛荒现象严重。

7.襄阳市庞公乡十家庙村——潘某

被访年龄59岁，男性公民，小学文化，以农业为主，收入主要来源于种植，没有流转过土地，认为没有人愿意转入土地，种植收入太低，对国家土地流转的政策也不清楚。

8.襄阳市庞公乡十家庙村——潘某

被访年龄55岁，女性公民，小学文化，以农业为主，收入主要来源于种植，没有流转过土地，认为流转价格低，对国家土地流转的政策不清楚，自己耕种。

9.襄阳市庞公乡十家庙村——张某

被访年龄47岁，男性公民，初中文化，以农业为主，收入主要来源于种植，流转过土地，转入他人土地，自己是种植能手，且转入价格不高，认为影响土地流转的因素是乡村太落后以及种植成本太高。

10.襄阳市庞公乡十家庙村——刘某

被访年龄62岁，女性公民，小学文化，以农业为主，收入主要来源于儿子打工，没有流转过土地，没有人愿意转入土地，对国家土地流转的政策也不清楚，自己年纪大了，土地撂荒了。

11.襄阳市庞公乡十家庙村——王某

被访年龄62岁，男性公民，小学文化，以农业为主，收入主要来源于女儿的供给，没有流转过土地，认为没有人愿意转入土地，自己也偶尔种植。

12.襄阳市尹集乡白云村——高某

被访年龄50岁，男性公民，初中文化，以非农业为主，收入主要来源于外出打工，流转过土地，流转给一个家庭农场，对国家的土地流转政策了解一些。

13.襄阳市尹集乡白云村——乔某

被访年龄23岁，男性公民，本科文化，暂时失业，收入主要来源于父母种植，没有流转过土地，对国家的土地流转政策有所了解，想转入土地，但有点担心，处于考虑中。

14.襄阳市尹集乡白云村——林某

被访年龄46岁，男性公民，高中文化，收入主要来源于非农业，没有流转过土地，对国家的土地流转政策有所了解，想转出土地，但乡村相对落后，没有人愿意转入土地。

15.洪湖市大同湖管理区八分场——王某

被访年龄46岁，男性公民，高中文化，收入主要来源于非农业，没有流转过土地，对国家的土地流转政策有所了解，想转出土地，但没有人愿意转入土地。

16.洪湖市大同湖管理区八分场——黄某

被访年龄50岁，男性公民，初中文化，以农业为主，收入主要来源于养殖，流转过土地，对国家的土地流转政策有所了解，流转的土地用于土地平整，想转入土地的人很少，绝大多数人都愿意转出土地，认为影响土地流转的主要因素是农村收入不高、种植(养殖)承包费用太高。

……

访谈了150户农户，流转土地的只有16户，仅占10.67%。绝大多数农户没有流转土地的经历。

第四章　国外土地流转法律制度考察与启示

由于国情不同，每个国家制度的设计自然也是不同的，我国农村土地流转是在社会主义公有制前提下运行的。但我们同时也应该看到当前许多其他国家在农村土地流转方面已经很完善，展现出较好的前景。作为一个全球性开放的时代，我们应该不断地学习，结合本国具体国情加以借鉴利用。

第一节　国外土地流转制度的考察

一、发达国家农村土地流转制度的考察

发达国家基本上都实现了从传统农业向现代农业的转变，土地制度臻于完善，在土地流转方面积累了丰富的经验。尽管不同国家的农村土地使用权流转制度各有特点，但是也有一定的共同性。因此，从比较法的视角考察和研究发达国家的农村土地使用权流转的理论与实践，通过对这些土地流转制度进行考察，从中发现可供我们借鉴的东西，无疑对"三权分置"背景下完善我国土地流转制度大有裨益。基于此，笔者选取了大陆法系的法国、日本、德国以及英美法系的英国、美国等国的农村土地流转的法律制度作为考察的对象。

(一)大陆法系国家农村土地流转的法律制度

受罗马法的影响，一些大陆法系国家如法国、德国、日本等国家逐渐确立了农村土地用益权、永佃权流转法律制度。大陆法系国家的农村土

地用益权、永佃权流转法律制度虽然不尽相同，但其目标都是通过扩大农村土地经营规模，实现农村土地合理流动和提高农村土地使用效率最大化。具有浓烈的直接沿袭罗马法色彩的《法国民法典》以及受其影响的《德国民法典》和《瑞士民法典》中没有规定永佃权这一物权形式。究其原因，可能在于他们所规定的用益权已兼有永佃权的效用。

1. 法国农村土地流转法律制度的考察

法国的农村土地所有权归属同英、美国家一样实行私有制度，而法国早期的土地产权制度由于封建制社会性质因素的影响，土地经营被分为：地主将土地佃租给自由民耕作并收取地租；操纵农奴耕作土地，收益全归地主所有。由于后者管理成本较高，地主更愿意选择雇农耕作，此时土地的所有权与使用权的分离开始萌生。随着法国大革命的爆发，资本主义制度在法国确立，先前代表地主阶级利益的贵族们的土地被分给农民。后由于法国金融资本发达，高利贷者通过放贷给农民，从农民手中逐步获得大量土地，继而实现了土地迅速集中，为法国土地规模化经营铺平了道路。因为高利贷者通过资本集中放贷获得农村土地致使农村土地与他们的"主人"——农民分离，造成诸如高利贷者性质的资本家为了追逐利益放弃农村土地最基本的耕作生产功能，农民在获得贷款的同时也丧失了他们赖以生存的物质基础——农村土地。法国政府面对土地利用率急转直下导致的人力物力资源浪费严重的问题时，并非坐视不理，而是出台一系列土地法律法规和鼓励性政策，诸如规定固定土地用途，限制土地抛荒以及农村土地转为建设用地的行为。

另外，法国政府建立专门的土地市场管理机构和专门的土地银行，通过市场调节手段对土地流转实行监控。土地银行则通过租赁的模式，从土地所有者手中购得土地，然后佃租给农户经营。再者，土地事务所作为政府的土地管理部门，其运作模式为利用其拥有的优先购买权购入一定规模的土地并根据市场行情进行调整，转卖给有经济实力或经营能力的农民。法国政府对土地流转的监控还体现为在全国各地设立"土地整治与农村安置公司"，这类公司的职能就是调节农村土地流转规模和数量，使农用土地流转达到收放自如的效果。

《法国民法典》第 595 条规定，用益权人可以出租、出卖或者无偿转让其权利。除此之外，政府规定对于土地的用益权转让不可部分地进行权利分割或面积分割，只能整体继承或出让，这样可以有效制止土地的用益物权被细碎分化而难达集中规模经营的现代化农业效益。[①]

一次次失败的总结是法国农村土地流转成功的渊源，它主要体现在使用权与所有权的变动，市场价值指挥土地权属的变动。但是为了促进土地集中化和农场的规模化，法国政府完善了相应的法律法规来加速农村土地流转以实现土地的聚集及大格局农场。法国政府建立以国家代表形式进行土地整治与农村安置公司以及土地事务所的监督[②]。首先，通过立法加大政府对农业的扶持力度，促进土地流转。从 20 世纪 50 年代中期开始，法国采取了一系列立法措施，减少规模过小或经营不善的家庭农场，促进土地集中，扩大家庭农场土地经营规模。1955 年法国编撰了《农业法典》，法国农业进入了全面发展时期。特别是在 1960 年法国出台了《农业指导法》，成立了非营利的“乡村设施和农业治理协会”和“土地整治与农村安置公司”，整合与并购分散的小面积土地，大中型农场可以廉价收购这些土地发展规模农业生产，有效地促进了土地的集中。1962 年，法国又颁布了《农业指导补充法》，设立了“调整农业结构社会行动基金”，对自愿退出耕地离开农业领域的务农者给予补贴，以鼓励农村富余劳动力退出土地经营，促进农业土地经营规模的扩大。此后，法国又陆续颁布了一些农业立法，如 1995 年的《农业现代法》、1999 年的《农业指导法修正法案》等。因此，通过国家立法和政府干预，法国小规模家庭农场的数量迅速减少，同时土地经营规模迅速扩大。其次，政府重视对农业的内外扶持，发布一系列兴农扶农政策，为了避免承租者支付过高的租金，不利于发展农业，法律给土地租金加以限制。另外创设农民培训教育体系，通过给农业“输血”和“造血”互相联合来扶持农业。[③] 再次，对中老年农民发放终身养老金以保障其正常生活，鼓励他们离开土地，用这些让出

① 华彦玲，施国庆，刘爱文. 国外农地流转理论与实践研究综述[J]，世界农业，2006(9).

② 杜会石，孙艳楠，李天祺，等. 国外农村土地流转政策浅析[J]. 世界农业，2014(12):147.

③ 张征宇. 土地承包经营权信托制度研究[D]. 长春：吉林大学 2013(12):57.

的土地进行规模化生产，[①]优先安置青年农民，防止农业人口老龄化。当今，法国政府在将小农场土地合并，促进农用地流转的同时，限制土地过度兼并。政府规定，对农用地使用和转让时，私有农用地必须要用于农业，不准弃耕、劣耕和在耕地上建造建筑。法国还建有具有土地市场管理功能的土地事务所，并建有土地银行。[②]

2.日本农村土地流转法律制度的考察

日本是一个地少人多、劳动力资源相对丰富的资本主义国家，实行的也是土地私有制。日本在土地制度方面主要体现为自耕农体制，土地的使用关系经历了从永佃权制度到土地租赁契约的调整。农民很看重自己的土地，往往把它当作一种资产，看作是家庭生存的命根子，这点与我国很相似。日本的农村土地流转主要呈现出两个方面的特性：

一方面是法律法规赋予农民地产权和更多保障。日本的农村土地流转，政府担负着不可忽视的引领功能。1952 年日本通过制定《农村土地法》将农村土地集中到农民手中，赋予了农民土地所有权。20 世纪 60 年代以后，日本实行了一系列农村土地改革。1961 年日本颁布《农业基本法》，作为日本农业的“母法”，《农业基本法》颁布的目的旨在调整农业结构，推进农村土地规模经营，鼓励部分兼业农民放弃农村土地，将剩余土地分配给从事农业生产的农户，保障家庭农场的规模经营，这部法律的出台标志着日本农业现代化发展开始迈入新阶段，第二轮农村土地改革也由此拉开了序幕。1962 年对《农村土地法》进行第一次修改，废除对农户拥有土地面积的限制，同时鼓励有条件的大户农业法人购买小农户的土地进行扩大再生产。1970 年再次修改完善《农村土地法》，地将农村土地主体的所有权与经营耕作权分离，允许土地租借，这次大幅度修改是实现日本土地规模化生产的里程碑。1980 年第三次修改《农村土地法》，取消了农户出租或出卖土地必须经过农村土地委员会许可的要求，鼓励长期、大面积出租农村土地。1993 年实施了《农业经营基础强化促进法》，进一步明确了扩大农村土地利用规模，鼓励农村土地按市町村规划将经营使

---

① 希雯，雅玲.外国土地制度中对农村土地利用借鉴[J].内蒙古农业科技，2010(3)：20.

② 刘芳.农村土地资源利用与保护[M].北京：金盾出版社，2010：149.

用权向认定农业者等专业农户转移。日本政府大约每10年修改一次《农村土地法》，通过法律的不断完善，逐渐打破了农村土地细碎对农业生产的制约，促进了土地流转，保障了农业的发展。

另一方面是中介服务组织发达。为了更好地促进土地流转，扩大经营规模，各种中介应运而生，如农村土地保有合理化法人、农业委员会以及农业协同组织等，这些机构在促进土地流转中起着重要媒介作用。为了保证农民利益，政府要求中介必须一次性偿付给农民10年的地租费用，同时农民租种中介的土地可以按10年分期进行付款，这对农村的土地流动成功起了很大的推进功能。

另外，日本在土地流转方面对耕作者的保护，也是值得我们借鉴的。如法律对地租的数量、形式和期限加以限制。我国现在农村土地虽然是集体所有，但是承包者与耕作者已经出现了明显的分化，耕地出租者极为普遍，但是我们的政策都是倾向保护承包者的，对于耕作者的权利保护却很少提及。

上述日本法律除对永佃权的适用和限制及流转方式进行规定外，还建立起了一套促进土地集中和转移到专业农业生产单位的制度，即“认定农业生产者”制度。[①] 该制度的核心是国家对能够耕种一定面积的农户或村集体农业组织给予贷款优惠和政策性补贴，促使农村土地更多地集中在具有经济或经营实力的大户或能手手中，实现土地规模经营管理和土地利用“物有所值”。

3.德国农村土地流转法律制度的考察

德国现行的土地私有制度是在容克庄园式的封建领地制逐渐瓦解的过程中建立起来的。在德国，租佃关系与农村土地私有制相比，居于次要地位，但是地主在租佃关系中居于优势地位。虽然政府租佃关系是改善农业结构的一种极好的有弹性的工具，但地主完全有可能重新拥有租佃出去的土地，佃农没有优先购买权。德国民法以用益权来调整土地租赁关系，但德国民法对各州的永佃权也持肯定态度。[②]《德国民法典》物权

---

① 郭红东.日本扩大农地经营规模政策的演变及对我国的启示[J].中国农村经济，2003(8).

② 李双元，温世扬.比较民法学[M].武汉：武汉大学出版社，1998：348.

编第五章第二节用了 60 个条文(从第 1030 至第 1089 条)规定了"用益权",主要涉及物上用益权、权利用益权、财产用益权等内容。根据《德国民法典》1509C 条的规定,用益权可以转移或转让,但根据该法 1509B 条的规定,用益权不得抵押。

(二)英美法系国家农村土地流转法律制度的考察

英美法系的财产权法律制度与大陆法系的物权法律制度存在着较大差异。大陆法系对土地权利关系的调整属于用益物权体系的范畴,而英美法系则是将对土地的利用和使用形成一个单独的权利,其中涉及农用地流转的一个基本概念就是"地产权"。地产权概念来源于英国古老的封建土地分封制。"地产权是一种私人财产权,可以转让、抵押、出租或继承等。对于农用地而言,这一规则同样适用。"①

1. 美国农村土地流转法律制度的考察

目前世界上农业最发达的典型的私有制国家首要是美国,同时它也是典型的地多人少、劳动力资源相对匮乏的国家。面对这一现象,美国土地流转的主要目的自然就是规模经营,适应大型机械的应用。主要以家庭大农场的方式出现。"私人财产神圣不可侵犯"是美国人崇尚的理念。农业土地既然是私有,那么土地流转在所有权方面进行就是自然的事了。涉及美国土地流转不得不提到"地产权",这个最基本的法律概念。这是一种私人产权制,可以出租、转让和抵押等。美国农村土地的流转可以展现在两个方面,一个是自主所有地产权人对土地的流转,另一个是土地租赁者对土地的流转。由于美国土地是边界都非常明晰和明确的地产权主体,所以在此基础上的流转是很便捷和自由的。目前租佃制是美国土地出让的主要方式,土地产权者可以出租土地实现土地的流转,从而可以获得固定地租或分成地租。同时美国立法明文规定土地承租者也拥有相当的土地权益,可以把土地进行转租或转让以及继承形式进行再流转。

美国针对土地流转所采取的措施有:

首先,完善立法确保土地流转的规模化。长期以来,美国一直将依法

---

① 左平良.土地承包经营权流转法律问题研究[M].长沙:中南大学出版社,2007:62.

治农作为发展农业的根本，国会通过了大量有关农业的法律，以保障农业经济的快速发展。美国自独立以来，就开始探索适合其农业生产发展的农业生产制度和经营组织形式，经过几十年的探索，1820 年实施的《土地法》允许以小单位面积低价出售公有土地，为土地流转提供了法律保障。1862 年的《宅地法》以立法形式明确规定，把公有土地免费赠送给真正需要土地的人，奠定了美国家庭农场发展的土地制度基础，使家庭农场制度在美国得到广泛的确立和巩固。1932 年的《农业调整法》以立法形式规定，政府应当对家庭农场的生产活动进行休耕补贴和储备补贴，以应对经济危机对农业的重创。经济大危机结束后，美国形成了每隔 5 年修订一次农业法的惯例。进入经济全球化时代，美国颁布了《1985 年农业调整法》《1990 年食品、农业、资源保护和贸易法》《1996 年农业法》《2002 年农业安全与农村投资法》《2008 年农场法》以及《2013 年农场法》等一系列综合性农场立法。① 以此激励土地流转，为聚集土地给予了铺垫，避免了土地流转过程中的细碎化。

其次，制定一系列土地经济政策促进土地流转。政府通过各种实施优惠制度促使大规模家庭农场的不断形成，包括价格补贴、信贷支持、利息调节以及减免税收等。在资金运营方面，土地银行一些相关金融机构会为大规模经营的农民提供长期支持。如 1916 年联邦农场贷款法案着手建立美国家庭农场信贷系统，主要通过不动产抵押向农场主发放长期贷款。2002 年提出“美国农场信贷体系”，加大了对农场主的财政补贴力度，对刚成立农场时遇到资金难题的农场主提供农业信贷的帮助。2008 年针对经济危机的外部环境加大农业补贴力度，建设农产品安全网，保障农业的稳定，维护农场主的利益。在完善的信贷政策保障下，在美国农业中以农贷为核心的信用体系逐步建立，农业贷款在商业银行中的业务比重也日益增高，相应的也为扩大农业发展所需资金、改善农业生产条件和提高生产者福利起到了积极作用。

再次，相对开放自由的土地市场交易和有限的政府管理。一方面，美

---

① 吕金花. 完善我国家庭农场法律制度的建议——以宏观调控法为视角[D]. 济南：山东大学，2014：14.

国的土地交易制度很完善，不管土地属于政府还是私有，在交易市场中都拥有相同的地位，不管是个体抑或组织只能依靠市场来实现得到他人的土地。如果为了公众利益需要征用土地，政府必须以替换、捐赠以及采购方式来实现。另一方面，美国的土地所有制不是绝对的私有制，立法赋予政府拥有使用权的终决权，如对土地监管、优先收购等。政府主要根据《联邦土地政策》《土地管理法》来限制土地的使用权、交易权以及管理公共用地。同时政府也通过产业政策、交通条件以及基础设施来调控土地价格。可见，土地交易在美国不是完全盲目自由的，它是一种准完全市场行为。

最后，美国为了保护农村土地的专项农业用途，于1981年制定了《农村土地保护政策法》，该法将农村土地的专项农业用途划分为四类并且严格区分和管理，做到有条不紊、有的放矢地规划农村土地用途。同时，为了保护耕地的农耕用途和自然生态环境，创造性地建立了“农村土地发展权”制度。[①] 该制度的核心内容为美国政府每年向农民发放农村土地发展权价款，其性质是一种政府专项拨款，用途为鼓励和刺激美国农民对农村土地的保护。当农民陷于财富诱惑或者按土地分类用途持续经营却收益微薄时，很大程度上他们会荒置农村土地或将土地用于非农用途继而破坏政府的土地总体利用规划。当出现上述情形时，政府有权停止向该农民发放发展权价款。在政府监管方面，美国政府的干预相对较少，政府偶然插手也仅为减少流转障碍，降低流转交易成本。美国政府对于私人农村土地的流转买卖，仅对其登记成本收费，不在其他方面给予过多管理和限制。政府只通过法制手段和宏观经济政策介入农用土地流转而不会采取过多的行政手段对私人之间的农村土地流转强加干涉。

2.英国农村土地流转法律制度的考察

英国的现代土地制度脱胎于其封建领地制，是典型的土地私有制和大农业体制。虽然从法学理论上讲，“英国的所有土地都属于国家所有，使用土地通过批租获得，但实际上英国90%左右的土地为私人所有，土

---

① 王镥权.我国农村土地承包经营权流转法律制度研究[D].郑州：郑州大学，2012.

地持有者对土地享有永久业权”[①]。土地持有人或使用者拥有永业权是其顺利流转和发展规模经营的关键，英国主要是通过自由的收购和租赁等流转手段来实现土地集中和规模化经营。

英国农用土地流转法律制度涉及的主要内容包括：首先，个人和私人机构依法完全拥有土地权益，即拥有永久业权。英国法律虽名义上规定土地所有权归国家所有，但事实上土地几乎归私人持有，这一点和美国近乎相同。其次，英国主要通过自由的收购和租赁等流转手段来实现土地集中和规模化经营，也正是因为英国法律赋予农民拥有永久业权，故英国政府同美国政府一样对私人之间的农村土地流转不会过度干预。再次，为发挥规模效益、诱导规模经营，英国政府制定鼓励农场向大型化、规模化发展的法令。1925 年英国颁布了六项法令，统称财产法，其中包括土地授予法、财产法、信托法、土地登记法、土地负担法和地产管理法。1925 年的英国财产法确立新的土地保有形式，奠定了英国现代财产制度的基本框架。1925 年英国财产法将土地保有分为自由保有和租赁保有两种形式。1967 年英国修订《农业法》，支持通过促进土地流转，扩大农场的规模经营。其修订的《农业法》规定：对于合并小农场政府提供所需费用的 50%，对愿意放弃经营的小农场主可以发给 2000 英镑以下的补助金，或者每年发给不超过 275 英镑的终身年金。各农场主在政府资金鼓励的经济刺激下会不遗余力地促进农场合并、扩大农村土地规模。这一举措和美国“农村土地发展权”制度类似，均是通过经济手段的刺激和政策扶持的形式鼓励农民对农村土地进行集约化管理，改变土地粗放经营模式，不致出现“有地者不愿耕”抑或“无地者愿耕而不得”的现象。1986 年颁布的《农业土地所有法》倾向于保护土地租用者的权益，稳定土地租赁关系。当前，英国农村土地流转的特点是鼓励私人购买土地，土地所有权流向私人，土地租赁比例逐渐下降。[②]

最后，不得不提的是英国土地登记制度。在某种程度上，权利登记制与传统普通法是不相容的，但英国法通过渐进改革的方式接受了土地登

---

① 丁关良，童日晖. 农村土地承包经营权流转制度立法研究[M]. 北京：中国农业出版社，2009：193.

② 刘芳. 农村土地资源利用与保护[M]. 北京：金盾出版社，2010：147.

记制度，用以解决英国财产法中复杂的财产权关系，通过登记制度明晰产权的归属、变动与第三人保护。这种农村土地流转登记更倾向于“负担登记”，在于确定产权上的负担。在未登记的土地上，负担登记主要用来保护第三方的平衡权益，获得对抗未登记土地受让人的效力。英国土地登记的公信力表现为“积极保证”，是为了确保登记簿所登记的权利为正确的权利，人们可以信赖登记簿而进行安全交易。①

基于英国普通法土地产权制度，其规定土地的使用权作为私有财产权，可以采用转让、出租、抵押和继承的方式流转。另外，英国的土地使用权流转市场是十分健全、成熟和完善的，其存在各种有形的实体公司或银行等金融机构为私人间的农村土地流转提供各项服务，诸如土地中介公司、土地信托公司以及农业银行、土地银行等。在政府监管方面，因为国家对农用土地仅享有名义上的所有权而真正的农村土地所有权归个人和私人机构所有，故使农村土地流转处于自由竞争有序的状态，但政府依旧有权从法律的角度上对农村土地流转进行指导和干预，即政府只能以法律、经济政策等间接手段干预农村土地使用权流转。

二、发展中国家农村土地流转制度的考察

(一)印度农村土地流转制度的考察

印度的土地流转制度从某些方面来说和中国有很多相似之处，两国都是农业大国，人口压力大。印度农村土地分布严重失衡，不到 1/10 的人口却享有全国将近 85%的土地②。这种产权过于集中，大多数耕地者没有产权，印度农业土地的流转主要体现在“租赁”和合作社的改革与发展上。

1950 年以后印度进行了改革农村土地经营制度，“租赁改革”法案使佃农能够拥有永久租佃权，这样自耕农持有了土地所有权，同时通过立法硬性加强对小块土地进行强制性整合，促进集中规模生产。1970 年以

① 陈永强.英国土地登记法研究[M].北京：中国法制出版社，2012：131.

② 华彦玲，施国庆，刘爱文，等.国外农地流转理论与实践研究综述[J].世界农业，2006(9)：10-12.

后，政府规定农民可以通过土地交易、佃农登记和土地分配来取得土地，通过佃农登记获得土地的农民占将近五分之一[①]。同时法律规定土地集中的最高额度，来减少或控制失地农民的人数，同时给予那些无地和失地的农民提供资金支持。同时法律规定土地只能在部族社区内部转让，当时印度的租佃方式相对比较繁荣，一些大土地持有人租入能力较差的或者是有稳定收入来源的小佃农的土地来扩大经营，这样两方都可收益，一方可以提高土地规模效益，另一方可以避免农业生产带来的风险而获得一定的租金，一定程度上有利于引导印度的农村土地流转。但是面对如此大的佃农人口，土地会更加细化，想真正规模化很难。进入 21 世纪，印度开始加大农业土地规模化，整理西北邦部土地租赁市场，提高土地规模经营。

印度拥有世界上最大农业合作组织体系[②]。印度的合作社本着以平等、自由的宗旨，实行民主管理，官协民办的形式，政府也进行资金扶持，进行人员的培训教育，合作社在引导印度农业发展方面做出了很大的贡献。但是由于政府的过分干预，一些大的合作组织受到了抑制，政府甚至要从合作组织中抽取一定的红利，影响了合作社的健康发展。

面对印度土地产权的不合理，印度政府又无法给予有效的干预，加之立法不健全，所以很多政策成效甚微，并不能真正使土地得到优化和合理的配置，也不能维护广大农民的分配利益，这一切都使得印度的土地流转进行得很缓慢。

(二)越南农村土地流转制度的考察

越南也是社会主义公有制国家，农业基础薄弱，技术相对落后，土地多山岭，地少人多，但是政府很重视通过土地流转增加规模化发展来提高农业收益，开创了国有化土地前提下农村土地流转市场化体制的先例，使庄园经济得到快速发展，同时在法律层面加强与改革的匹配，出现了少有的“以农带工”现象。

20 世纪 90 年代末越南结束《土地使用权证》任务，91％的农户拥有

---

① 刘莉君.农村土地流转的国内外研究综述[J]，湖南科技大学学报：社会科学版，2013，16(1)：96-97.

② 曹建如.印度的农业合作社[J].世界农业，2008(3)：66-67.

证书①。在此基础上,《土地法》的出台使农户拥有了土地终身使用权并可以出租、转让、交换、再出租、抵押和继承以及入股等。《越南民法典》的颁布,进一步规定了流转的各种权利,同时对流转中的各种合同也进行了详尽的规定,同时期各种相关法律法规不断出台来规范农村土地流转,对流转价格、纠纷等方面进行细化。政府对农村土地确权工作很重视,农民可以得到政府颁发的土地使用权证,证书对农民的权利和义务进行了逐一规定,这样使土地的产权清晰化,更利于土地流转,同时给立法提供了有效依据。

第二节　国外农村土地流转法律制度对我国的启示

一、发达国家农村土地流转对我国的启示

纵然英美法系和大陆法系国家关于农用土地利用权流转制度与我国的经济基础、体制等多方面有着很大的不同,但是在经历最初的土地流转的困局,如大规模的土地兼并、土地垄断以及土地抛荒等现象几经变迁与波折之后,最终还是摸索出一条适宜之路,形成了完善的农村土地流转的法律制度和流转机制,对我国"三权分置"下土地经营权流转制度的建立和完善提供了有益的借鉴和启发,有许多经验值得我们学习。国外各个土地流转的经验告诉我们,土地流转并不是完全自由的,是受各国土地流转的法律规范的。因此,规范我国"三权分置"下土地经营权流转首先就要从制度入手,通过制度的设计来实现土地流转的正常发挥。

(一)明晰的农村土地产权

作为土地流转的关键要看产权是否清晰,从发达国家目前的土地流转状况来看,各国都是依托完善的法律体系规范土地所有权者的权利,实

① 陈彤.越南农村土地流转制度对中国的启示[J],亚太经济,2013(6):71.

现土地权的财产化和使用权的独立化[①]。这种彻底物权是土地流转畅通的前提。美、日、法等国“地产权”属于其财产权体系的一部分,性质上类似于我国的物权,清晰的“地产权”使土地使用权的权属状况自然清晰,这样减少了土地流转过程中的隐患,使土地流转更加有序化。美国的农村土地之所以能够高效流转,法律制度上的重要原因就是美国农场主享有稳定而有保障的土地私有权利。基于我国的农村土地经营权的物权化不彻底,土地承包经营权流转受到诸多限制的现状,我国必须通过立法使农村土地经营权彻底物权化,为土地经营权的健康可持续流转奠定基础。

通过比较可知,美国的土地流转制度因其有效的制度保障,以及以土地私有权为基础的家庭农场制度,使得土地在流转过程中能够达到产权边界明晰,在市场上的买卖、出租都有很大的自由度,能够很好地得到市场的调节,而且对于农村土地的权利方面有很好的法律保障,促进了美国农村土地合理地进行流动,农村土地经营规模能够随着经济的发展而不断扩大。英国土地使用者对土地拥有永久业权是其能够顺利流转的前提。除上述国家实行土地私有制的情况外,考虑土地资源能否达到最佳配置和高效利用,重要的则是看其产权的第二个层面即经营权的运用是否科学、合理。无论是美国的“农村土地发展权”制度还是日本的“认定农业生产者”制度,其都是对明确土地使用权主体或惩罚或鼓励的创新制度。为防止人地分离造成土地资源闲置浪费,我国应在借鉴美国“农村土地发展权”制度和日本“认定农业生产者”制度的基础上,通过补贴、优惠等形式施以适当的经济手段,进一步加强农民土地使用权权能。

(二)健全的农村土地流转法律制度

美、英、法、德、日等发达国家农村土地流转大都受到宪法、民法典以及土地法、农业法等一系列法律制度的保护,完善的法律制度有利于实现土地流转的程序化和规范化。如美国一直将依法治农作为发展农业的根本,国会通过了大量有关农业的法律,已形成以《农业法》为核心、100多部法律配套施行的农业法律体系,真正走上了依法治农的农业现代化道

---

① 李淑妍.农民工市民化视角下的农村土地流转问题研究[D],沈阳:辽宁大学,2013:91.

路。日本亦如此,"二战"后的日本宪法对私人土地权利提供了充分的保障,民法典规定了永佃权可以通过出租、转让、抵押等方式流转。同时,日本政府根据农业发展的不同时期对农村土地流转的需要,通过立法把各种农村土地流转政策和经济措施法律化,促进了农村土地的顺利流转,进而实现了农业的规模经营和现代化。这些立法主要包括1952年制定、1970年和1982年修订的《农村土地法》,1961年制定的《农业基本法》,1980年制定的《农用地利用增进法》,1985年制定的《创设自耕农特别措施特别会计法》,1992年制定的《粮食、农业、农村政策的新方向》,1993年制定的《农业基盘强化法》,1999年制定的《粮食、农业、农村基本法》等多部法律。[①] 法国作为欧盟第一大农业生产国、世界第二大农业和食品出口国、世界食品加工产品第一大出口国,其土地流转制度的发展与健全与其完善的农业立法密不可分。我国虽然制定了有关农村土地流转的法律法规,但很不完善,对土地流转规定比较原则,对土地流转的具体程序和步骤没有详细规定,特别是我国农村土地产权正处于由"两权分离"到"三权分置"转变的背景下,新情况层出不穷,因而相关的《农村土地承包法》《物权法》等法律亟须修改。此外,与土地流转配套的法律法规也要不断健全与完善,如农村产业促进法、农村社会保障法等,提高政府在农民养老金中缴纳的数额,增加农民的生育、伤残、失业等保险,解决农民土地流转的后顾之忧,让农民放心、安心地将土地流转出去,提高农户长期流转土地的积极性,加快农村土地流转进程。

(三)土地经营权的物权化是土地经营权流转的基础

无论是英美法系国家的地产权,还是大陆法系国家的永佃权都是一种物权或财产权体系中的一部分。英美法系国家地产权属于其财产权体系的一部分,性质上类似于大陆法系国家的物权,美国的农村土地之所以能够高效流转,法律制度上的重要原因就是美国农场主享有稳定而有保障的土地私有权利。基于我国的农村土地承包经营权的物权化不彻底,土地承包经营权流转受到诸多限制的现状,我国必须要通过立法使农村土地承包经营权彻底物权化,为土地承包经营权的健康可持续流转奠定

① 韩鹏,许惠渊.日本农地制度的变迁与启示[J].世界农业,2002(12):14-15.

基础。

(四)允许土地承包经营权流转方式多样化

从各国的法律规定来看,农村土地使用权的流转方式主要包括转让、出租、继承、交换、抵押和入股等。大陆法系的日本和意大利等国均规定永佃权可以转让、抵押,但对于永佃权是否可以出租,日本和意大利的民法典有不同的规定。《意大利民法典》第968条规定,永佃权不得以转佃的方式流转。而《日本民法典》第272条规定:"永佃权人可以将其权利让与他人,或于其权利存续期间,为耕作或畜牧而出租土地。但是,以设定行为加以禁止时,不在此限。"这两种不同的规定反映了两国不同的价值取向,意大利立法更倾向于公平,而日本立法则更倾向于效率。① 在英美法系中,由于地产权是一种稳定而明晰的私人财产权,所以农村土地使用权流转的方式基本上没有任何限制。当前我国法律已允许农村土地承包经营权可以通过转让、出租、转包、互换、入股等方式流转,却给土地承包经营权转让设定了限制,而且禁止以家庭方式承包取得的土地承包经营权的抵押,这在一定程度上妨碍了农村土地承包经营权的融资功能,限制了土地承包经营权的流转。因此,我国可以借鉴发达国家在永佃权、用益权或地产权抵押上的成功经验,鼓励各地在土地承包经营权流转实践中不断创新,摸索出适合本地情况的土地承包经营权流转方式。

(五)中介机构的发达

作为规模化生产,发达国家中介机构起到了实质性的功能,特别是法国和日本的中介组织在土地流转中的信息互动、资金支持以及规模整合方面起着不可或缺的作用,这点是我们目前特别值得学习的地方。我国当前的土地流转还处于初级阶段,应建立一些不以营利为目的的土地流转中介组织,构建网络化、信息化的土地供求信息服务体系,开展农村土地流转供求信息登记与发布、土地评估等咨询服务,解决土地流转双方信息不对称等问题,结束农村那种分散的、小规模的、民间的土地流转形式,实现土地流转的制度化、规模化。同时,加强金融机构的支持力度,大多

① 左平良.土地承包经营权流转法律问题研究[M].长沙:中南大学出版社,2007:67.

数发达国家金融机构都接受农村土地抵押，这样为土地流转资金运作减轻了负担。如2013年美国的《农业和农村联合发展法案》，经过部分修订，内容更加完善和富有时代性。在完善的信贷法律保障下，在美国农业中以农贷为核心的信用体系逐步建立，农业贷款在商业银行中的业务比重日益增高，相应地也为扩大农业发展所需资金、改善农业生产条件和提高生产者福利起到了积极作用。因此，经过百年的运行发展，美国形成了覆盖面广且相互配合支撑的完善的政府农场信贷制度。此外，需要辅以财政、税收、金融等多种配套制度的运用。如日本就创设了农村土地信托事业制度；美国也通过价格补贴、信贷支持等财政手段，引导鼓励家庭农场规模的适度扩大；法国的土地银行对全国农村的土地流转实行监控。因此，我国在完善相关立法的基础上，也应当完善土地经营权流转服务制度，大力发展中介服务组织，如土地经营公司、土地银行、土地保险公司等。

(六)市场主导，国家宏观管理

发达国家在土地流转过程中，有着完善的市场机制，充分发挥市场导向，使土地在法律规范下、市场导向下合理分流，使土地流转的价格、规模更趋于合理化。同时政府也不是放任自流，特别是在避免土地过分集中化以及维护整个社会整体利益方面，政府起了一定的推动作用。国家的介入使得土地流转实现了规范化，有利于土地的合理流动和高效利用。如果土地流转没有国家的有效管理和合理规划，势必造成土地的兼并和资源的浪费、农民利益的损害。“从制度上解决土地问题(无论是城市土地还是农村土地)的总的思路是放开产权，管住规划。”[①]我国是一个农业大国，土地是农业的根本，土地的流转涉及整个农村乃至国家稳定，关系到广大农民的切身利益，如果国家的宏观管理缺失，后果不堪设想。

二、发展中国家农村土地流转对我国的启示

尽管美、日、法等发达国家的土地流转制度对我国有许多值得参考的地方，但它们的经济基础和国家发展历程与我国不太一样。因此，吸取较

① 党国英，王梅. 中国农村土地改革的又一次挑战[J]. 国土资源，2008(10).

为相似的发展中国家的农村土地流转的经验教训，对我国目前的农村土地流转有着非常重要的现实意义。

(一)处理好土地分配问题

农村土地流转以及农村土地的规模化发展，绝不意味着土地的绝对私有化，土地过分集中到极个别人手里会造成多数人不均，引起社会矛盾。同时也会由于大多数人的租赁而导致土地难以整合，这样又难以实现规模化效率，所以政府往往在实现规模化的同时又要防止土地流转而导致的个人垄断化。越南的土地承包经营权流转与整合同时开展也是我们探索的思路。

(二)处理好城镇化发展与闲散劳动力就业关系

土地的流转，一些失地或无地的农村劳动力必然会融入城市，如果城市的发展不健全且第三产业没有足够的接纳空间，那么必然会引起一系列的社会安定问题，这也是为什么在一些国家的繁华都市下出现"贫民窟"的原因之一。

(三)处理好上下位法的协调

完善的法律体系是土地流转顺利进行的保证。这不仅仅是一部法律的问题，需要不同法律之间的协调和匹配，实现上下位法以及不同领域法律之间的和谐。同时保证法律实施的力度，不仅仅是理论方面的，还要做到实质性地实施。

不管是发达国家还是发展中国家的农村土地流转都有我们值得借鉴的地方，我们只有在立足于我国的国情和农村的现状，立足于可持续发展和农村广大农民根本利益的基础上，借鉴其他国家土地流转的成功经验，不断完善我国的农村土地承包经营权流转制度。

我国现行调整土地经营权流转的法律法规主要有《民法通则》《农业法》《农村土地承包法》《物权法》等，在对土地经营权法律性质的界定上，虽然现行法律都未做出明确的界定，但是各部法律都有各自的认定倾向。从《农业法》第十三条规定："在承包期内，经发包方同意，承包方可以转包所承包的土地、山岭、草原、荒地、滩涂、水面，也可以将农业承包合同的权利和义务转让给第三者。"可以看出，其将土地承包经营权作为债权给予保护。《农村土地承包法》第三十七条规定："土地承包经营权采取转包、出租、互换、转让或者其他方式流转，当事人双方应当签订书面合同。采取转让方式流转的，应当经发包方同意；采取转包、出租、互换或者其他方式流转的，应当报发包方备案。"可以看出，其是对土地承包经营权流转不完全的物权保护方式。《物权法》将土地承包经营权纳入用益物权并单独成一章，可见其将土地承包经营权作为物权进行保护。我国现行法律规范在界定土地承包经营权法律性质时存在矛盾，这对保障和促进土地经营权流转是不利的。在"三权分置"背景下，现行土地经营权流转法律规范滞后于政策规定，甚至相冲突。《农村土地承包法》第三十二条规定："通过家庭方式取得的土地承包经营权可以采取转包、出租、互换、转让或者其他方式流转"，但对"其他方式"并没有做出明确规定。《农村土地承包经营权的流转管理办法》第十五条规定为："承包方依法取得的农村土地经营权可以采取转包、出租、互换、转让或者其他符合有关法律和国家政策规定的流转方式。"但其没有明确"其他符合有关法律和国家政策的流转方式"究竟是什么。《物权法》第一百二十八条规定："土地承包经营权人依照农村土地承包法的规定，有权将土地承包权采取转包、互换、转让等方式流转。"但是该条却未明确"等"字以外的流转方式究竟包括哪些。现行法律对实践中出现的一些其他流转方式，如反租倒包、信托、继承、赠予等流转方式都未进行明确规定，导致各地流转方式杂乱不一，无法可依。"这种法律上对流转方式的粗糙规定，在一定程度上阻碍了土地承包经营权的流转，不利于农民合法权利的保护。"[①]农村土地"三权分置"作为农村土地产权制度创新的模式，释放巨大的土地红利，引领我国农村土地产权制度又一次发生重大变革。然而，"三权分置"的制度设计，在现行法律中，土地经营权是一片空白，因而土地经营权的流转存在许多法律方面的桎梏。由此，本书在"三权分置"背景下，梳理现行土地经营权流转的法律障碍。

---

① 黄河.试论农地政策与农村土地承包经营权流转保障法律制度的构建[J].河北法学，2009，27(9)：33-39.

第五章 “三权分置”背景下土地经营权设立的法律问题

“三权分置”是在农村新一轮土地制度改革进程中应运而生的新的农村土地权利体系。“三权分置”制度是土地经营权有序流转的重要基础。农村土地“三权分置”改革旨在引导土地经营权有序流转,促进农业的现代化、规模化和集约化经营。农村土地“三权分置”制度创新的核心是将承包权和经营权进行有效分离分置,土地经营权主体不再限于集体经济组织成员,从而解决我国土地流转具体操作中的瓶颈问题。然而,目前农村土地“三权分置”改革与探索仍停留在政策和理论层面,《物权法》《农村土地承包法》《土地管理法》等涉及土地产权的法律均未对“三权”的内容及权利边界进行界定和划分,特别是对土地经营权的规定,在现行法律中是一片空白。因而在“三权分置”背景下,土地经营权流转面临许多法律困境,现梳理为如下内容。

第一节 “三权分置”背景下土地经营权法律性质缺失

现行法律都是当时“两权分离”下的法律制度,在“三权分置”背景下,土地经营权独立出来,如何确定土地经营权的法律性质,在目前的法律体系是缺失的。而明确土地经营权权能边界的前提是明确界定土地经营权的法律性质,换言之,土地经营权到底是物权还是债权关系到土地经营权流转的程度。之所以这一定性如此重要,是因为我国财产权利体系的建立借鉴了作为大陆法系代表的德国法的物债二分理论,严格区分物权和债权是我国财产法律制度的逻辑基础,对财产权利进行定性是明确其权利内容和效力的前提。具体来说，将土地经营权定性为物权抑或定性为债权，法律效果迥异。

如果将土地经营权定性为债权，则各种流转土地经营权的行为，其实质均为土地租赁，法律表现形式为土地租赁合同，法律适用上须遵守《合同法》关于租赁合同的规定，承租人取得的土地权利为债权，权利的行使要遵循债权相对性规则。由此给土地经营权流转行为带来的两点重要影响是：第一，租赁期限的设定必须遵守《合同法》第二百一十四条的强制性规定，不得超过20年，超过部分无效；第二，权利义务关系由交易双方按照《合同法》的规则灵活约定，但在流转双方的权利义务安排上租赁不得突破债权相对性规则，仅具有承租人地位的土地经营权人不享有转让、抵押租赁物的权利，如要转租，也需经出租人同意。反之，如果将土地经营权定性为物权，虽然流转合同也要适用《合同法》总则的一般性规定，但并不受有关租赁合同的强制性规定的限制，期限设定可以超过20年；当然，不得超过土地承包经营权的剩余期限。此外，土地经营权作为一种物权，属于绝对权和对世权，具有相对独立的地位，土地经营权人具有独立的转让、抵押权利，而不需要取得原承包权人的同意，这是物权属性的土地经营权的应有之意，由法律对该效力直接作出规定；土地经营权的设定和行使受《物权法》调整。

除了上述在法律适用、期限设定、是否可以转让或抵押等方面的不同之外，债权性土地利用关系与物权性土地利用关系在土地改良维修义务、不可抗力风险承担、土地收回的法定事由等方面，也均会有所不同。以我国台湾地区的地上权与土地租赁为例，在以租赁为形式的债权性交易安排中，承租人具有较强的依附性，其权利原则上仅能对出租人行使，权利的独立性较差；但相应地，承租人可以请求出租人履行修缮土地的义务，在遇到不可抗力而影响土地使用时承租人还可以请求减少租金。而在以设定地上权或农育权为形式的物权性的交易安排中，土地用益物权人享有相对独立的对世权，具有相对独立的使用和处分土地的权利；但相应地，由用益物权人自行承担土地改良维修义务，并自行承担不可抗力等对土地使用收益带来的风险。这一权利义务安排体现了对等原则。

由此可见，不同的定性会对土地经营权人的权利义务产生重大影响，由于流转后原承包农户享有的土地权利＝土地承包经营权－土地经营权，这一定性也因此会对原承包农户的剩余承包权的内容产生重大影响。①

由于法律体系的缺失，学术界对土地经营权的法律性质进行了很多探讨，主要有物权说和债权说两种不同的观点。陈小君、吴兴国等主张债权说。陈小君认为，根据一物一权原则，同一物上不能并存两个以上内容相近的用益物权，在用益物权之上再设相近用益物权的安排，是人为地将法律关系复杂化。当经营权人占有、使用土地时，承包人当然被排斥于上述权能之外，承包人的用益物权有名无实，故而所谓的承包权和经营权分离，不过是承包地的租赁经营方式。因而认为土地经营权为债权更为合适。② 吴兴国认为，经营权的本权是债权。经营权人与承包权人是一种债权法律关系，更多地受《合同法》约束。经营权的本权是基于土地流转合同意定原因而产生的，因而其本权是债权，为意定本权，不是物权。③而更多的学者认同物权说。宋志红认为为实现改革目的，“三权分置”框架下的农村土地流转权利体系设置虽然应当以土地经营权这种物权方式为主，但仍应当为当事人通过租赁等债权方式灵活约定土地承租权保留空间。④ 刘守英认为，尽管土地经营权以土地承包经营权为客体，但一经设定，即具有物权效力，在承包期限内可以对抗包括土地承包经营权人在内的一切人，土地承包经营权的变动不影响土地经营权的存续。⑤ 鉴于“三权分置”改革的一项重要目的是通过促进土地经营权的流转和抵押，来促进适度规模经营和发展现代农业，债权属性的土地经营权由于其对原承包农户的高度依赖性和权利的短期性与不稳定性，显然无法有效实

---

① 参见 http://xbnyxxw. yilianapp. com/lm_1459415406403591/ctw_1469330329493211. html，《三权分置关键是土地经营权定性》。

② 陈小君.我国农村土地法律制度变革的思路与框架——十八届三中全会《决定》相关内容解读[J].法学研究，2014(4)：12.

③ 吴兴国.承包权与经营权分离框架下债权性流转经营权人权益保护研究[J].江淮论坛，2014，267(5)：124.

④ 彦文.“三权分置”改革：重构农村土地权利体系[N].中国经济时报，2016-09-09.

⑤ 参见 http://china. caixin. com/2016-09-05/100985292. html，《刘守英：以“三权分置”重构农村土地权利体系》。

现上述目标。“无恒产者无恒心”,现代农业的发展需要对土地进行大量且长期的投资,土地经营者只有具备长期且有保障的土地权利,才会有此等投资的积极性。进一步来说,如果“三权分置”改革的目的只是确立一个债权性的经营权,土地租赁完全可以解决问题,根本无须如此大动干戈另行创设土地经营权。从当前大力推动土地经营权抵押来看,也必须赋予土地经营权物权地位,其才具备抵押资格,否则,债权属性的土地经营权至多只能成为债权质押的标的。因此,笔者更倾向于物权说,认为尽管土地经营权是以合同为基础条件获得的,但是这种权利基本都是法定的,而不是约定的,且物权说更符合“三权分置”的改革目的。由于土地经营权法律性质的模糊,导致了实践操作中土地经营权流转的困惑。

第二节 “三权分置”背景下“三权”权属不明

《物权法》把土地承包经营权归属为用益物权,依据物权特性,有效界定产权,是土地流转的前提。流转的双方就会有合理而明确的预期,减少土地流转中的一些不确定因素。在“三权分置”背景下,农村土地产权分为:集体所有权、农户承包权和土地经营权。农村土地集体所有权是农户承包权的前提,农户享有承包经营权是集体所有的具体实现形式,在土地流转中,农户承包经营权派生出土地经营权。但在实际农村土地产权实施中,三权之间的权属并不清晰。

根据现行法律,我国农村集体土地属于集体所有,对于“集体”这个概念似乎也是模棱两可的。因为不管是《宪法》还是《民法通则》或是《土地管理法》都没有对“集体”做出清晰的界定,也就是说它的定性在法律上是模糊的。它也没有规定具体的组织机构,因此现实中集体也是很松散的。尽管“第十二届全国人大五次会议”审议通过的《民法总则》第九十六条把村委会、居委会规定为特别法人,但仍需对“集体”进一步明确,毕竟“集体”不是一个法律术语,且农民、农村集体经济组织、农村的合作经济组织、基层群众性自治组织等都可为集体的。农村土地集体所有,是农村基本经营制度的根本,必须得到充分体现和保障,不能虚置。土地集体所有权人对集体土地依法享有占有、使用、收益和处分的权利。且根据《土地管理办法》第二条第四款的规定，为了公共利益的需要，国家有权依法收回或征用农村土地。由此，国家可以以行政力量干涉集体所有权权能的行使，行使国家的处分权、收益权和使用权。也就是说，国家可以通过征收方式来剥夺集体土地所有权，这样看来实际上农村集体土地所有权权能也是不完全的。

至于承包权和经营权的权能，由于现行法律的滞后，权属不明。农村土地“三权分置”的核心在于合理界定承包权和经营权分离后的权能范围。划分土地承包权与经营权的权能范围，必须以明确界定二者的性质为基础前提。而如何定位承包权与经营权的性质，由于法律的缺位，学术界可谓充满争议，众说纷纭，莫衷一是。一种观点认为承包权为成员权，经营权为用益物权。因而，承包权不可抵押流转，而经营权可以抵押流转。[①] 另一种观点认为承包权是一种资格，经营权则属于物权。因为承包权作为成员权的一种，不是一种实实在在的财产权。而经营权来源于承包土地使用权，属于物权范畴。[②] 还有一种观点认为承包权和经营权的性质相同，均为物权。农户凭借集体成员资格取得土地承包权，由此承包权是一种单独物权性质的财产权。经营权来自承包权，因而也是一种物权。[③] 更有一种观点认为承包权和经营权的制度构造可参照清朝的田底权与田面权，拥有田底权地主的收益权是坐地收租，而享有田面权的二地主的权利主要在于得到土地经营的收益。[④] 显然，从不同的性质定位出发，土地承包权和经营权的权能划分必然迥异。综观上述几种观点，不少是从概念本身完成对土地承包权和经营权的性质界定的，这容易导致不能准确认识和界定承包权和经营权分离后的权能范围。对此，学者张力、郑志峰就鲜明指出：“承包权与经营权再分离后的权能划分与性质界

---

① 冯华，陈仁泽．农村土地制度改革，底线不能突破[N]．人民日报，2013-12-05.

② 刘俊．土地承包经营权性质探讨[J]．现代法学，2007(2)：170-178.

③ 郜永昌．分离与重构：土地承包经营权流转新论[J]．经济视角，2013(5)：137-139.

④ 梁发芾．喜见农村土地“三权分离”[N]．甘肃日报，2014-01-22.

定，不能从概念本身去建构，而应从再分离的功能目的去入手。”[①]循此思路，则应将土地承包权和经营权二者的性质界定为用益物权。因为分离后的土地承包权和经营权，前者以延续土地的社会保障功能和为农民带来土地收益为功能定位，后者以实现流转人收益、促进农民增收和推动农业转型发展为功能定位。要保障实现二者的权利功能，就要求将其性质定位为一种实实在在的权利，也即独立的用益物权。在明晰土地承包权与经营权二权性质的基础上，进一步确定其各自包含哪些权利内容的问题值得探讨。张红宇认为承包权更多表现为占有权、处置权，以及在此基础上衍生的继承权、退出权等多重权益，经营权更多表现为耕作、经营、收益以及其他衍生的入股权、抵押权等权益。[②] 潘俊认为承包权包括承包地位维持权、分离对价请求权、征收补偿获取权、继承权、退出权等内容，经营权表现为对承包地的自主生产经营权和对经营权进行抵押、入股等处分的权利。[③] 申惠文认为承包权表现为占有权、处置权，以及继承权、退出权等，经营权表现为经营收益权、入股权、抵押权等。[④] 张力、郑志峰认为承包权的权能在于监督承包地的使用、到期收回承包地、再次续保承包、有偿退出、限制性流转等，经营权的权能在于承包地上从事农业生产、获得经营收益、处分经营权等。[⑤] 由以上学术争议可以看出，对于“三权分置”下的承包权和经营权的权属定位的困难和矛盾。如果“三权分置”后的承包权是一种物权，按理就需要对承包权单独确权颁证并且可以流转和抵押，但与承包权只有集体经济组织成员才有资格获得发生冲突。如果“三权分置”后的土地经营权是债权，那么经营权难以对抗承包权，不仅可能造成经营权不稳定、也难以抵押，因为根据我国《物权法》的规定债

---

① 张力，郑志峰. 推进农村土地承包权与经营权再分离的法制构造研究[J]. 农业经济问题，2015，36(1)：79-92.

② 张红宇. 我国农业生产关系变化的新趋势[N]. 人民日报，2014-01-14.

③ 潘俊. 农村土地“三权分置”：权利内容与风险防范[J]. 中州学刊，2014(11)：67-73.

④ 申惠文. 农村土地三权分离改革的法学反思与批判[J]. 河北法学，2015(4)：2-11.

⑤ 张力，郑志峰. 推进农村土地承包权与经营权再分离的法制构造研究[J]. 农业经济问题，2015，36(1)：111-112.

权只能设立权利质权;如果土地经营权是物权,虽然可以用作抵押,但在同一块土地上既有土地承包经营权作为物权,又有经营权作为物权,违背同一物上只能有一个物权的原则,可能造成权利的重叠,引发承包权人和经营权人的利益冲突。我国现行相关法律法规主要针对的是农村土地“两权分离”下承包经营权的有关规定,更重要的是,虽然“三权分置”的制度设计在政策层面上已经给予确定,但还没有上升到法律层面。我国已存在的《物权法》《农村土地承包法》《担保法》《土地管理法》等相关法律法规均没有针对承包权、经营权的权能做出相应的阐释和体现。难点在于,目前对“三权分置”下的承包权和经营权的属性与权能在学术上存在争议,在法律解释上存在难题,在实践上还不成熟,使得对“三权分置”的制度设计做出法律规定还十分困难,这又将进一步影响“三权分置”制度改革的实践,尤其是土地经营权流转的实现面临缺乏法律依据的困境。

第三节 “三权分置”背景下土地经营权价值难以评估

土地价值问题一直是理论界争论的焦点问题之一。土地经营权要顺畅流转,必须评估出土地的真正价值,健全价格机制。在“三权分置”背景下,如何确定土地经营权流转价值成为影响农村土地经营权流转的关键。然而,由土地经营权的权属关系所决定,不仅建立一套统一的价值评估体系十分困难,而且实践操作也十分困难,主要在于:一是农村土地由于受区位、地形地貌、土壤等自然条件甚至地上农作物种植种类的不同,其价值的差异极大,客观、准确核定本身的价值不仅很难,而且支付的成本极高。二是土地经营权集中的一块规模化农村土地,因流转方式、期限、租金支付方式的不同和权属关系的复杂,增加了土地经营权准确评估价值的难度。因而目前我国土地经营权流转价值尚未有一个统一的确定标准,现行农村土地经营权流转价值评估体系尚不完善,流转价格评估方法不科学,市场对资源的配置作用明显被弱化,势必阻碍土地资源优化配置格局的形成,减缓土地资源市场化配置的前进步伐。[①]

一、对土地经营权流转价值的内涵尚未有一个统一认识

学者们对土地经营权流转价值的内涵一直没有一个科学、合理的界定,导致农村土地经营权流转价格的形成和确定带有较大随意性,这无疑会对更深层次的研究产生不利影响。农村土地不但具有经济价值,而且具有稳定社会、提供生态环境等非市场价值。长期以来,在农村土地功能多样性、价值构成复杂性以及人类认知能力有限性等诸多主客观因素的制约下,有相当一部分非市场价值未在市场中得到充分反映,进而导致我国农村土地价值评估结果偏低现象十分普遍。

二、评估所需数据较难获得

从我国土地资产价值评估的发展历程来看,各种方法的应用都是以大量数据为基础的。然而,由于我国农村土地经营权流转价值评估起步较晚,加上农村土地的特殊性及地区差异性特征,研究者在评估过程中很难得到足够数据,导致定量分析较少。同时,我国很多农村土地流转定价数据并未对公众公开,这也在一定程度上限制了估价方法的灵活应用,影响了评估结果的准确性,从而不能很好地为农村土地经营权流转研究提供参考依据。

三、评估方法尚不健全

从已有的研究文献来看,不同价值评价方法各有优劣,估算结果差异较大。

要改进土地流转价值评估方法,不但要保证其先进性、合理性,而且

---

① 张晓娟,庞守林.农村土地经营权流转价值评估:综述与展望[J].贵州财经大学学报,2016(4):103-104.

要考虑资料收集难易程度等因素，还要考虑公平性和实际应用的可能性。然而，已有研究较少涉及估价方法改进问题。而且，由于我国对流转土地的社会价值、生态价值与期权价值等研究起步较晚，需要进一步完善农村土地经营权流转价值体系，确定合理的农村土地经营权流转社会价值、生态价值、期权价值评估方法，使研究趋势向系统化、精确化、模型化及区域化方向发展。

学者们对农村土地经营权流转价值的研究经历了由无价到单一的经济价值评估，再由经济价值扩展到社会价值、生态价值等综合价值评估的发展过程，是一个动态发展的过程，近期还有学者提出土地具有发展权价值的观点。

长期以来，由于人们未能充分认识到土地具有资源与资产的双重属性，对土地价值的认识仅停留在单纯的经济价值的基础上，而未考虑土地所拥有的景观功能、生态功能以及社会价值与生态价值等，①很大程度上阻碍了农村土地市场的发展与繁荣。杨蕾、王雄从中国农村土地权属视角进行分析，认为农村土地具有生产资料价值功能、社会稳定价值功能、社会保障价值功能及生态价值功能。② 喻瑶认为对农村土地经营权流转价值的评估不应局限于土地的质量价值，农村土地作为稀缺资源还具有多重使用价值，包括直接使用价值和间接使用价值。因此，她认为农村土地经营权流转综合价值应是在一定的社会经济条件下，对农村土地资源的使用价值和非使用价值进行交易的农村土地经营权流转价格。③ 穆松林等通过实证分析认为农村土地经营权的流转价值应由经济价值、社会价值（包括社会保障价值和社会稳定价值）及流转修正价值三部分构成。④ 来阳等认为土地经营权流转价值除了包括土地经营权流转的价格

---

① 朱天龙，吕君. 土地利用变化及生态系统服务价值响应[J]. 财经理论研究，2014(2)：28-33.

② 杨蕾，王雄. 农用地流转价值与征地价值的对比分析[J]. 中国国土资源经济，2013(4)：63-66.

③ 喻瑶. 农用地经营权流转综合价值评估方法探讨[J]. 经济研究导刊，2009(32)：21-23.

④ 穆松林，张义丰，等. 村域土地承包经营权流转价格研究[J]. 资源科学，2011(5)：923-928.

以外，还应包括生态系统价值与社会保障价值等。[①] 张仕超等的研究则表明农村土地价值包括经济价值、社会价值、生态价值、发展权价值、国家粮食战略安全价值等物质价值和选择价值、存在价值、馈赠价值等精神价值。但由于对土地价值认知的不足，通常重经济价值，轻社会价值、生态价值和国家粮食战略安全价值，而忽略发展权价值与精神价值。因而，他们建议农村土地价值测算中应显化土地发展权价值。[②]

中国农村土地市场正处于萌芽状态，市场发育还很不健全，在20世纪90年代初才开始出现关于农村土地估价方法的相关研究。直到21世纪初，国内部分学者才开始关注农村土地的非市场价值，用不同方法评估农村土地价值的研究案例陆续出现。目前多数学者已经意识到土地经营权流转价格在土地流转中的重要作用，开始对土地经营权流转的科学估价方法展开探讨。农村土地价值构成的复杂性决定了评估方法的多样性，但总体上来说，现代土地价格评估方法中的收益还原法、市场比较法及成本核算法这三大基本方法是最常用的方法。利用收益现值法能根据土地纯收益估算土地经营权的流转价值，是有效的农村土地经营权流转定价方法。苏晓鹏、冯文丽认为收益还原法充分考虑了农村土地经营权流转的收益情况，得到的评估结果对于流转双方来说都能接受，相关参数的确定也比较容易，因而是一种最适用的方法。[③] 陈洁、龚光明认为不能用现有的会计计量方法来计量产权流转的价值，采用公允价值计量土地产权流转价值是必然趋势。[④] 浙江省物价局课题组基于浙江省实际，在充分考察物价及粮价逐年上涨情况的基础上，认为农村土地经营权流转定价中应考虑价格增长机制等因素。[⑤] 翟研宁对五种不同农村土地估价

---

① 来阳，乔海鑫，等．农村集体土地使用权流转价值评估[J]．北京农业，2013(33)：310-312．

② 张仕超，李治猛，等．论农村土地价值体系[J]．中国农学通报，2014(8)：100-107．

③ 苏晓鹏，冯文丽．论农村土地承包经营权流转价格评估问题[J]．价格理论与实践，2009(5)：67-68．

④ 陈洁，龚光明．土地经营权流转价值计量与风险控制[J]．理论探讨，2011(4)：110-112．

⑤ 浙江省物价局课题组．土地承包经营权流转价格形成机制研究[J]．价格理论与实践，2011(9)：21-22．

方法进行了分析，认为最适用于农村土地估价的还是收益还原法，由于其能对产生收益的农村土地价格进行评估，因此适用于流转后农村土地价格的核算。[①] 喻瑶分析了农村土地市场的现状及农村土地价格的特征，认为对农村土地经济价值的评估宜采用收益还原法、成本逼近法、基准地价系数修正法。[②]

---

① 翟研宁.农村土地承包经营权流转价格问题研究[J].农业经济问题，2013(11)：82-86.

② 喻瑶.农用地经营权流转综合价值评估方法探讨[J].经济研究导刊，2009(32)：21-23.

第六章 “三权分置”背景下土地经营权流转方式的法律问题

土地经营权流转的方式是土地经营权流转这一抽象概念的具体化，是对流转之法律意涵的自然延伸。科学界定土地经营权流转的具体方式将为建立、健全我国土地经营权流转制度体系提供重要的理论支持。

学者们对土地经营权流转方式的选择也不尽相同，具有代表性的观点如下：胡亦琴教授认为，农村土地流转方式包括转包、代耕代种、转让、互换、租赁、入股、反租倒包、抵押、继承、土地托管。① 丁关良教授认为，农村土地承包经营权流转方式主要有以下几种：转让、转包、出租、互换、入股、抵押、继承、代耕、准占用。② 杨国玉、靳国峰认为，农村土地使用权流转主要方式有：自由流转模式，包括转让、转包、出租、互换、抵押等具体形式；反租倒包模式；土地经营权入股模式；两田制模式；集体农场模式。③ 马新彦教授、李国强认为：“在目前的情况下可以把土地承包经营权流转方式按照其性质进行分类，发生物权变动的流转方式包括土地承包经营权的买卖、互易、赠予、继承和抵押；设定债权的流动方式包括出租和入股。”④蒋满元教授认为，当前农村土地流转形式主要有以下几种：反租倒包形式、土地股份合作制形式、土地转包形式、土地转让形式、土地互

---

① 胡亦琴．新土地革命：浙江农村土地流转方式调查[J]．经济理论与经济管理，2002(2)：35．

② 丁关良．农村土地承包经营权流转的法律思考——以《农村土地承包法》为主要分析依据[J]．中国农村经济，2003(10)：65．

③ 杨国玉，靳国峰．对农村土地使用权流转理论与实践的思考[J]．经济问题，2003(11)：46．

④ 马新彦，李国强．土地承包经营权流转的物权法思考[J]．法商研究，2005(5)：72．

换、委托经营方式、“四荒”拍卖形式。[①] 张平华等认为，土地承包经营权流转方式主要包括以下几种：转包、出租、转让、互换、抵押、入股以及反租倒包模式、两田制模式、“四荒”拍卖模式、集体农场模式、合作模式。[②] 因此，学术界研究的土地经营权流转方式主要涉及：转包、转让、出租或租赁、入股、互换、抵押、继承、代耕或委托代种、土地托管或土地信托服务、反租倒包、两田制、“四荒”拍卖、集体农场、合作等。

我国现行立法，对土地经营权流转方式的规定，也不尽相同。《农村土地承包法》第三十二条规定：“通过家庭承包取得的土地承包经营权可以依法采取转包、出租、互换、转让或者其他方式流转。”该法第四十二条规定：“承包方之间为发展农业经济，可以自愿联合将土地承包经营权入股，从事农业合作生产。”该法第四十九条规定：“通过招标、拍卖、公开协商等方式承包农村土地，经依法登记取得土地承包经营权证或者林权证等证书的，其土地承包经营权可以依法采取转让、出租、入股、抵押或者其他方式流转。”从这些条款可以看出，《农村土地承包法》一共规定了转包、互换、转让、出租、入股、抵押六种土地承包经营权流转方式。其中，出租和转让是通过家庭承包和通过“其他方式承包”取得的土地承包经营权均可以采用的流转方式，但是《农村土地承包法》并没有明确入股和抵押为家庭承包取得的土地承包经营权可以采用的流转方式，不过由于其有“其他方式流转”这一兜底性条款的表述，抵押和入股能否成为家庭承包经营的土地流转方式，还有待理论界的探讨。《物权法》[③]明确规定抵押不能成为通过家庭承包取得的土地承包经营权的流转方式。《物权法》删掉了

---

① 蒋满元.农村土地流转的障碍因素及其解决途径探析[J].农村经济，2007(3)：56.

② 张平华，李云波，张洪波.土地承包经营权[M].北京：中国法制出版社，2007：203-212.

③ 《物权法》第128条规定：“土地承包经营权人依照农村土地承包法的规定，有权将土地承包经营权采取转包、互换、转让等方式流转。”第133条规定：“通过招标、拍卖、公开协商等方式承包荒地等农村土地，依照农村土地承包法等法律和国务院的有关规定，其土地承包经营权可以转让、入股、抵押或者以其他方式流转。”第184条规定：“下列财产不得抵押：(一)土地所有权；(二)耕地、宅基地、自留地、自留山等集体所有的土地使用权，但法律规定可以抵押的除外。”

“出租”这一土地承包经营权的流转方式，转包和互换没有明确为通过其他方式承包取得的土地承包经营权的流转方式，但由于其同样有“其他方式流转”这一兜底性条款的表述，给理论界和实践中创新土地承包经营权流转方式留下了空间。《农村土地承包经营权流转管理办法》在第三章中提到了转包、出租、互换、转让、入股等流转方式，在第六章中提到“四荒”土地可以采取转让、出租、入股、抵押或者其他符合有关法律和国家政策规定的方式流转。至于上述法律条款中规定的“其他方式流转”或者“其他符合有关法律和国家政策规定的方式流转”还包括哪些，理论界和实践中都在不断探索。尽管《农村土地承包法》第三十九条第二款对代耕有所提及，但代耕不应成为土地承包经营权流转的法定方式。所谓代耕是指土地承包经营权人将承包地交由他人代为耕种，而由于代耕人通常是土地承包经营权人的父母、兄弟或者其他亲戚朋友，请人代耕通常只是口头上打个招呼，一般也不收取土地使用租金。因此，代耕属于一种好意施惠关系而非法律关系。如果当事人欲将这种代耕关系通过法律途径明确双方的权利义务，完全可以选择土地承包经营权出租的方式来达到预期目的。由此，根据我国现行相关法律规定，农村土地承包经营权流转方式主要包括转包、互换、转让、出租、入股、抵押等方式。由于出租、互换、转包等土地承包经营权流转方式在学术界和实践中并无大的争议，且本书前面已经有所交代，因而本章主要对转让、入股、抵押这三种在学术界和实践中存有争议的流转方式进行深入探讨。

第一节 “三权分置”背景下土地经营权转让的法律问题研究

一、“三权分置”背景下土地经营权转让的法律规范解析

我国《农村土地承包法》第三十二条规定：“通过家庭承包取得的土地承包经营权可以依法采取转包、出租、互换、转让或者其他方式流转。”我国《物权法》第一百二十八条规定：“土地承包经营权人依照农村土地承包

法的规定,有权将土地承包经营权采取转包、互换、转让等方式流转。"可见,"转让"属于我国土地经营权流转的法定方式。

根据《农村土地承包管理办法》第三十五条第一款的规定,土地承包经营权的转让是指"承包方有稳定的非农职业或者有稳定的收入来源,经承包方申请和发包方同意,将部分或全部土地承包经营权让渡给其他从事农业生产经营的农户,由其履行相应土地承包合同的权利和义务"。可见,我国现行法律将土地承包经营权转让的条件规定为三个方面:(1)转让方必须具备稳定的非农职业或稳定的收入来源;(2)须经承包方申请和发包方同意;(3)受让方必须是从事农业生产经营的农户。

《农村土地承包法》第四十一条规定:"承包方有稳定的非农职业或者有稳定的收入来源的,经发包方同意,可以将全部或者部分土地承包经营权转让给其他从事农业生产经营的农户,由该农户同发包方确立新的承包关系,原承包方与发包方在该土地上的承包关系即行终止。"据此,一旦土地承包经营权发生转让,原承包方与发包方之间解除土地承包法律关系,由受让方与发包方确立新的土地承包关系。有鉴于此,土地承包经营权转让具有物权变动效力。另外,《土地承包经营权流转管理办法》第十八条规定:"承包方采取转让方式流转农村土地承包经营权的,经发包方同意后,当事人可以要求及时办理农村土地承包经营权证变更、注销或重发手续。"如前所述,土地承包经营权登记行为具有行政性质,并不具备民事设权效力,故而该条所规定土地承包经营权变更并具有物权变动效力。《农村土地承包法》第三十八条及《物权法》第一百二十九条规定:土地承包经营权采取转让方式流转,当事人要求登记的,应向县级以上地方人民政府申请登记。未经登记,不得对抗善意第三人。可见,土地承包经营权转让登记不具有物权变动效力,只具有对抗效力。

二、"三权分置"背景下土地经营权转让制度存在的法律困境

转让后原土地承包关系自行终止,原承包方承包期内的土地承包经营权部分或全部灭失。"应否对土地承包经营权的转让设置限制?应设置何种限制?"是我国立法需面对的重大问题,也是理论界争议的焦点。

以最具有代表性的三个物权法草案专家建议稿为例，梁慧星教授、王利明教授、孟勤国教授在是否承认土地承包经营权自由转让上的态度各异。梁慧星教授认为不应当允许土地承包经营权的自由转让；[①]王利明教授则认为土地承包经营权可以不经发包人同意而自由转让；[②]孟勤国教授只承认土地承包经营权可以在集体经济组织内部自由转让。[③] 从《民法通则》确认土地承包经营权到《农村土地承包法》和《物权法》对土地承包经营权转让的规定来看，我国现行法律法规、司法解释等均对土地承包经营权的自由流转设置了多种限制，尤其是对以家庭承包方式取得的土地承包经营权转让设置的限制最为严苛，即出让人须具有稳定的非农职业及收入来源；受让人须从事农业生产经营的农户；转让须经发包人的同意。[④]《物权法》肯定了农村土地承包经营权可以转让，但没有明确规定土地承包经营权转让是否要经过发包方同意。与此相对的，现行立法对于通过其他方式取得的土地承包经营权流转限制则较少。[⑤] 可见，《农村土地承包法》只对以家庭承包方式取得的土地承包经营权转让明确要求须经发包方同意，而对通过其他方式承包取得的土地承包经营权转让则无明文规定要求须经发包方同意。

---

① 梁慧星.中国物权法草案建议稿——条文、说明、理由与参考立法例[M].北京：社会科学文献出版社，2000:532.

② 王利明.中国物权法草案建议稿及说明[M].北京：中国法制出版社，2001:376.

③ 孟勤国.中国物权法草案建议稿[J].法学评论，2002(5):62.

④ 《农村土地承包法》第三十七条规定：“采取转让方式流转的，应当经发包方同意。”第四十一条规定：“承包方有稳定的非农职业或者有稳定的收入来源的，经发包方同意，可以将全部或者部分土地承包经营权转让给其他从事农业生产经营的农户，由该农户同发包方确立新的承包关系，原承包方与发包方在该土地上的承包关系即行终止。”最高院发布的《关于贯彻执行〈中华人民共和国民法通则〉若干问题的意见（试行）》第九十五条规定：“承包人未经发包人同意擅自转包或转让的无效。”《最高人民法院关于审理涉及农村土地承包纠纷案件适用法律问题的解释》第十三条规定：“承包方未经发包方同意，采取转让方式流转其土地承包经营权的，转让合同无效。但发包方无法定理由不同意或者拖延表态的除外。”

⑤ 《农村土地承包法》第四十九条规定：“通过招标、拍卖、公开协商等方式承包农村土地，经依法登记取得土地承包经营权证或者林权证等证书的，其土地承包经营权可以依法采取转让、出租、入股、抵押或者其他方式流转。”

从《农村土地承包法》的立法精神来看，限制土地承包经营权的自由流转，主要是出于土地承包经营权负载了农民社会保障功能的考虑，而且土地承包经营权这种社会保障功能还将在相当长的时期内存在。目前，在城市逐步推行的医疗保险、养老保险、失业保险和最低生活保障制度尽管已覆盖到了农村，但保险金额极低，如养老保险，每月 70 元（有的地方 50 元，有的地方 75 元），不到 100 元。因而，我国绝大多数的农村人口至今仍难以享受到现代社会带来的福利。尽管有些地区在试行新农村合作医疗和养老保险，但是农民的生活保障仍主要依靠于传统的家庭保障、土地保障，而在非农收入有限的家庭，家庭保障最终也会落实到土地保障上。在当前我国城镇社会保障资金的筹集都存在困难的情况下，要建立一个惠及八亿农村人口的社会保障制度，还有很长的路要走。也就是说，土地承包经营权的社会保障功能仍将在相当长的时期内发挥作用。正是基于这样的考虑，法律才限制承包人自由转让土地承包经营权。

有学者认为，以家庭承包方式取得的农村土地承包经营权转让须经发包方同意的规定，具有一定的合理性。[①] 他们给出的理由有二：其一，家庭承包方式的实质乃是农民集体土地所有权内容依“质的分割”的方式实现其利益内容的法律机制，因此而形成的团体支配权利层与集体组织成员的土地承包经营权利层合并构成农民集体土地所有权。因此，任何一个权利层次最彻底的处分，本质上都是对农民集体土地所有权的处分，都有可能影响到所有权人的根本利益，因此这种处分必须要依农民集体土地所有权权利主体即集体组织的集体意志进行，这种集体意志在现行的承包体制下就是同意权。其二，本质上表现为农民集体土地所有权内容“质的分割”的家庭承包经营体制在土地权利配置上以保障集体组织成员的基本生存权为宗旨，因此遵循人人有份的公平原则，也就是说，农民集体组织负有以特定方式保障其成员生存权的义务。集体组织成员转让农村土地承包经营权的直接后果就是丧失其生存权的基础，集体组织或其代表人行使转让同意权就是依法履行其保障成员生存权基础的义务。

① 黄河，等. 农业法视野中的土地承包经营权流转法制保障研究[M]. 北京：中国政法大学出版社，2007：66-67.

正如有学者所言:“土地承包经营权的转移须受土地所有人同意的限制，对土地承包经营权人的处分权而言，既是限制又是保障。土地承包经营权人在转移土地承包经营权时须取得土地所有人的同意避免了土地承包经营权人对处分权的滥用，维护了土地所有权的利益，保障了农民的生存安全，稳定了农村社会”[①]。

还有的学者基于对发包方及受让方资格限制的考虑，对同意权的行使规则作出界定:一是，土地承包人要求转让土地承包经营权的，除有下列情形外，原则上应予同意:土地承包人没有稳定的非农业收入来源，转让土地承包经营权可能导致生活困难的;转让价格明显低于当地正常价格，造成土地利益过分流失的;受让方没有农业经营能力的;侵害本集体组织成员优先受让权的;转让的期限超过土地承包期的剩余期限的。二是，在下列情形下，转让土地承包经营权须经过村民会议或者村民代表会议三分之二以上多数同意:一次性转让土地数量规模在50亩以上的;将土地承包经营权转让给本集体组织成员以外的人员的;将土地承包经营权转让给外国投资者的。[②]

基于“三权分置”背景，放活土地经营权的目的，本书认为现行法律对土地经营权转让流转方式的诸多限制，存在一定的不合理性，在农村土地社会保障功能日益弱化的情形下，阻碍了土地经营权的流转:首先，《农村土地承包经营权流转管理办法》规定转让方“必须具备稳定的非农职业或稳定的收入来源”，可“什么是稳定的非农职业或收入来源”，法律又没有明确规定，最终由发包方做出单一的主观性判断，此种规定无疑会进一步加强集体经济组织对于家庭承包经营的干涉。这是基于一种行政权力的运用，如果把流转方式作为一种私权运行，那么这种转让方式与出让方的收入和职业是没有必然联系的。其次，在土地承包经营权流转的转让方式中，对受让方也进行了限制，诸如在职业和身份上“必须是从事农业生产的农户”。如此立法的目的主要是从保护农村土地和农民的角度出发

---

① 胡吕银.土地承包经营权的物权法分析[M].上海:复旦大学出版社，2004:165-166.

② 左平良.土地承包经营权流转法律问题研究[M].长沙:中南大学出版社，2007:110.

的，一方面，目前农村平均耕地面积少，应尽量减少非农身份的人或组织来分割耕地，加剧人多地少的矛盾。另一方面，担心这些非农产业的人或组织不懂得农事，导致浪费土地资源，同时造成粮食生产得不到保障。但在实际操作中，由于现行法律缺乏关于职业与收入可行的定量与定性标准，这个限制起不到太大的作用，使非农人士可以找一个农户做代理，基本上就可以规避法律的限制，从而可以得到出让或受让的权利。这种限制同样也使一部分具有先进农业科学技术的非农人员不能进入农村产业，同时这种限制也变相地把农民捆绑在土地上，束缚了土地流转和农业规模化以及城镇化发展。因此，在“三权分置”背景下，笔者建议逐步取消此类限制性规定，以促进土地经营权的转让。

第二节 “三权分置”背景下土地经营权抵押的法律问题研究

一、“三权分置”背景下土地经营权抵押的现状

（一）法律现状

现行法律，《宪法》《民法通则》《担保法》《土地管理法》《农村土地承包法》《物权法》等都是当时“两权分离”背景下的法律制度，而在“三权分置”背景下，土地经营权从土地承包经营权中独立出来，因而在现行法律中，土地经营权是一片空白，故而本书研究的土地经营权抵押法律现状实指土地承包经营权抵押的法律现状。1987 年 1 月实施的《民法通则》第八十条第二款规定首次提出了“土地的承包经营权”概念；[①]第八十条第三款虽禁止农村土地抵押，但回避了土地承包经营权的抵押问题。[②] 1988

① 《民法通则》第八十条第二款规定：“公民、集体依法对集体所有的或者国家所有由集体使用的土地的承包经营权，受法律保护。承包双方的权利和义务，依照法律由承包合同规定。”

② 《民法通则》第八十条第三款规定：“土地不得买卖、出租、抵押或者以其他形式非法转让。”

年4月的宪法修正案第二条首次明确规定了土地的使用权可依法转让。[①] 同年12月修改的《土地管理法》与4月的修宪精神一致，规定集体所有土地的使用权可依法转让。[②] 1995年10月实施的《担保法》第三十四条第五款承认了“四荒”（荒山、荒沟、荒丘、荒滩）等土地使用权抵押的法律效力；[③]但第三十七条第二款禁止耕地等类型土地使用权设定抵押。[④] 该法对“四荒”等土地类型的承包经营权抵押采取肯定态度，而否定耕地等类型的承包经营权抵押。1998年8月修订的《土地管理法》不仅没有涉及承包经营权抵押问题，反而对承包经营权流转作了严格限制，[⑤]难怪有学者认为这次修订是历史的倒退。[⑥] 2003年3月实施的《农村土地承包法》第三十二条规定“其他方式流转”，[⑦]、第三十四条规定“自

---

① 1988《宪法修正案》第二条规定：宪法第十条第四款“任何组织或者个人不得侵占、买卖、出租或者以其他形式非法转让土地”修改为“任何组织或个人不得侵占、买卖或者以其他形式非法转让土地，土地的使用权可以依照法律的规定转让”。

② 第七届全国人民代表大会常务委员会第五次会议根据宪法修正案和国务院关于提请修改《中华人民共和国土地管理法》的议案，决定对《中华人民共和国土地管理法》作如下修改：第二条增加两款，作为第四款、第五款：“国有土地和集体所有的土地的使用权可以依法转让。土地使用权转让的具体办法，由国务院另行规定。”“国家依法实行国有土地有偿使用制度。国有土地有偿使用的具体办法，由国务院另行规定。”

③ 《担保法》第三十四条第五款规定：“下列财产可以抵押：（五）抵押人依法承包并经发包方同意抵押的荒山、荒沟、荒丘、荒滩等荒地的土地使用权。”

④ 《担保法》第三十七条第二款规定：“下列财产不得抵押：耕地、宅基地、自留地、自留山等集体所有的土地使用权。”

⑤ 《土地管理法》第六十三条规定“农民集体所有的土地的使用权不得出让、转让或者出租用于非农业建设”；第四十三条规定“任何单位和个人进行建设，需要使用土地的，必须依法申请使用国有土地”；第四十四条规定“建设占用土地，涉及农用地转为建设用地的，应当办理农用地转用审批手续”。

⑥ 2004年第三次修订之后，只改动了个别字句，集中在土地征收和补偿上。因此，现行的土地管理法，基本上就是1998年的版本。参见徐远的《历史在这里倒退：1998年〈土地管理法〉修订》，http://money.163.com/14/0729/09/A2AFVROJ00253B0H.html。

⑦ 《农村土地承包法》第三十二条规定：“通过家庭承包取得的土地承包经营权可以依法采取转包、出租、互换、转让或者其他方式流转。”

主决定流转方式”[①]，但并未进一步明确“其他方式”以及“流转方式”的类型。该法第四十九条肯定了“四荒”等土地类型的承包经营权抵押，而对耕地等类型的承包经营权抵押没有明确表态，[②]但从司法解释的否定得到了印证，2005年9月实施的《最高人民法院关于审理涉及农村土地承包纠纷案件适用法律问题的解释》对土地承包经营权的抵押效力予以明确否定。[③] 因而，《农村土地承包法》基本沿袭了《担保法》的精神。2007年10月实施的《物权法》第一百二十八条规定土地承包经营权人依法有权采取转包、互换、转让等方式流转，但未规定抵押流转方式。[④]《物权法》第一百八十条第一款第三项允许“四荒”等土地承包经营权设定抵押；[⑤]但《物权法》第一百八十四条第二款却把耕地等类型的承包经营权排除在抵押范围之外。[⑥] 由此，《物权法》就抵押问题保持一贯的审慎态度，确认并巩固了先前立法禁止的基本态势，[⑦]并没有对先前的法律作出突破。因而，现行法律对土地经营权抵押的规定不尽一致，部分法律规定不明，既未允许也未禁止；部分法律明文禁止，部分法律允许抵押，基本形

---

① 《农村土地承包法》第三十四条规定：“土地承包经营权流转的主体是承包方。承包方有权依法自主决定土地承包经营权是否流转和流转的方式。”

② 《农村土地承包法》第四十九条规定：“通过招标、拍卖、公开协商等方式承包农村土地，经依法登记取得土地承包经营权证或者林权证等证书的，其土地承包经营权可以依法采取转让、出租、入股、抵押或者其他方式流转。”

③ 《最高人民法院关于审理涉及农村土地承包纠纷案件适用法律问题的解释》第15条规定：“承包方以其土地承包经营权进行抵押或者抵偿债务的，应当认定无效。对因此造成的损失，当事人有过错的，应当承担相应的民事责任。”

④ 《物权法》第一百二十八条规定：“土地承包经营权人依照农村土地承包法的规定，有权将土地承包经营权采取转包、互换、转让等方式流转。流转的期限不得超过承包期的剩余期限。未经依法批准，不得将承包地用于非农建设。”

⑤ 《物权法》第一百八十条第一款第三项规定：“债务人或者第三人有权处分的下列财产可以抵押：(三)以招标、拍卖、公开协商等方式取得的荒地等土地承包经营权。”

⑥ 《物权法》第一百八十四条第二款规定：“下列财产不得抵押：(二)耕地、宅基地、自留地、自留山等集体所有的土地使用权，但法律规定可以抵押的除外。”

⑦ LEI C. Private Property with Chinese Characteristics: A Critical Analysis of the Chinese Law on Property of 2007. in European Review of Private Law，2010，18(5)：983-1004.

成了土地经营权抵押的“二元模式”，即允许“四荒”等类型的土地经营权设定抵押，禁止耕地等类型的土地经营权设定抵押。

(二)政策现状

2008年10月党的十七届三中全会通过的《中共中央关于推进农村改革发展若干重大问题的决定》明确允许农民可采取多种形式流转土地承包经营权。[①] 2012年11月党的十八大提出赋予农民更多财产权利、坚持和完善农村基本经营制度，依法维护农民土地承包经营权。[②] 2013年11月党的十八届三中全会通过的《中共中央关于全面深化改革若干重大问题的决定》进一步明确提出，赋予农民对承包地占有、使用、收益、流转及承包经营权抵押权能，[③]首次明确赋予了土地承包经营权的抵押权。2014年1月中央一号文件重申这一政策，赋予农民土地承包经营权的抵押权能，允许承包土地的经营权向金融机构抵押融资。[④] 为了贯彻落实党的十八大、十八届三中全会精神，进一步提升农村金融服务的能力和水平，国务院于2014年4月发布《开展农村土地承包经营权抵押贷款试点的通知》，在经批准的地区开展试点，“推广以……承包土地收益权等为标的的新型抵押担保方式”，实现农村金融与“三农”的共赢发展。[⑤] 2014年11月《关于引导农村土地承包经营权有序流转发展农业适度规模经营的意见》首次提出实现所有权、承包权、经营权“三权分置”，[⑥]稳步推进土地经营权抵押试点，为土地经营权抵押提供了政策顶层设计。2015年2月中央一号文件要求“做好承包土地的经营权和农民住房财产权抵押担保贷款试点工作”，以便更好地开展“三农”融资担保。[⑦] 由此，2015年8月，国务院发文《关于开展农村承包土地的经营权和农民住房财产权抵押贷款试点的指导意见》，加大对“三农”的金融支持力度，赋予农村承包土地

---

① 参见《中共中央关于推进农村改革发展若干重大问题的决定》。

② 参见党的十八大报告《坚定不移沿着中国特色社会主义道路前进为全面建成小康社会而奋斗》。

③ 参见《中共中央关于全面深化改革若干重大问题的决定》。

④ 参见2014年中央一号文件。

⑤ 参见《开展农村土地承包经营权抵押贷款试点的通知》。

⑥ 参见《关于引导农村土地承包经营权有序流转发展农业适度规模经营的意见》。

⑦ 参见2015年中央一号文件。

(指耕地)的经营权和农民住房财产权抵押融资功能。[①] 2016年1月中央一号文件进一步指出,稳妥有序推进农村承包土地的经营权抵押贷款试点。[②] 2016年3月,中国人民银行、中国银监会等部门联合出台《农村承包土地的经营权抵押贷款试点暂行办法》,允许试点地区承包土地的经营权可抵押,并对抵押贷款的申请主体、申请条件、贷款利率、贷款期限与价格确定方式、流转管理与中介服务机构予以详细、具体规定。[③] 2016年10月,中共中央办公厅、国务院办公厅印发《关于完善农村土地所有权承包权经营权分置办法的意见》,对完善"三权分置"办法提出了具体意见,提出加快放活土地经营权,依法依规开展土地经营权抵押融资,探索更多放活土地经营权的有效途径。[④] 2017年中央一号文件更进一步提出,"落实"农村土地集体所有权、农户承包权、土地经营权"三权分置"办法,深入推进承包土地的经营权抵押贷款试点。[⑤] 至此,中央政策将农村土地产权由"两权分离"逐步过渡到"三权分置",并逐步取消对土地经营权抵押的限制。

(三)实践探索

事实上,国家政策的出台远远落后于实践,由于农村资金短缺与抵押物的不足,农民对土地经营权的抵押有着强烈的需求。因此,农民通过各种方式来规避法律的禁止性条款,以实现土地承包经营权抵押贷款的目的。基于现实的需求,我国农村土地金融实践在贵州省湄潭县率先开展,在中央与地方政策扶持和资金支持下,湄潭县在1988年设立了土地金融公司,[⑥]向土地经营者发放土地承包经营权抵押信贷,1997年因乡镇企业

---

① 参见《关于开展农村承包土地的经营权和农民住房财产权抵押贷款试点的指导意见》。

② 参见2016年中央一号文件。

③ 参见《关于完善农村土地所有权承包权经营权分置办法的意见》。

④ 参见《关于完善农村土地所有权承包权经营权分置办法的意见》。

⑤ 参见2017年中央一号文件《中共中央、国务院关于深入推进农业供给侧结构性改革加快培育农业农村发展新动能的若干意见》。

⑥ 王冠玺,李仁莹.土地承包经营权抵押范围的再探索[J].山东大学学报:哲学社会科学版,2010(4):7.

破产倒闭形成大量资金沉淀，亏损严重而被撤销。[①] 随后，全国一些地方以股份合作、转包、转让等不同方式探索和创新土地承包经营权流转。由此，中国人民银行和中国银监会为进一步推进农村金融产品和服务方式创新，创造和发展一些适合农村实际需求特点的金融产品和服务方式，于2008年10月和2009年3月连续两次联合发文，要求在全国粮食主产区或县域经济发展较好的部分县、市开展土地承包经营权抵押贷款试点。2008年10月，中国人民银行、中国银监会联合发布了《关于加快推进农村金融产品和服务方式创新的意见》，首次提出了在不改变土地集体所有性质、不改变土地用途和不损害农民土地承包权益的前提下，探索开展相应的抵押贷款试点。选取中部六省和东北三省部分有基础的县、市，开展加快推进农村金融产品和服务方式创新试点。[②] 2009年3月，中国人民银行、中国银监会又联合出台《关于进一步加强信贷结构调整促进国民经济平稳较快发展的指导意见》明确指出，有条件的地方可以探索开办土地经营权抵押贷款，拓宽涉农金融机构的资金来源和涉农企业的融资渠道，[③]这意味着国家政策对土地承包经营权的抵押限制逐步松绑。2010年5月，中国人民银行、中国银监会等部门联合出台了《关于全面推进农村金融产品和服务方式创新的指导意见》，该指导意见继续重申农村土地抵押贷款政策，农村土地抵押的试点工作已经由最初的中部六省和东北三省逐步向东部和西部扩展，且进一步拓展农村抵押贷款方式和手段。[④] 因此，在政策放宽的背景下，国内许多地区陆续开展了农村土地承包经营权抵押试点，在宁夏平罗、重庆江津、山东寿光和枣庄、四川成都、浙江嘉兴和湖州等地方，土地承包经营权抵押已成为有效联结农民和金融机构的桥梁。概括而言，国内关于农村土地承包经营权抵押的实践主要有以下两类：

1. 农村土地承包经营权抵押

(1)平罗模式——存地证抵押

---

① 刘奇.农村土地抵押贷款的困境[J].中国金融，2014(5)：19.

② 参见《关于加快推进农村金融产品和服务方式创新的意见》。

③ 参见《关于进一步加强信贷结构调整促进国民经济平稳较快发展的指导意见》。

④ 参见《关于全面推进农村金融产品和服务方式创新的指导意见》。

2006年以来，宁夏平罗县试行集体土地流转新形式：农民以乡镇或村为单位成立“土地信用合作社”(或称土地银行，社团法人)，在不改变土地用途的前提下农民将自耕地(使用权)存入合作社，合作社向存地农民发放“存地证”、支付“存地费”，再将其土地承包经营权“贷”给经营大户或企业并收取“贷地费”。“土地信用合作社”接收农户的存地、收取“贷地费”，农民以收取“存地费”的形式取得土地收益，土地存贷费用的差额归镇政府或村集体统一支配，主要用于本镇(村)公益事业。[①] 按照《平罗县土地合作社章程》的规定，存地人以“存地证”为本人或他人担保、抵押的，须经理事会同意，否则无效。这实际上承认了农村土地承包经营权可以抵押融资。而依照中国现行《担保法》《农村土地承包法》的规定，农村土地承包经营权是不能抵押的。允许农民将代表农村土地承包经营权的“存地证”作为抵押物，这是平罗模式的核心和创新，尽管有待土地主管部门和贷款者予以认可和接受，但是它对于提高耕地利用效率、推进农村土地有序流转、增加农村公益事业资金来源而言，确实具有制度变迁的意义。

(2)江津模式——股权抵押

2011年以来，重庆市江津区加快推进农村金融服务改革创新，试行“五权”(农村土地承包经营权、农村居民房屋和农村集体建设用地使用权、林权、农村塘库堰承包经营权)抵押贷款模式，[②]即农民以土地承包经营权入股组建公司，然后以股权抵押。以江津区牌坊村为例，2005年牌坊村76户农民以308亩土地承包经营权及万株果苗评估作价成立了仁伟果业有限责任公司，由江津区政府成立的担保公司向金融机构担保、仁伟公司以其股权作为抵押向担保公司提供反担保，获得金融机构贷款60万元。[③] 江津模式既实现了土地入股进行规模经营，又解决了金融机构不愿意贷款给单户农民的问题，不失为提高农村土地利用效率的一种有效尝试。但是，这种模式在降低金融机构债权实现的风险的同时，增加了

---

① 常红晓.宁夏“土地银行”实验推向全县收取贷地费[J].财经，2008(2).

② 程坤.江津“五权”抵押贷款助30万农民增收[N].重庆日报，2012-12-13.

③ 李凤章，等.土地抵押融资的法律困境和制度创新[M].上海：立信会计出版社，2012：198-199.

抵押人的融资成本。

(3)寿光模式——农户承包经营权抵押

山东省寿光市在全国率先推出的以农村住房、大棚、承包地等作抵押的新型贷款方式,被称作“寿光模式”。根据2008年《寿光市土地使用权抵押借款暂行办法》、2009年《寿光市加快农村金融改革发展的政策措施》的规定,农户可以直接以承包经营权和农村住房进行抵押贷款。为确保直接抵押的运行,寿光市政府一方面开展土地财产权确权登记,为抵押贷款申请人核发土地使用权证和房屋所有权证;另一方面对提供助农贷款业务的金融机构给予财政支持,如提供承包经营权抵押贷款服务的金融机构可获贷款额的1.5%的风险补偿金。寿光模式是政府与银行联动,解决农民和农村中小企业融资难问题的一个范例。

(4)枣庄模式——合作社土地经营权抵押

山东省枣庄市自2008年开始探索盘活土地资本的新模式:在土地所有权、承包权和农村土地性质“三不变”的前提下,农民以自己承包的土地入股成立土地合作社,加入土地合作社的农户可以获得农村土地使用产权证,合作社以农村土地使用产权证作抵押向银行贷款,所得资金用于对接城市和企业,发展农副产品深加工、商贸流通等第二、第三产业。[①] 为确保土地经营权抵押的实现,枣庄市建立了市、区、镇三级农村土地使用产权交易所,交易所对土地进行客观公正的评估,给交易双方提供参考价格。枣庄模式形成了有形市场交易网络,规范了农村土地流转行为。从上述土地承包经营权抵押的实践探索可以看出,平罗模式和江津模式是变通的农村土地承包经营权抵押实践,前者以存地证抵押,后者以股权抵押;寿光模式和枣庄模式是真正意义上的直接的农村土地承包经营权抵押实践,其交易成本较小。这些模式是现阶段我国土地承包经营权抵押的有益探索,从不同侧面表明了我国建立农村土地承包经营权抵押制度的现实可行性。上述抵押模式的共同点是,都是以地方政府的政策性文件作为实施依据,其合法性因而显得不足并受到质疑。并且,政策性文件的内容具有不稳定性,这不利于抵押当事人对其行为进行合理的经济预

① 徐金鹏,等.“枣庄模式”唤醒土地资本[N].经济参考报,2014-01-13.

期，由此导致农民不敢大胆地参与农村土地承包经营权抵押融资实践，也增加了提供抵押服务的金融机构在资金安全性方面的风险。

2. 宅基地使用权抵押

农民为从事农业生产、商业经营等活动而用自己的房屋作抵押，向金融机构申请贷款，这种现象长期以来屡见不鲜，我国现行法律对此是予以肯定的。然而在以农村房屋作抵押时将宅基地使用权一并抵押，这种行为为我国《物权法》所禁止。为了解决现实中农民贷款难的问题，一些地方政府已经明确认可了农村房屋可以设定抵押权。如2005年《广东省集体建设用地使用权流转管理办法》第四条规定：村民住宅用地使用权不得流转，但"因转让、出租和抵押地上建筑物、其他附着物而导致住宅用地使用权转让、出租和抵押的除外"。2007年《嘉兴市农村合作金融机构农村住房抵押借款、登记管理暂行办法》和2008年《湖州市农村住房抵押借款暂行办法》都规定，土地使用者可以以抵押农村房产的形式连带抵押宅基地使用权。2008年四川省成都市成立了农村产权交易所，并陆续出台了《集体土地上房屋交易登记管理暂行办法》《集体建设用地使用权交易规则(试行)》《集体建设用地使用权初次流转交易流程(试行)》《集体建设用地使用权流转管理暂行办法》和《关于开展农村集体建设用地基准地价评估工作的实施意见(试行)》等政策性文件，这些文件为农户以抵押房产的形式连带抵押宅基地使用权提供了依据。2008年中共成都市委、市政府制定的《关于加快灾后城乡住房重建工作的实施意见》中，特别为住房受毁农户安排了信贷支持措施，允许这些农户"以宅基地使用权和拟建房屋产权作抵押，向市和区(市)县农村产权流转担保公司申请提供贷款担保，经审核批准后由金融机构发放农村灾后住房重建专项贷款"。

国内关于宅基地使用权抵押的政策性文件和实践，都坚持了"地随房走"的原则，即在地上房屋及其他附着物依法抵押的前提下，宅基地使用权随之抵押。宅基地使用权的抵押权能受限，农民房屋的抵押权能也将随之受限而不能充分发挥其融资功能。面对集体建设用地使用权入市的现实需求，近年来国家在政策层面予以了回应和支持，并先后在安徽芜湖、江苏苏州、河南安阳、浙江湖州、广东顺德、上海等地展开了试点。2013年11月党的十八届三中全会明确提出建立城乡统一的建设用地市场,实行农村集体经营性建设用地与国有土地同等入市、同权同价,完善土地租赁、转让、抵押二级市场。宅基地不属于经营性建设用地,不存在直接进入市场流转的可能性,其抵押权能的实现形式将依然是随地上房产及其他附着物而连带抵押。

二、"三权分置"背景下土地经营权抵押的法律困境

从现行法律、政策和实践来看,土地经营权抵押存在以下几个方面的法律困境:

1. 法律滞后于政策,且法律之间对抵押态度不一

如前所述,随着城市的发展,土地经营权的抵押政策由限制到逐渐松开以至放活。与政策相比,法律明显滞后,且法律规范之间对耕地等类型的土地承包经营权抵押,表现出暧昧甚至矛盾的态度。《宪法》第十条规定表明,宪法其实不禁止土地承包经营权的依法转让。[①] 同样,《土地管理法》第二条第三款规定、《民法通则》第八十条第二款规定以及《农村土地承包经营法》第三十二条规定,虽直接回避了能否抵押问题,但也并不禁止土地承包经营权的依法抵押。然而,依照其他一些法律条款的规定,土地承包经营权的抵押遇到了障碍。我国《担保法》《物权法》等都对承包经营权的抵押予以严格限制,除了允许乡镇、村企业的厂房等建筑物与其占用范围内的土地使用权一并抵押,[②]以及"四荒"等土地类型的承包经营权抵押外,不允许其他情况抵押。诚然,《物权法》第一百八十四条第二款在禁止耕地等类型的土地承包经营权抵押外,同时也以"但法律规定可以抵押的除外"进行了兜底性规定,为抵押留下了空间。从法理上讲,"转让"较之"抵押",其流转方式更加彻底,意味着土地经营权的转移;而抵押则仅是在不能偿还到期债务时才有可能导致土地经营权的移转,[③]仅为

---

① 《宪法》第十条第四款规定:"土地的使用权可以依照法律的规定转让。"

② 《担保法》第三十六条第三款规定:"乡(镇)、村企业的土地使用权不得单独抵押。以乡(镇)、村企业的厂房等建筑物抵押的,其占用范围内的土地使用权同时抵押。"

③ 邓小云.我国农村土地抵押的实践困境与法制完善[J].甘肃社会科学,2014(5):185.

一种可能性，而非必然性，也即抵押并不必然导致土地经营权的移转。因而“抵押”较之“转让”，是一种交易风险与成本大大降低的土地经营权流转方式，根据“举重以明轻”的法理，既然“转让”已为立法所允许，那么抵押理应被立法予以肯定和支持。因此，法律的滞后性，以及法律之间对抵押态度的不一致，阻碍了土地经营权抵押的实现。

2. 土地经营权抵押关系法律制度不完备

尽管全国人大对试点地区法律授权，暂停实施相关法律条款，但非试点地区仍然缺乏法律保障。同时，暂停执行的相关法律条款也只是针对抵押权限的授权，对抵押关系的客体、主体和内容三要素都缺乏法律的有效支持。在抵押关系的客体方面，现行法律把抵押关系的客体范围仅限于乡镇、村企业的厂房等建筑物与其占用范围内的土地使用权以及“四荒”等土地类型的经营权，而不包括耕地等类型的土地经营权。但在“三权分置”政策背景下，抵押客体的范围应包括所有的土地经营权。至于地上农作物是否也在抵押的范畴之内，无论是政策还是法律都没有明确界定，导致实践中的态度不一，有赞成的，有反对的。在抵押关系的主体方面，现行法律并无抵押主体的专项规定。《农村土地承包法》第四十一条尽管对土地承包经营权的转让主体作了明确限制：在发包方同意的前提下，转出方必须“有稳定的非农职业或者有稳定的收入来源”，转入方必须是“从事农业生产经营的农户”。[①] 但如此苛刻的转让条件，与“三权分置”改革的目的相背，自然不适合抵押。中国人民银行、中国银监会等部门联合出台《农村承包土地的经营权抵押贷款试点暂行办法》虽规定了抵押权人，且仅限于银行业金融机构，[②]但有待法律进一步明确。在抵押关系内容方面，抵押人和抵押权人法律权利义务严重缺失，土地经营权抵押违约后，土地经营权处置流转范围以及合法性尚未突破，缺乏足够法律依据，因而主体各方法律权利保护亟须进一步明确和加强。

---

① 《农村土地承包法》第四十一条规定：“承包方有稳定的非农职业或者有稳定的收入来源的，经发包方同意，可以将全部或者部分土地承包经营权转让给其他从事农业生产经营的农户，由该农户同发包方确立新的承包关系，原承包方与发包方在该土地上的承包关系即行终止。”

② 参见《农村承包土地的经营权抵押贷款试点暂行办法》。

3. 金融机构与投资者风险的法律防范机制缺失

尽管中央政策支持土地经营权抵押，但由于现行法律的桎梏，导致金融机构与投资者风险的法律防范机制缺失，具体表现在：

(1)抵押物来源风险的法律防范缺失

第一，由于法律的禁止，土地经营权抵押法律关系稳定性不强

首先，从前述分析可知，土地承包经营权抵押尚未得到现行法律的允许，所有创新性试验均以地方区域为范围、以地方性法规为制度依据，其安全性和稳定性对金融机构造成巨大挑战，对未知政策风险的不可预测使得金融机构与规模投资者参与土地承包经营权抵押激励不足。

其次，受制于我国现行的土地结构，农村土地权利关系不够稳定，容易受各种因素的干扰和侵蚀。如土地承包经营权有被发包人调整收回的制度风险，尽管当前法律原则上禁止发包人随意干预土地流转，然而诸如《物权法》第一百三十一条的例外性条款，[①]则明示了土地承包经营权权利关系有受到破坏的可能性。从法律规范蕴含的价值来看，土地承包经营权权利关系存在稳定性欠佳的弊端，弱化了金融机构及投资者参与土地承包经营权抵押的积极性。

最后，土地承包经营权具有期限性，将进一步影响金融机构和投资者的决策。依据《农村土地承包法》的规定，土地承包经营权是一种有机物权，在期限届满时消灭，其期限由承包经营权合同明确约定，[②]各类承包经营权的流转期限均应限制在承包期的剩余期限内。[③] 一方面，农业的特殊性决定较多农业用地为中长期投资，规模投资者要考虑的首要因素

---

① 《物权法》第一百三十一条：承包期内发包人不得收回承包地。农村土地承包法等法律另有规定的，依照其规定。

② 《农村土地承包法》第二十条：耕地的承包期为三十年。草地的承包期为三十年至五十年。林地的承包期为三十年至七十年；特殊林木的林地承包期，经国务院林业行政主管部门批准可以延长。

③ 《土地农村土地承包法》第三十三条：“土地承包经营权流转应当遵循以下原则：(一)平等协商自愿、自愿、有偿，任何组织和个人不得强迫或者阻碍承包方进行土地承包经营权流转；(二)不得改变土地所有权的性质和土地的农业用途；(三)流转的期限不得超过承包期的剩余期限；(四)受让方须有农业经营能力；(五)在同等条件下，本集体经济成员享有优先权。”

为权力的剩余期限能否符合投资需求;另一方面,土地承包经营权在资产价值评估时,可能囿于以土地承包期剩余期限作为其价值计算依据而产生低估土地承包经营权价值的问题,[①]对金融机构接受其作为抵押品的意愿将产生负面影响。

第二,土地承包经营权价值相对较低的成本风险。我国农村家庭承包地的典型特征为土地细碎化(Land Fragmentation),一般被描述为农户所经营的土地被分成零散的、分散的、地块大小不一的几块。[②]土地细碎化的形成既与地区自然环境特征有关,也与我国20世纪80年代初推行的农村土地"好坏搭配,远近插花"的分配形式直接相关,即按照农村家庭的人口(或劳动力数量)、地块位置、土地质量等进行土地分配,并因人口变动等因素导致土地频繁再调整,既不断缩小了农户承包经营地的规模,又使其越来越分散化、细碎化。[②]土地细碎化导致土地承包经营权的经营价值相对较低,加之农业是弱质性产业,具有周期长、相对收益低的特征,使得实践中以普遍粮食作物价格为标准评估的农村土地基础价格不高。我国《担保法》规定了担保债权的金额不得超过抵押物价值,使得以土地承包经营权为抵押物获得贷款有限。此外,金融机构的成本还包括土地承包经营权的价值评估成本、承包土地的管理监督成本以及其处置变现成本等,使得最终可变现并优先受偿的价款不足。较高成本与较低收益的利益格局无疑严重降低了金融机构开展土地承包经营权抵押贷款的意愿。

(2)抵押物变现风险的法律防范缺失

首先,农业属于弱势产业,农业生产收益易受自然环境及市场风险的直接影响,很可能发生借款人到期无法履行债务的情形。在现行制度和环境下,土地承包经营权流转规则不健全、交易场所尚未成熟,为金融机构处置抵押物、实现债权增加了困难。

其次,根据我国土地用途管制的基本原则,土地承包经营权抵押实现时必须确保流转土地的农业用途。因此在抵押权实现时,对抵押标的受

---

① 张晓山.农民土地财产权利如何实现[J].今日中国论坛,2009(1).

② 孙雁.土地细碎化及其土地可持续利用的影响[M].北京:中国环境科学出版社,2012:1-2.

让主体资格方面有严格限制，抵押物变现无法完全遵从市场规律，而更多为符合政策要求并限定转让，这增加了金融机构实现债权的成本和风险。

最后，根据《商业银行法》第四十二条的规定，金融机构因行使抵押权等渠道的不动产，须及时处分。[①] 这使得金融机构面临债务人逾期时的土地承包经营权变现成为难题，致使土地承包经营权“流动资产”变成了“固定资产”，并进一步变成了“闲置资产”，[②]不利于农村土地保护，也进一步削弱了金融机构从事土地承包经营权抵押的制度激励。

第三节　“三权分置”背景下土地经营权入股的法律问题研究

一、“三权分置”背景下农村土地承包经营权入股的历史沿革

（一）法律法规

回顾我国土地承包经营权的改革历史。1994 年之前，只允许以转包的方式进行土地流转，不可进行转让、出租和抵押。直至在 1995 年批转的农业部《关于稳定和完善土地承包经营权关系意见》中，第一次将入股纳入土地承经营权法的流转方式之列，赋予其合法地位。2002 年的《农村土地承包法》就农村土地承包经营权的流转方式作出具体的规定。该法第四十九条规定，“通过招标、拍卖、公开协商等方式承包农村土地，经依法登记取得土地承包经营权证或者林权证等证书的，其土地承包经营权可以依法采取转让、出租、入股、抵押或者其他方式转让”。但通过这项规定可以看出发包方对流转的干预程度较高，对农村土地自由流转进行了严格限制。随着土地承包经营权流转实践的加深，我国农业部于 2003 年颁布了《农村土地

① 《商业银行法》第四十二条：商业银行因行使抵押权、质权而取得的不动产或者股权，应当自取得之日起两年内予以处分。

② 郭继．土地承包经营权抵押的实践困境与现实出路——基于法社会学的分析[J]．法商研究，2010(5)．

承包经营权证管理办法》，其中该法十四条规定“承包期内，承包方采取转包、出租、入股方式流转土地承包经营权的，不须办理农村土地承包经营权证变更。采取转让、互换方式流转土地承包经营权的，当事人可以要求办理农村土地承包经营权证变更登记。因转让、互换以外的其他方式导致农村土地承包经营权分立、合并的，应当办理农村土地承包经营权变更”。该条规定了“入股”方式的流转不必办理权证变更。为了进一步规范土地承包经营权流转方式、程序和流转主体的市场行为，我国农业部于 2005 年颁发了《农村土地承包经营权流转管理办法》，在第三章中对土地承包经营权的流转方式作了进一步的规定。该办法对“入股”作了明确的定义，具体为第三十五条第四款规定，“入股是指实行家庭承包方式的承包方之间为发展农业经济，将土地承包经营权作为股权，自愿联合从事农业合作生产经营；其他承包方式的承包方将土地承包经营权量化为股权，入股组成股份公司或者合作社等，从事农业生产经营”。第十六条规定：“承包方依法采取转包、出租、入股方式将农村土地承包经营权部分或者全部流转的，承包方与发包方的承包关系不变，双方享有的权利和承担的义务不变。”同时就合作制经济组织解散时入股土地的归属作了规定，其第十九条“承包方之间可以自愿将承包土地入股发展农业合作生产，但股份合作解散时入股土地应当退回原承包农户。”《农村土地承包法》[①]第四十二条、第四十六条、第四十九条和《农村土地承包经营权证管理办法》第十四条[②]等都分别对

① 《农村土地承包法》第四十二条规定：“承包方之间为发展农业经济，可以自愿联合将土地承包经营权入股，从事农业合作生产。”第四十六条规定：“荒山、荒沟、荒丘、荒滩等可以直接通过招标、拍卖、公开协商等方式实行承包经营，也可以将土地承包经营权折股分给本集体经济组织成员后，再实行承包经营或者股份合作经营。”第四十九条规定：“通过招标、拍卖、公开协商等方式承包的农村土地，经依法登记取得土地承包经营权证或者林权证等证书的，其土地承包经营权可以依法采取转让、出租、入股、抵押或者其他方式流转。”

② 《农村土地承包经营权证管理办法》第十四条规定：“承包期内，承包方采取转包、出租、入股方式流转土地承包经营权的，不须办理农村土地承包经营权证变更。采取转让、互换方式流转土地承包经营权的，当事人可以要求办理农村土地承包经营权证变更登记。因转让、互换以外的其他方式导致农村土地承包经营权分立、合并的，应当办理农村土地承包经营权变更。”

土地承包经营权的入股这种流转方式作出了相应的规定。2007 年 3 月第十届全国人民代表大会第五次会议通过的《中华人民共和国物权法》对农村土地承包经营权流转作了较为详尽的规定，尤为显著的是赋予了农民土地承包经营权的物权属性。法律规定土地承包经营权是一种物权，符合农民利益的需要，因为只有物权才能为农民发挥其生产积极性、有效率地利用资源提供制度上的保障，才能在发生侵害行为时，使农民不仅能以侵权人的“违约”而且还能以其“违法”为抗辩理由维护自己的土地权利，也才能确保农民在长期投入后得到合理的回报，才能排除政府或农村集体经济组织的无效率的行政或准行政干预，保证农村土地使用权沿着有效率的目标使用和进行市场性的转让，[①]《物权法》第一百二十八条规定“土地承包经营权人依照农村土地承包法的规定，有权将土地承包经营权采取转包、互换、转让等方式流转。流转的期限不得超过承包期的剩余期限。未经依法批准，不得将承包地用于非农建设”。同时，《物权法》第一百三十三条规定：“通过招标、拍卖、公开协商等方式承包荒地等农村土地，依照农村土地承包法等法律和国务院的有关规定，其土地承包经营权可以转让、入股、抵押或者以其他方式流转。”

从上述关于土地承包经营权入股的法律规定可以看出，我国现行法律的制度体系对以家庭承包和招标、拍卖等其他方式取得的土地承包经营权的入股的立法态度是迥异的。其中，以家庭承包方式取得的土地承包经营权，其入股必须满足以下条件：首先，入股的主体只能是本集体经济组织的农户，且该农户必须是自愿以其土地承包经营权入股。其次，将土地承包经营权入股是基于发展农业经济的考虑，而不能将入股后的企业用于经营农业生产以外的工商业经营或服务业经营活动。最后，入股后企业的生产经营模式主要为农业合作社，即成立以股份合作社为主要法律形式的组织体，不是成立有限责任公司、股份有限公司等组织形式。对于以招标、拍卖等其他方式取得的土地承包经营权的入股，则方式相对比较灵活且多样化，法律并不限定入股人必须是本集体经济组织的成员，

---

① 赵峻.农村土地使用权转让探析[J].东北财经大学学报，2014(41)：15-18.

而可以包括本集体经济组织之外的其他个人或单位。①

(二)国家政策

国家出台一系列政策支持土地经营权入股。早在1995年国务院批转农业部《关于稳定和完善土地承包关系的意见》时指出,在坚持土地集体所有和不改变土地农业用途的前提下,经发包方同意,允许承包方在承包期内,对承包土地依法进行入股或合股经营,其合法权利受到法律保护。2008年10月12日中国共产党第十七届中央委员会第三次全体会议通过《关于推进农村改革发展若干重大问题的决定》,该决定指出“加强土地承包经营权流转管理和服务,建立健全土地承包经营权流转市场,按照依法、自愿、有偿原则,允许农民以转包、出租、互换、转让、股份合作等形式流转土地承包经营权,发展多种形式的适度规模经营。2013年中央一号文件指出:“稳定农村土地承包关系。引导农村土地承包经营权有序流转,鼓励和支持承包土地向专业大户、家庭农场、农民合作社流转探索。”2013年11月9日至12日中国共产党第十八届中央委员会第三次全体会议通过的《中共中央关于全面深化改革若干重大问题的决定》指出“稳定农村土地承包关系并保持长久不变,在坚持和完善最严格的耕地保护制度前提下,赋予农民对承包地占有、使用、收益、流转及承包经营权抵押、担保权能,允许农民以承包经营权入股发展农业产业化经营”。2014年中央一号文件指出:“完善农村土地承包政策。稳定农村土地承包关系并保持长久不变,在坚持和完善最严格的耕地保护制度前提下,赋予农民对承包地占有、使用、收益、流转及承包经营权抵押、担保权能。在落实农村土地集体所有权的基础上,稳定农户承包权、放活土地经营权,允许承包土地的经营权向金融机构抵押融资。”2014年10月21日中央审议通过《积极发展农民股份合作赋予集体资产股份权能改革试点方案》指出:积极发展农民股份合作,要按照“归属清晰、权责明确、保护严格、流转顺畅”的现代产权制度要求,从实际出发,进行农村集体产权股份合作制改革。对于土地等资源性资产,重点是抓紧抓实土地承包经营权确权登记颁证工作,稳定农村土地承包关系,在充分尊重承包农户意愿的前提下,

---

① 王权典.新农村土地法制专题新论[M].北京:知识产权出版社,2010:177.

探索发展土地股份合作等多种形式。2014 年 11 月中共中央办公厅、国务院办公厅印发《关于引导农村土地经营权有序流转发展农业适度规模经营的意见》,首次提出实现所有权、承包权、经营权“三权分置”,“鼓励承包农户依法采取转包、出租、互换、转让及入股等方式流转承包地”、“引导农民以承包地入股组建土地股份合作组织,通过自营或委托经营等方式发展农业规模经营”以及“允许农民以承包经营权入股发展农业产业化经营。探索建立农户入股土地生产性能评价制度,按照耕地数量质量、参照当地土地经营权流转价格计价折股”。2015 年 1 月 22 日国办发文《国务院办公厅关于引导农村产权流转交易市场健康发展的意见》指出:“以家庭承包方式承包的耕地、草地、养殖水面等经营权,可以采取出租、入股等方式流转交易,流转期限由流转双方在法律规定范围内协商确定。集体林地经营权,可以采取出租、转让、入股、作价出资或合作等方式流转交易,流转期限不能超过法定期限。农村集体所有的荒山、荒沟、荒丘、荒滩使用权,采取家庭承包方式取得的,按照农户承包土地经营权有关规定进行流转交易;以其他方式承包的,其承包经营权可以采取转让、出租、入股、抵押等方式进行流转交易。由农村集体统一经营管理的经营性资产(不含土地)的所有权或使用权,可以采取承包、租赁、出让、入股、合资、合作等方式流转交易。”2015 年 2 月 1 日发布的中央一号文件指出,“引导农民以土地经营权入股合作社和龙头企业”。2015 年 3 月 20 日农业部发文《土地经营权入股农业产业化经营试点启动》指出:土地经营权入股发展农业产业化经营,对丰富完善土地承包经营权权能、深度融合农业产业链上各参与主体、优化组合各类生产要素具有重大意义。开展试点工作,是引导农民以土地经营权发展农业产业化经营、分享产业增值收益的有效探索,是研究解决土地经营权入股可能遇到的困难、问题、隐患的重要方式。因而选择了几个农村改革试验区作为土地经营权入股发展农业产业化经营的试点范围。2016 年中央一号文件指出,“鼓励发展股份合作,引导农户自愿以土地经营权等入股龙头企业和农民合作社,采取‘保底收益+按股分红’等方式,让农户分享加工销售环节收益,建立健全风险防范机制”。2017 年中央一号文件提出“稳妥有序、由点及面推进农村集体经营性资产股份合作制改革,确认成员身份,量化经营性资产,保障农民集体资产权利。从实际出发探索发展集体经济有效途径，鼓励地方开展资源变资产、资金变股金、农民变股东等改革，增强集体经济发展活力和实力”①。

通过梳理国家相关政策可以发现，在对我国土地经营权入股改革这一问题上，国家政策是逐步放开的。在稳定农村家庭承包经营关系的前提下，突破了法律的限制，允许农民以转包、出租、互换、转让、股份合作等形式流转土地经营权，拓宽其流转方式。

(三)实践样本

从20世纪广东省佛山市南海区开始，到今天在全国大部分省份轰轰烈烈进行的土地承包经营权入股合作社、公司的实践，从沿海城市扩展到内陆城市，农村集体土地股权化改革已经实施多年、不断发展。各地纷纷出台规章制度规范对改革进行规范。土地承包经营权入股改革的核心和目的是显化农村集体土地所有权、建立公平的利益分配机制、保障农民的土地权益。

本书选取了四个地方实践样本作为对象进行分析，即广东南海、川渝地区、江浙地区、黑龙江。选取这四个样本基于以下理由：一是，广东南海是最早开展入股实践的地区，是许多地方效仿的对象，有许多可供借鉴的经验和值得反思的教训。二是，江浙地区处于沿海，经济发达，试点较多，入股模式类型丰富，制度较为成熟，有研究价值。三是，川渝地区是统筹城乡综合配套改革试验区，其改革方案具有典型意义。四是，黑龙江在2013中央一号文件出台鼓励农村土地规模经营时，即以黑龙江的农民专业合作社作为成功典范在全国范围内推广。

1.广东南海实践

土地承包经营权入股改革最初由广东省佛山市南海区于20世纪90年代初发起，后被总结为“南海模式”。按照南海模式的做法，土地承包经营权入股不但免交公粮，还有村委会承诺的年终分红，所以改革一开始很受农民欢迎。其改革模式为：将农民承包的集体土地以承包权入股，组建社区股份合作经济组织，将土地统一发包给专业队或少数中标农户规模

① 中国农业部网站一号文件 http://www.moa.gov.cn.

化经营,或由集体统一开发和使用;农民依据土地股份分享经营收益;初期股权不得继承、转让、抵押和提取。实践也证明,这是一个富有成效的改革。但是,随着农民要求“分田退股”现象越来越多的出现,改革也面临着需要解决的一个个难题:分红、退股、社会保障等问题。然而,作为一个有效的改革形式,这些问题并不能阻挡土地承包经营权入股以新的生命力在其他地方发展。

2.江浙实践

总体而言,江浙地区的改革模式有较大的相同点,原因在于江浙地区经济模式类似:第二、第三产业发达,土地供需矛盾紧张,农村劳动力转移规模较大,有大面积开发土地资源的市场需求。20 世纪 90 年代开始,浙江省杭州、宁波和台州等借鉴广东南海模式,探索土地股份合作改革,走在全国的前列。江苏昆山的富民合作社,从早期若干家农户组成投资协会,发展到后来的合作社,并以公司形式管理。合作社在昆山全境推广,并被外地克隆,合作社也发展出各种变体,包括土地承包经营权在内的整个农村土地权益渐渐走向资本化的市场。在江浙地区,农民土地权益的改革已经不单单是一项土地承包经营权的改革,而是涉及耕地、宅基地、集体建设用地等整个农村集体所有土地的使用和收益的变革,甚至触及了集体土地所有权。

按照参与改革的土地权利的不同,江浙地区的土地承包经营权入股改革实践分为两种模式。

第一,单一型。即单纯以土地承包经营权或者集体建设用地使用权入股。由于城市化、工业化的推进,许多农民投身第二、第三产业,农村土地粗放耕种、撂荒严重,农业生产效益低下。因此,土地承包经营权迫切需要流转到集体经济组织成员以外的单位或个人,农民需要一种适应这种现实的土地承包经营权的实现形式,土地承包经营权入股满足了这种需求。同时,农村土地细碎化的现实与规模经营的矛盾也推动了土地承包经营权入股的发展。由于城市建设用地供需矛盾紧张,一些地方将集体建设用地入股企业,以股权化的形式实现集体建设用地的市场化;也有一些地方直接将农用地转化为建设用地以满足工业化和城镇化的土地需求。这在一定程度上让农民分享了土地增值带来的收益。

第二，综合型。经济的发展使农村集体积累了大量资产，这在沿海地区十分明显。集体所有的企业、资金、经营用地等土地资产或者征地补偿收益等利益数额很大，如何确保利益分配的公平，包括主体资格、分配方式、分配数量等问题，利益分配机制就显得十分重要。为了确保公平分配和集体资产的进一步增值，于是出现了以量化资产、优化配置和实现资产规模经营的社区股份合作制。通过量化集体“三资”，确定股东资格，明确收益分配机制，确保集体成员公平分享土地增值收益。这类社区股份合作社以现代企业模式进行经营管理，设立“三会”，将集体所有的资金、资产等入股，实现集体资产的现代化经营，因而资本化、市场化程度比较高。

3. 川渝实践

2007 年成都市和重庆市被列为“统筹城乡发展综合配套改革试验区”，立足于打破城乡二元体制，解决“三农问题”。在土地承包经营权制度方面，有许多大胆的尝试。

成都与重庆的实践做法一开始均为将土地承包经营权入股合作社，实行保底分红的制度。每亩地按照一定的价格作价入股合作社，并根据合作社的经营状况实行分红。如重庆黔江区每亩地按 595 元作价入股，保底分红每亩地 300 元，如果合作社有盈利，进行二次分红。[①] 四川凉山自治州的“土豪村”，通过土地入股成立合作社，农民不参与管理，实行保底分红。合作社下设种植、养殖、投资开发等公司，形成一条产业链，经济效益明显，农民分红较大。[②] 在入股合作社时，农民分红最终会受到合作社经营效益的影响。虽然土地作价入股并有保底分红，但是金额都较小，无法满足农民对土地利益最大化的追求。受经济利益的驱动，土地入股出现了新的形式，即入股公司，农民不再有保底分红，而是与公司共担市场风险，共享收益。重庆市的实践是“股田公司”，即农村土地资本入股与城市工商资本入股结合形成的农业股份公司。如长寿区麒麟村成立的重庆宗胜果品有限公司、涪陵区的东江养殖公司等，农民均以土地承包经营

---

① 杨耀文. 重庆黔江：土地入股合作生财[J]. 中国合作经济，2010(11).

② 曾俊波. 凉山州：“土豪”分红 1300 万垛在地上发[N]. 华西都市报，2014-01-15. http://news.chengdu.cn/content/2014-01/15/content_1350679.htm.

权作价入股，由公司对土地进行统一规模经营，农民按股分红。政府派“财务总监”进行监管，但是入股失败的风险则最终由政府承担。[①] 为此，重庆市出台了一系列通知、意见对土地入股进行规范，但是由于该做法对现有制度突破较大而被叫停。随着改革的深入和政策的放宽，近年来成都市又出现了类似的做法。

4. 黑龙江实践

作为全国最大的商品粮生产基地，黑龙江具有发展现代农业得天独厚的优势。国家在松嫩平原、三江平原开展现代农业综合配套改革试验，给黑龙江发展现代农业带来重大机遇。为了解决土地碎化问题，实现土地规模经营，黑龙江从2003年起发展现代农机合作社，十年间合作社数量达到1700多个，并对合作社实行规范化管理。农机合作社的运营模式是：以“保底价带地入社、农户变股东、享受二次分红”等一系列优惠政策鼓励农民带地带资入社，增加现代农机合作社的自主经营土地面积；实行土地保底分红；国家财政直接补助和他人捐赠资金形成的财产平均量化到每个成员，每年量化一次，产生的效益平均分配；合作社入社成员地位平等，实行一人一票；建立完整的财务账目，年终进行财务决算，决算结果向所有成员公开。在这种模式下，农民的经营权从农村土地权利中分离出来，土地交由合作社统一经营，农民按照股权的大小分红，享有收益权。2013年上半年，黑龙江省起草了《关于我省两大平原现代农机专业合作社建设的实施方案》和《全省现代农机专业合作社发展规划》为农机合作社的发展构建规范化制度。

二、土地经营权入股存在的法律困境

从现行法律、政策和实践来看，土地经营权抵押存在以下几个方面的法律困境：

1. 土地经营权的流转限制对其入股的冲突

① 曾向荣. 重庆土地入股新政的来龙去脉[J]. 乡镇论坛，2007(16).

根据《公司法》第二十七条[①]、《公司登记管理条例》第十四条[②]的规定，现物出资的实质条件应为三要件：一为可以评估；二为可以依法转让；三是法律、行政法规不禁止。土地承包经营权作为现物出资，也应该符合上述三个条件。[③] 目前土地承包经营权的评估由于专业评估机构的缺失等原因存在不够科学、不够权威等弊病，但这并非法律上不能评估，并且随着土地市场的发展，这些弊端将会很快得到解决。尽管《农村土地承包法》第四十二条[④]意义上的入股不包含入股农业公司，但其毕竟是授权性规范而不是禁止性的法律规范。《农村土地承包法》第三十二条规定，通过家庭承包取得的土地承包经营权可以依法采取转包、出租、互换、转让或者其他方式流转。该条规定的"其他方式"倒是为土地承包经营权入股农业公司提供了一定的法律空间。因此，土地承包经营权入股农业公司，现行法律虽然没有明文允许，但也没有明文禁止。[③]

因此，判断土地承包经营权"现物出资"适格性的关键在于其是否具备可转让性。《农村土地承包法》第四十一条规定：承包方有稳定的非农职业或者有稳定的收入来源的，经发包方同意，可以将全部或者部分土地承包经营权转让给其他从事农业生产经营的农户。依据该规定，土地承包经营权的转让受到较为严格的限制：一是承包方有稳定的非农职业或者有稳定的收入来源；二是发包方同意；三是转让的对象为农户[③]。

本书认为土地承包经营权入股农业公司，其实质在于农户以转让土地承包经营权于农业公司为代价取得农业公司股份的行为。土地承包经营权入股的顺畅运行有赖于土地承包经营权的自由转让，现行法律对土

① 《公司法》第二十七条规定："股东可以用货币出资，也可以用实物、知识产权、土地使用权等可以用货币估价并可以依法转让的非货币财产作价出资；但是，法律、行政法规规定不得作为出资的财产除外。"

② 《公司登记管理条例》第十四条规定："股东的出资方式应当符合《公司法》第27条的规定，但股东不得以劳务、信用、自然人姓名、商誉、特许经营权或者设定担保的财产等作价出资。"

③ 吴义茂. 土地承包经营权入股有限责任公司法律问题研究[D]. 成都：西南财经大学，2012.

④ 《农村承包法》第四十二条规定："承包方之间为发展农业经济，可以自愿联合将土地承包经营权入股，从事农业合作生产。"

地承包经营权转让所施加的诸多限制直接构成了土地承包经营权入股农业公司的制度瓶颈和法律障碍。

《农村土地承包法》第三十三条规定：土地承包经营权流转，在同等条件下，本集体经济组织成员享有优先权。不难理解，该规定的立法旨意在于保护集体经济组织成员的生存保障利益。[①][②] 其存在的问题在于：其一，优先权是同等条件下优先，但“同等条件”的判断，在土地承包经营权入股流转中将成为一个不可能完成的任务。“转让”是土地承包经营权交换价值的一次性的实现，“入股”的收益是长期的但具有不稳定性，“转让”与入股之间不具有可比性。即使同样是以“入股”的形式进行“转让”，由于每个被入股公司的经营情况是千差万别的，难有相较之下的“同等条件”。“同等条件”的判断困境使该规定难有现实的可操作性。其二，由“人人有份”的均田制土地承包原则决定，其他集体成员[③]也已经享有一份“土地保障”。土地承包经营权的流转不会对其他集体成员业已享受的“土地保障”造成任何影响。“非集体组织成员受让承包经营权不会损害其他集体成员的利益，只是阻碍了其他集体成员获得额外的利益。”[④]其三，党的十七届三中全会提出：“加强土地承包经营权流转管理和服务，建立健全土地承包经营权流转市场”。“既为‘市场’，其中主体就不应该也不可能有严格的身份限定，否则无真正流传可言。”[⑤]在土地承包经营权流转过程中，法律应该给集体成员与非集体成员提供同样的竞争机会平台。[④]因此，《农村土地承包法》第三十三条的规定对保障其他集体成员的生存保障利益，既无必要，也无现实的可操作性，并且与执政党建立土地承包经营权流转市场的政策取向相背离，对土地承包经营权入股农业公

---

① 何宝玉.《中华人民共和国农村土地承包法》释义及实用指南[M].北京：中国民主法制出版社，2012：93.

② 温世扬，兰晓为.土地承包经营权流转中的利益冲突与立法选择[J].法学评论，2010(1).

③ 指的是与入股农民同属于一个集体经济组织的其他成员。

④ 温世扬，兰晓为.土地承包经营权流转中的利益冲突与立法选择[J].法学评论，2010(1).

⑤ 王利明.农村土地承包经营权的若干问题探讨[J].中国人民大学学报，2001(6).

司造成了严重的障碍，应该予以废止。[①]

2. 土地承包经营权入股的形式、范围限制

《农村土地承包法》第四十二条规定：承包方之间可以自愿将承包土地入股发展农业合作生产。《农村土地承包经营权流转管理办法》（以下简称《流转办法》）第三十五条进一步规定：入股是指实行家庭承包方式的承包方之间为发展农业经济，将土地承包经营权作为股权，自愿联合从事农业合作生产经营。依此，土地承包经营权入股的范围仅限于“承包户”之间，入股的形式仅限于“合作生产”。

实现传统农业向现代企业的转型是我们孜孜以求的目标，而农业现代化的关键是引进现代生产要素，不仅要引进物质要素，还要引进具有现代科学知识、能运用新生产要素的人。[②] 承包经营权入股农业公司的目的在于将农户的土地承包经营权与外部的资金、技术、管理等农村稀缺要素进行优化组合，借以实现传统农业向现代农业的转型。将土地承包经营权入股的范围仅限于“承包户”之间，把非承包户排除于土地承包经营权入股对象之外，将导致土地承包经营权入股农业公司的目标难以实现。[①]

现行法律将土地承包经营权入股的形式仅限于“合作生产”。何谓“农业合作生产”？所谓的“农业合作生产”在实践中表现为以土地承包经营权入股“股份合作社”，实行“股份合作制”而不是“股份制”。正如有的学者所言：“如果说股份合作制的股份因素，更多的满足农民的经济取向，那么其中的合作因素则更多地满足政治取向。”[③]“股份制”如果不带上“合作制”的帽子似乎就难以确保政治上的安全。“股份合作制”是“意识形态”的产物，而非出于法律科学的考量。目前，“股份合作社”的法律地位无从确立，没有主体资格，其“非驴非马”的特征既与公司制相距甚远，

---

① 吴义茂. 土地承包经营权入股有限责任公司法律问题研究[D]. 成都：西南财经大学，2012.

② [美]西奥多·W. 舒尔茨. 改造传统农业[M]. 梁小民，译. 北京：商务印书馆：1987：6.

③ 胡盛明. 方合作社与中国农村股份合作制企业[D]，中国社会科学院研究生院，2000.

也与国际通行的合作社基本原则相悖，法人治理失范，经营效率低下。[①]在政治民主化、经济市场化的今天，土地承包经营权入股的形式不应拘泥于特定历史背景下的意识形态的产物——“合作生产”。农业公司作为一种现代企业组织形式，其产权明晰、管理科学、运行规范、激励约束相结合的特征使其适宜作为土地承包经营权资本化的组织形式，不应将其排除于土地承包经营权入股的形式之外。[②③]

3. 土地承包经营权的调整、收回制度与土地经营权入股的冲突

《农村土地承包法》第二十七条[④]规定了土地承包经营权的调整，尽管其明确“调整”仅限于“特殊情形”，但这一规定的存在仍然对土地承包经营权权属的稳定性造成了极大的威胁。在我国，学者主张保留调整制度的理由主要有二：集体新增人员的生存保障和农民土地占有的公平。[⑤]本书认为，这种观点值得商榷。首先，新增人员[⑥]的生存保障是否必须通过土地调整方能得以解决而别无他途？答案应该是否定的。有学者指出，土地流转、开发新的土地资源、加快工业化城市化进程转移农村劳动力均是化解农村土地矛盾的有效渠道，[⑦]笔者对此深表赞同。更为重要的是，目前城乡基本公共服务的均等化已经提上了执政党的议事日程。

---

① 吴越，吴义茂. 农村土地赋予与土地承包经营权入股范式[J]. 改革，2011(2).

② 吴义茂，吴越. 土地承包经营权入股与家庭承包经营制度的完善——以城乡基本公共服务均等化为背景[J]. 法制研究，2012(7).

③ 吴义茂，吴越. 土地承包经营权入股有限责任公司的法律冲突与立法选择[J]. 广西社会与科学，2012(6).

④ 《农村土地承包法》第二十七条规定：“承包期内，发包方不得调整承包地。承包期内，因自然灾害严重毁损承包地等特殊情形对个别农户之间承包的耕地和草地需要适当调整的，必须经本集体经济组织成员的村民会议三分之二以上成员或者三分之二以上村民代表的同意，并报乡(镇)人民政府和县级人民政府农业等行政主管部门批准。承包合同中约定不得调整的，按照其约定。”

⑤ 周小勇. 农村土地调整制度[D]，北京：中国政法大学，2005.

⑥ 从理论上说，新增人员包括新迁入人员和新出生人员。由于新迁入人员在原集体经济组织已经享有土地承包经营权，不存在生存保障问题。故此处主要讨论新出生人员。

⑦ 张红宇. 中国农村的土地制度变迁[M]. 北京：中国农业大学出版社，2005：198.

城乡社会保障的一体化将逐步实现。① 即使考虑到这一过程的渐进性，国家承担起面向全体农民(存量+增量)的社会保障尚需时日。但是，按照“新人新办法，老人老办法”对农村新出生的无地人员(增量)实行与城镇居民接轨的社会保障，则完全在国家财力所能及范围之内。其次，公平当然是法律之所求，但具有相对性。② 公平是一定时空条件下的具体的公平，离开了一定的时空概念，抽象的讨论公平是毫无意义的。农村土地集体所有、人人有份的制度是历史形成的。在我国，城市人口与农村人口之间、此农村集体成员与彼农村集体成员之间、同一集体内部现有成员与未来成员之间，在土地的占有上没有可比性，因为其分别处于不同的时空条件下。但是，如果处于同一时空条件下的新出生人员都“一刀切”的不再享有土地承包经营权而代之以社会保障，也就无所谓“不公平”可言。如果无休止的纠缠于现有农民与未来农民土地占有上的“公平”，则土地承包经营权的明晰与稳定将永无实现之日。③

《农村土地承包法》第二十六条规定，承包方全家迁入设区的市，转为非农业户口的，土地承包经营权由集体收回。查阅有关立法资料，我们发现，成员权的丧失与社会保障的享有是立法规定收回制度的原因。④ 本书认为，该规定明显欠缺妥当性，理由在于：第一，成员权是初始取得土地承包经营权的前提条件，但并非保有和继受取得土地承包经营权的条

---

① 近年来，我国农村的社会保障事业已经有了较大的发展。最低生活保障制度已经于2008年8月前在全国建立，目前实现应保尽保。新型合作医疗保障已经在2009年实现了对全国农业人口的全覆盖。农村社会养老保险加快推进，目前覆盖全国60%以上的农业县(市、旗)，1亿农民领取了养老金。2020年之前基本实现对农村适龄居民的全覆盖。

② [德]魏德士.法理学[M].丁晓春，吴越，译.北京：法律出版社，2005：366.

③ 吴义茂.土地承包经营权入股有限责任公司法律问题研究[D].成都：西南财经大学，2012.

④ 立法理由的表述为：“对于全家进城落户的，他们已经不属于农村集体经济组织的成员，不宜再享有在农村作为农业生产生活基本保障土地承包经营权，应当交回承包地让留在农村的农民有较多的土地耕种。”胡康生.《中华人民共和国农村土地承包经营法》释义[M].北京：法律出版社，2002：74。

件。[①] 以失去成员权为由否定进城农民保有土地承包经营权的资格，难以成立。第二，公民私法上的财产权与公法上的社会保障权并非相互排斥，完全可以并行不悖。以公民享有公法上的社会保障权为由剥夺其属于私法上财产权的土地承包经营权，并不具有法律上的正当性。第三，要求农民以丧失土地承包经营权为代价将户口迁入城市，增加了农民参与城市化进程的思想顾虑，不利于城市化顺利推进。第四，我国国家政策反复强调，土地承包经营权是法律赋予农民的财产权利，无论他们是否还需要以此作为基本保障，也无论他们是留在农村还是进入城镇，任何人都无权剥夺。[②] 土地承包经营权收回制度明显与国家政策相背离。第五，该规定在实践中容易被规避而成为具文。因为如果农民在户口迁入设区的市以前将土地承包经营权转让给他人，土地承包经营权的收回将成为“无的放矢”。

土地承包经营权具有用益物权的法定地位，无论土地承包经营权调整还是收回，其实质均是集体土地所有权人对土地承包经营权人的用益物权的强制剥夺，明显与用益物权的绝对性与排他性不符。土地承包经营权调整和收回，不仅对农业公司资产的稳固和稳定经营造成直接威胁，而且也将动摇土地被调整的股东与其他股东和债权之间利益平衡的法律基础，导致土地承包经营权入股法律秩序的紊乱。土地承包经营权权属的稳定是土地承包经营权入股农业公司的基本法律基础，为促进土地承包经营权入股农业公司的规范顺畅运行，应该果断废止《农村土地承包法》关于土地承包经营权调整、收回的规定。[③]

---

① 我国现行法律允许土地承包经营权转让给农户，但并未限定为具有本集体成员权的农户，向不具有本集体成员身份的其他集体的农户转让，也完全符合法律规定。

② 温家宝. 中国农业和农村的发展道路[J]. 求是，2012(2)；《国务院办公厅关于积极稳妥推进户籍管理制度改革的通知》(国办发[2011]9 号)，http://www.360doc.com/content/12/0224/09/1993072-189187664.shtml. 在我国，虽然目前法律规定承包方全家迁入社区的市的农民，转为非农业户口的，其土地承包经营权由集体收回。但政策突破法律规定、引导法律改革的方向，并通常具有优先得到贯彻执行的效力，是我国的基本国情。

③ C H Chen. Property Rights and Rural Development in China's Transitional Economy. Economics Change and Restructuring，2002，35(4)：349-363.

4. 土地承包经营权的期限性、入股不转移土地承包经营权等规定与土地经营权入股的冲突

《农村土地承包法》第二十条的规定，耕地的承包期为三十年，草地的承包期为三十年至五十年，林地的承包期为三十年至七十年，特殊林木的林地承包期，经国务院林业行政主管部门批准可以延长。《物权法》第126条第1款也沿袭该规定。[①] 尽管农业公司章程可以约定公司的存续期限与所入股的土地承包经营权的剩余期限一致，但当农业公司经营正常甚至发展势头迅猛时，仅仅因为期限届至而解散农业公司终究会带来社会资源的极大浪费，农业公司的目标当然是成为永续存在的“百年老店”。然而，土地承包经营权期限届满时，如果选择农业公司继续存续，农业公司将面临与新的土地承包经营权人巨大的谈判成本，甚至是不可能谈判成功。因此，土地承包经营权的期限不利于农业公司的经营稳定，直接影响公司对土地经营投入力度的加大，也妨碍了公司成为永续存在的“百年老店”。党的十七届三中全会决定指出，“赋予农民更加充分而有保障的土地承包经营权，现有土地承包关系要稳定并长久不变”。“长久不变”的执政党政策与公司的“永续存在性”要求修改土地承包经营权的期限的规定，实行土地承包经营权的长久不变。

《农村土地承包经营权流转管理办法》第十九条规定：股份合作解散时入股土地应当退回原承包农户。依此规定，入股农户仍保有土地承包经营权。[②] 第十六条规定：承包方依法采取转包、出租、入股方式将农村土地承包经营权部分或者全部流转的，承包方与发包方的承包关系不变，双方享有的权利和承担的义务不变。[③]《农村土地承包经营权流转管理办法》视土地承包经营权入股的法律效果与转包、出租相当，土地承包经

---

① 《物权法》第一百二十六条第一款规定：“耕地的承包期为三十年。草地的承包期为三十年至五十年。林地的承包期为三十年至七十年；特殊林木的林地承包期，经国务院林业行政主管部门批准可以延长。”

② 《农村土地承包经营权流转管理办法》第十九条规定：“承包方之间可以自愿将承包土地入股发展农业合作生产，但股份合作解散时入股土地应当退回原承包农户。”

③ 《农村土地承包经营权流转管理办法》第十六条规定：“承包方依法采取转包、出租、入股方式将农村土地承包经营权部分或者全部流转的，承包方与发包方的承包关系不变，双方享有的权利和承担的义务不变。”

营权入股并不导致土地承包经营权转移至被入股单位。为了不与上述法律和规章的规定冲突，实践中的土地承包经营权入股农业公司表现为“松散式”的入股。“入股不转移土地承包经营权”的法律规定和“松散式”入股实践，固然有利于降低农户入股风险。然而，土地承包经营权入股农业公司不仅具有政策性，更具有法律性，置基本的公司法理于不顾去界定土地承包经营权入股的法律后果，并非可取。从公司法理而言，股东以其财产出资公司后，出资财产的所有权即转移至农业公司，成为农业公司的法人财产权，股东正是以丧失出资财产的所有权为代价取得公司的股权。因此，为保证土地承包经营权入股农业公司的可持续、规范化运行，急需清理“入股不转移土地承包经营权”的立法规定。

5. 土地经营权入股后法律制度的缺位

由于法律对土地承包经营权入股做了限制规定，因此也缺乏对“土地入股”后具体制度设计的规定。在实践中，不同的地方采取的做法不同，取得的效果也有所差别。综合来看，主要存在以下三个方面的问题，迫切需要法律明确规定。

首先，股东资格的确定。实践中，各地对股东资格的确定做法不同，主要有以下标准：①以登记的土地承包经营合同为标准，享有合同权利的土地承包经营权人被认定为股东；②以户籍为标准，具有农村户籍的成员被认定为股东；③以“二轮承包”确定的承包经营权人为股东。在上述标准中，都存在着新生儿、出嫁妇女、新迁入户口村民的股东资格认定问题；也存在着股权的继承、转让问题。这些都需要法律予以明确。

其次，股权设置。在各地实践中，“土地入股”后，根据入股要素的不同，即是以单一土地承包经营权入股还是与其他集体财产一起入股，股权被分为不同的种类，人口股、土地股、现金股、农龄股、人口福利股等类型。不同的股权对应的都是最终的分红权，如何合理配置各种类型的股权及其分红比例需要法律规定。同时，在进行入股改革时，有些村民基于对股权收益预期的不确定选择现金补偿，在股权收益较大、超过现金补偿时，又想重新取得股权参与分红，这种现象也很常见，也引发了一定的社会矛盾。因此，法律必须对此作出规定。

最后，分红制度。在农村“土地入股”发展迅猛的势头下，分田退股的现象却日渐增多,原因在于农民对分红制度的质疑。不分红或者分红不合理导致农民对“土地入股”制度产生了质疑,确立一个公平合理的分配制度,不仅是保障农民平等享有土地增值带来的收益的途径,更是土地承包经营权入股制度的目的与要求。

第七章 “三权分置”背景下土地经营权流转法律保障机制问题研究

第一节 “三权分置”背景下农村土地保护法律规范不健全

一、保护土地法律规范不严谨

我国农村土地承包经营权流转的一个前提就是“不得改变土地所有权性质和农业用途”，我国的《农村土地承包法》规定，违反此原则“由县级以上地方人民政府的有关行政主管部门给予处罚”，但是对于转让方这种行为应采取何种处罚，是否承担相应的责任等问题，法律没有给予明文的规定①。法律虽然规定了流转双方的法律义务，但对违反该义务所要承担怎样的责任或受到怎样的处罚却没有与之相适应的法律规范。

我国《农田保护基本条例》第 15 条规定，“基本农田保护区被依法划定后，任何单位和个人不得占用或改变”。《土地管理法》第 45 条也严格规定，“需要占用农田、涉及农村土地转用或征地的，必须经国务院批准”。但是同时也说明，虽然我国宪法和土地管理法等都明确规定征收土地的前提是为了“公共利益的需要”，但是现行法律法规针对什么样的建设项目属于“公益性”并没有作出界定。

---

① 贺靖轲.农村土地承包经营权流转法律问题研究[D].新乡：河南师范大学，2011:5.

总体来说，我国现行的农村承包土地的相关立法不系统、不具体，甚至相互之间还存在矛盾和冲突，与承包地实践相比，存在滞后性，未充分发挥法律应有的作用，实际指导农村承包地实践的更多情况下是政府的土地政策和措施。一方面源于我国几千年集权、人治的统治；另一方面源于家庭承包责任制的推行本身就是一场自下而上的制度革新活动，政府的政策和措施在其过程中起着直接作用，而相关立法一直处于比较被动的地位，一般都是出于对农村基层土地创新实践活动的认可和规范，凸显了法律制度供给不足的问题。

如前所述，"三权分置"的制度设计，目前在政策层面上已经逐步探索形成了一个较完善的农村土地权利体系，并且在实践中也已逐步推行，但在法律层面上还没有跟进，依旧缺乏相对完整、成体系的法律规范，尚未实现将政策性的制度上升为规范性的法律。在我国现行的与农村土地相关的法律中，包括《农村土地承包法》《物权法》《土地管理法》等，均未涉及农村土地所有权、承包权、经营权三权分置的内容，更没有明确的对三权的权利内容、权能边界、权利主体进行界定和划分。尤其是分离后的农村土地承包权和经营权，作为两个独立的用益物权，在法律体系上存在上位法律的空白；另外，对于经营权流转的相关问题也只停留在地方性法规、规章以及政策文件层面上，缺乏法律上的依据和保障，大规模的规范流转困难重重。

二、保护土地的法律法规与征地体制不协调

现行的《土地管理法》规定土地征收过程中的补偿标准按照农业用途给予产值的倍数补偿(6～10 倍或 4～6 倍)，按照这个标准最终的补偿分配为："补偿款的分配格局是政府占 60%～70%，村级组织占 25%～30%，农民仅占 5%～10%。"①征收利益的分配存在严重失衡。首先，政府拿到 60%～70%的高比例，可能导致低廉的征地补偿款与高昂的土地

① 陈明. 农村土地产权制度创新与农民土地财产权利保护[M]. 武汉：湖北人民出版社，2006：147.

出让金之间的巨额“剪刀差”，诱发地方政府的征地敛财冲动。其次，除了政府的收益之外，农村承包土地的土地补偿费大部分给了村级组织，小部分给了被征地农户，这是对农民权利的侵害，这与保护农民财产权的初衷有所偏离，侵害到集体成员生存权与发展权，“九三学社进行的一项调查表明，在全国的失地农民中，有 60%左右的人生活十分困难，有稳定经济收入、没有因失地影响到基本生活的只占 30%左右”[①]。再次，目前的土地征收补偿制度中没有明确对于承包权与经营权分离的情况下如何分配承包权人与经营权人之间的补偿款，在最高法的司法解释中提到“承包方已将土地承包经营权以转包、出租等方式流转给第三人的，除当事人另有约定外，青苗补偿费归实际投入人所有，地上附着物补偿费归附着物所有人所有”[②]，但是农业是长期投入的产业，尤其对于签订长期土地经营权流转合同的经营权人来说，如果仅仅对青苗或其所有的地上附着物进行补偿，难以补偿其对提高土地生产能力的投入。况且土地经营权定性为准用益物权，理论上具备物权属性，在征收补偿方面也应从物权层面考虑，而不仅仅是现存的青苗及地上附着物的价值。因此，新的土地制度下，为实现保护农民权利的目的，必须调整土地征收补偿制度，重视所有权、承包权、经营权三者的物权属性，尤其是承包权与经营权的用益物权属性，维护其在土地征收补偿中应享有的土地利益。

且我国目前实行的是单一的供地模式，征地与供应都被政府垄断了，根本就没有给市场操作的机会，致使政府在土地使用方面公权私用。如 2008—2013 年这五年间，浙江湖州就出现非法占用农村土地近 28000 亩，其中农村土地占 6000 多亩，政府征收农田并不包含其中，仅仅体现的只是非诉执行案件的统计[③]。另外，我国目前分散在财政、土地储备、国土等部门的土地出让金的收支管理，除了接受一些审计外，多数是“封闭

① 王卫国. 21 世纪中国民法之展望——海峡两岸民法研讨会论文集[M]. 北京：中国政法大学出版社，2008：365.

② 参见最高人民法院《关于审理涉及农村土地承包纠纷案件适用法律问题的解释》。

③ 参见 http://news.qq.com/a/20140827/007830.htm，《浙江湖州村民抗争违规征地 8 年 官司打至国务院》。

运行”，没有公示，十三年土地出让金全国接近20万亿，挪用侵占成糊涂账[①]。巨大的利益诱因，导致土地违法操作不绝，暗生腐败。可见完备立法的同时，既要强调立法制度本身的需求，又要改善体制。如果仅仅改革法律制度而不改变体制，制度就会成为摆设；如果只改革体制而不改变法律制度，则没有法律依据，那么也就无从下手。

第二节 “三权分置”背景下土地经营权流转双方主体法律权利保护不足

不可否认，农村土地流转在主体权利保障方面，有不少的成就。但是总体来说，还存在许多不尽如人意的地方，正视这些问题，对于进一步完善土地流转制度，保护农民主体的土地流转权利，有着不容小觑的作用。存在的具体问题主要有：

一、承包方权利法律保护不够

首先，我国《农村土地承包法》和一些相关法律法规在土地流转方面也明确提出了一些措施来保护农户的权益，但是从实践中来看这些还是不够的。根据法律，农户可以自愿、自主以合法模式流转自己的承包地经营权，但是对于两方当事人究竟持有何种权利和担负怎样的义务没有明文细致的规范。对于流转双方间的侵害可能，同样缺少细化。同样在《农村土地承包法》中提到，对于发包方强迫农户放弃流转或变更土地承包经营权的，法律作出了处罚办法，然而对于其他方侵害，法律缺少可以依据的细致条文来保护农户的利益。

其次，针对这些没有耕作能力的农户的承包地如何处理，我国立法缺少规制。这些农户失去劳动能力，土地产出率低下甚至撂荒，他们的承包

---

① 参见 http://news.qq.com/a/20140828/006068.htm，《13年来全国土地出让金近20万亿侵占挪用成糊涂账》。

地如何有效利用关系着农户的生存保障和土地经营权流转的有效性。

二、土地经营权主体权利法律保护缺失

当涉及土地经营权流转，人们自然想到对农民利益的保护，所以法律法规过多的是强调土地承包方也就是出让方的权利，弱化了对土地受让方，也就是土地经营者的权利保护。随着城镇化发展以及社会变革，种地的不一定是农民，还有职业耕作者以及致力农业发展的社会人士，这类人我们统称为土地经营权主体。现实中法律对土地耕作者的保护缺位。多数都会认为农户是土地流转中的弱势群体，所以法律法规多数都是从转让方的角度去考虑，而忽视了对土地受让方的保护。随着城镇化的加速，农村青壮年劳动力空间和工作形式的转移，农村大量土地亟待整合流转，但是鉴于很多限制和扶持力度不够，导致潜在的土地经营权主体驻足不前。

首先，受限于集体合同。对于大面积流转的地区，签订合同时都会强行规定，用工时多以土地出让的农户优先。但是对于农户的用工没有合同规范，他们往往在淡季会去做短工，而这些“短工”往往都拒绝签订用工合同，随意性太大，很难管理，一旦出什么事，土地流入方迫于“地方势力”都必须“出钱消灾”，否则就会麻烦不断。对于一些年龄大的农户，受让方考虑到健康安全隐患问题，都会拒绝；但是这又引起村民的不满，有时进行恶意破坏，打击了土地流转经营方的积极性，严重影响了土地流转的正常秩序。同时，也没有任何相关法规条文是从土地经营方出发来保护其合法权益的。

其次，受限于行政干预。对于大规模经营户来说，及时的资金注入是不可或缺的。农业不同于其他行业，受节气和天气的影响，所以资金及时到位决定着整个土地的产出价值。尽管目前有一些惠农措施，如农业贷款、政府贴息等，但是真正实施起来过程太漫长，一些地方政府为了减少麻烦和规避风险，以地方情况不同为由，置国家法律政策于不顾，损害了流入方的利益。政府的这种行政干预，严重影响了流转土地的速率和效率，浇灭了经营方的投入热情。

近几年，有关土地流转的规范性文件越来越多，如《农村土地承包法》《土地管理法》《农村土地承包经营权流转管理办法》等，但是具体的规定挡不住有法不依、执法不严的步伐，究其原因，在于法律的相关规定还是太过笼统。举例来讲，有前面已经阐述过的产权不清晰导致农民从获取权利源头上就孤身乏力的问题；虽然允许土地进行流转，但关于如何流转的一些具体规定没有明确指出；村委会、基层政府的管理指导权限如何界定；管理组织超越权限，怎么予以追究，责任承担太过模糊。看似有依据，但却没有明确依据，在纠纷出现时，往往无法可依。另外，由于我国关于土地流转的鼓励政策实施不久，相关法律法规还没有赶上政策的脚步，造成政策在目前阶段只成为方向性指导，没有切实上升为法律，也就不能成为强制他人执行的依据，甚至司法机关在审理相关纠纷时也因为没有依据而无法行使司法权。在具体的土地流转试点中，可以看到，各个试点只能在一点儿灯光的指引下，摸着石头过河，是好是坏，前景如何，遇到问题，如何作出正确的判断，都没有可依据或者可以参考的对象。这也造成基层组织指导、管理和服务无法有效进行，在一定程度上阻碍了土地的合法有序化流转，难以真正贯彻实现中央有关土地政策的精神内核。

三、政府或基层组织角色转变不彻底

从土地流转试点特点的总结，可以看到，无论是地方政府，还是村委会等基层组织，都在土地流转过程中有着重要的地位和作用。按照政策和法律规定，地方政府在土地方面的职能为规划、引导、监督、服务以及有限的管理。村委会等基层组织的职能也是引导、服务和一定范围内的管理。但是由于几千年“官本位”思想的影响，在土地流转中，不论是拥有权力的地方政府或拥有发包权等权利的村委会等基层组织，还是农民自己，都把前者只看成管理者，后者仅为被管理者。如果遇到纠纷，首先农民的思想是“不与官斗”，把自己定于权利的下位。居于上位者被自我环境和对象环境影响，也甘于站在上位，不愿降低姿态。也就是说，在这种大背景下，政府或基层组织较难转变思想，变原先的“权力本位”管理理念为“全心全意为人民服务”的服务理念。角色在自我认知上转变得不彻底，导致在指导土地流转的过程中,越权干涉农民的土地流转行为,影响农民土地流转权利的行使。比如说,有些地方,“需求方”为了获得大面积土地的使用权,并避免与每个农户单独商谈增加的成本,先找地方政府或基层组织签订土地流转协议,地方政府或基层组织再出面做具体的工作。

第三节 “三权分置”背景下土地经营权流转相关配套法律制度不完备

一、土地经营权流转确权登记制度不完善

登记制度是物权取得和变动的基本原则,土地承包经营权流转登记的目的在于保障土地交易安全和确定土地权利归属。但是我国法律对于土地承包经营权流转的登记规定过于松化,所以导致其难以落实,从而致使农村土地承包权流转过于随意。《物权法》总则第九条规定:“不动产物权的设立、变更、转让和消灭,经依法登记,发生效力;未经登记,不发生效力,但法律另有规定的除外。”而第一百二十九条却规定:“土地承包经营权人将土地承包经营权互换、转让,当事人要求登记的,应当向县级以上地方人民政府申请土地承包经营权变更登记;未经登记,不得对抗善意第三人。”由此可见,《物权法》第一百二十九条关于土地承包经营权流转登记的规定属于第九条的“法律另有规定的除外”的情况。《农村土地承包法》第三十八条也作出了与此相同的规定。从这些规定可以看出,我国现行法律对土地承包经营权流转采取的是债权合一主义,登记并不是确权的必要条件,仅具有对抗效力。这种登记的缺失导致不动产物权关系不够清晰,[①]使土地承包经营权流转缺乏公信力,并不能起到设定权利的作用。首先,登记还不是土地承包经营权统一的物权公示方法。依据我国

---

① 李兆利.论土地承包经营权变动制度的完善——以承包方式类型化为视角[J].内蒙古农业大学学报:社会科学版,2013(2):7.

《物权法》第一百二十七条第一款和《农村土地承包法》第二十二条后段的规定，土地承包经营权的变动并不以完成土地承包经营权登记为必要。也就是说，土地承包经营权不采取“登记要件主义”的变动模式，登记还不是土地承包经营权的必要公示方法。其理由是我国农村目前仍属于熟人社会，在承包合同签订后，即使不进行变更登记，第三人仍可以通过向本村其他村民询问、查看土地承包经营权合同或土地承包经营权证等其他途径获知土地上的权属状态。然而，土地承包经营权关系到农民或其他土地承包经营权人的重大切身利益，一旦出现认定错误则可能关系到农民的生存问题，公示制度不完善在一定程度上，也给土地承包经营权的流转造成了制度上的困境。[①] 其次，从我国《农村土地承包经营权流转管理办法》的相关规定可以发现，目前我国土地承包经营权登记的主要制度功能是国家实现其对农村土地行政管理的手段而非为全社会提供土地权属信息的物权公示方法。国家通过土地承包经营权登记将承包地的使用权归属状态、用途范围、价值等级、四至及面积等基本信息记载于专门的土地登记簿册上，并以此为依据向土地承包经营权人颁发土地承包经营权证等证书。各级地方政府还下设具有专门职能的部门（如农业行政主管部门），通过审批、备案、登记、处罚等手段方式，实现其对农村土地的监督管理职能。这种登记模式是将登记视为农业行政主管部门的一项职权或权力而非一项职责，在实际操作过程中也缺少对其登记不及时或错误的惩罚和监督机制。那么，农业行政主管部门因怠于行使职权而给土地承包经营权流转当事人造成损害的行为就不能得到及时的纠正，这显然不利于土地承包经营权登记作为物权公示方法之功能的发挥。最后，土地承包经营权流转合同管理及证书发放尚未全面推行。我国相关法律、法规已经将土地承包经营权流转合同的管理主体确定为乡（镇）人民政府农村土地承包管理部门。乡（镇）人民政府农村土地承包管理部门在对土地承包经营权流转合同进行管理过程中，负有提供合同格式范本、对土地承包经营权流转合同进行监督、审查、归档、保管以及签发土地承包经营权

---

① 陈文学，高圣平．土地承包经营权流转视野下的土地承包经营权登记制度：困境与出路[J]．学术探索，2010(3)：19.

证书等职责。然而，土地承包经营权流转合同的管理及签证工作在我国农村实践中并未全面展开。此外，尽管2015年6月29日国土资源部第三次部务会议审议通过《不动产登记暂行条例实施细则》，但是登记的办法、机构和范围，仍是不统一，多数因地制宜，而且很多地方至今都没有真正进行确权登记，所以并没有达到预期效果。

二、中介服务机构规范欠缺

现在土地承包经营权流转在我国已很普遍，但是多数的流转还是拘泥于小区域内，没有形成市场化、规模化，影响了流转的效益和效率。主要原因是缺少健全的中介机构，信息不畅，反馈机制不及时，这样土地经营权流转的双方找不到合适的接触渠道，无法了解各自的意向，使流转只是开展于村级局部地区，形成不了市场的竞争机制。

现行法律对土地经营权抵押的中介机构缺少相应规制。《农村土地承包法》里虽有说明可以商议与竞拍以及竞标相关形式进行，但是这种规定过于笼统，看似具有流转中介性质的流转方式如何进行操作也是没有统一的，这对于多数文化程度不高的农户来说更是无所适从的。土地作为一种特殊生产资料，它的交易不同于一般商品，它的运行有其性质特殊性、价格不确定性、收益风险性、主体多方性。面对这么一个复杂的过程，这就需要一个具有法律规范意义的、专业的、健康的中介组织进行引导、宣传，这也是农村土地承包经营权流转市场形成的一个必要条件。因而，由于缺乏社会服务组织和相应协会为土地经营权流转主体提供信息、交易、金融、法律等专业指导和服务，在很大程度上制约了土地经营权抵押的进程。

三、农村社会保障制度滞后

土地既是发展农业最基本的生产资料，同时也是农民最可靠的社会保障。新中国成立之初，为了确保我国工业的优先发展，中央政府设置了极为严格的户籍管理制度，实行“城乡分治”。在城市，相继建立了失业保险、养老保险、最低生活保障等社会福利制度，这使我国城市人口的生活资料供给、就业等处于国家财政的有力支持之下。而在中国的农村，相应的社会保障措施的发展进程十分缓慢，农民只有依靠在土地上从事稳定的农业耕作才能保证基本的温饱，其只能牢牢地依附在土地上，将土地作为最基本的生活保障，并以此抵御来自失业、疾病等方面的生活风险。由此，在覆盖农村的社会保障制度短时间内未能真正建立起来之前，我国农村土地上不仅承载着一个人口大国无法忽视的粮食安全问题，同时还肩负着解决九亿农民基本生存保障的社会功能。也就是说，我国农村土地上仍负载着社会保障功能。土地承包经营权流转的相关立法出台之时我国正处于由农业经济向工业经济转型的过渡阶段，由于农村经济发展水平还较低，农民生活状况比较困难，农村的各项政策及制度安排均以解决全国人口的温饱问题为核心目标，发挥土地效益最大化的目标只能处于从属地位。从以家庭承包方式取得的土地承包经营权的取得机制到流转机制和消灭机制，无不彰显着这种基本生活保障目标。[①] 然而，随中国经济体制改革的进一步推进，城市改革与农村改革效果对比差异的影响，人们对效率的价值观念逐渐增强，当人们“基本温饱”的需要得到满足后进而提出“发展”的要求时，将土地作为基本生存保障的制度设计则面临着越来越多的质疑和挑战。尽管《物权法》已经确认了土地承包经营权的物权属性，为土地承包经营权的流转提供了法理基础，但其关于土地承包经营权的设定、移转及消灭等环节的设置仍然继承了《农村土地承包法》在确保社会公平的基础上兼顾效率的基本指导思想。因此，现行法律对家庭承包方式取得的土地承包经营权的流转设定了非常严苛的限制，为土地承包经营权流转市场的形成设置了障碍。

目前，我国农村已经形成了一个收入水平较低而人口数量极大的弱势群体，这已经给社会带来不安定因素。相对于我国城市已基本建立的社会低保体系而言，我国农村的社会保障体系的发展仍相对缓慢且困难重重。“十六大以后，随着新型合作医疗保险、新型养老保险在农村从试

① 如家庭承包方式的土地承包经营权的取得机制是按照“人人有份、人人均等”的原则，由发包方为本集体经济组织内的各农户无偿设定的。当承包方失去本集体经济组织身份或消亡时，其享有的土地承包经营权也随之消灭，这显然与社会保障属性相契合。

点到全面普及，打破了2000多年来农民一直依托土地为基本保障的传统格局，在一定程度保障了农民生命财产安全，使中国社会保障史翻开了新的一页。”①我国农村已初步建立了社会养老保险制度并取得了一定的成绩，民政部于1992年发布了《县级农村社会养老保险基本方案(试行)》的通知，其指导思想是：“农村社会养老保险是国家保障全体农民老年基本生活的制度，是政府的一项重要社会政策。建立农村社会养老保险制度，要从我国农村的实际出发，以保障老年人基本生活为目的；坚持资金个人交纳为主，集体补助为辅，国家予以政策扶持；坚持自助为主、互济为辅；坚持社会养老保险与家庭养老相结合；坚持农村务农、务工、经商等各类人员社会养老保险制度一体化的方向。由点到面，逐步发展。”②该通知对我国农村养老保险的对象、领取保险费的年龄、保险资金的筹集途径、交费标准、基金的管理与保值增值等方面作了规定。然而，农村养老保险仍然处在低水平，保险基金来源渠道狭窄，其运营及监管制度还有待于完善，相关法律法规仍不健全，仍然处在无法脱离土地保障的状态。因而，农村社会保障制度的滞后严重制约了土地承包经营权的流转。从调研组所调研的湖北等地的农村社会保障制度来看，仅有“低保户”、“五保户”和农村合作医疗制度，很多农民都没有享受到养老保险，即使有，也是少得可怜，更不用提失业保险了。因此，虽然有大量的农民外出经商或打工，有些农民其实在城市也已有固定的非农工作，但是为了给子孙后代储备后备资源或给自己今后的生活留条退路，他们都不愿将土地流转出去。绝大多数农民认为，离开农村外出经商或者打工都只能算是缓解一时经济困难的办法，他们并不愿意脱离土地，面临随时可能失业又没有养老保险的他们始终认为土地仍是他们今后谋生的最佳也是唯一的选择。在我们所调查的农户中，绝大多数农户仍把土地当成家庭的生存之本，特别是年龄较大的人。因此，不完善的农村社会保障体系，既不利于社会主义新农村的建设，也不利于改造小农经济方式和土地规模经营。

---

① 温锐，李永安．十六大以来农民土地财产权益保障改革的进程与展望[J]．中共党史研究，2012(7)：29．

② 参见《县级农村社会养老保险基本方案(试行)》。

四、地方政府职能定位模糊

在对湖北襄阳、洪湖等地农户进行访问谈话的调查研究过程中发现，农村承包地利用和保护方面出现的问题，一方面是由于农民的耕地保护意识薄弱和经济利益驱使；另一方面也是因为在我国城市化的迅速发展过程中相关部门的监管不力。相关土地行政管理部门并未能很好地履行其职能，对土地经营权流转过程中的不法行为缺乏积极、及时、有效的监督和管理，致使很多土地在流转后被不合理的利用，甚至一些不法企业在占有土地后改变其农业用途，破坏有限的耕地资源。地方政府在土地经营权流转的过程中职能定位不清，存在“权力越位”和“管理缺位”等突出问题。

第一，是权力越位。在我国所调研的一些农村的土地承包经营权流转实践中，一些乡（镇）政府经常会越俎代庖、违背农民的意愿强制推行土地承包经营权流转或者不当干预、阻碍农民进行土地承包经营权流转。土地承包经营权流转作为一种市场行为，确实需要政府实施必要的监管，但如果是缺乏正当理由无端进行干预，或者是出于某种私利，不顾农民的利益强行推进或干预就是超越权力的界限侵犯农民私有财产权的行为。有些地方的乡镇政府、村组织不顾当地实际情况，大搞浮夸的土地规模化产业化经营，给农民带来诸多发展难题；有些地方的乡镇政府、村组织借招商引资之名，随意改变土地用途赚取暴利；有些地方的乡镇政府、村组织通过搞形象工程或暗箱操作等手段，强行收回农民的承包地再加以转包，从中牟利；还有些地方的乡镇政府、村组织通过行政方式干预土地租金的分配，干预失地补偿金的发放，甚至违背农民意愿擅自与一些工商企业、龙头企业、专业大户、农民专业合作组织等规模经营主体签订土地流转合同，强行流转农户的土地，侵害农民的土地权益，造成不良后果和极坏的影响。

第二，是监管缺位。虽然土地承包经营权流转属于一种私权交易行为，原则上仅依流转双方当事人的意愿就可成立并生效。但是规范、有序的土地承包经营权流转市场的诸多环节，仍需要公权的协力方可达成，如土地承包经营权流转合同的规范化管理、土地承包经营权登记制度的建立、超出土地承包经营权范围不当使用土地行为的遏制、流转供求信息的提供等均需要借助地方政府部门相应职能的发挥。目前,我国很多地方由于土地流转服务机构的缺失,致使农村土地流转因缺乏土地市场信息或无完善的市场操作而无序进行,从而导致流转成本高,流转效益差。一些乡镇尚未建立完善的农村土地流转管理机构,缺乏对土地承包经营权流转的有效管理、引导和服务,土地承包经营权流转还主要依靠农户之间的自发流转。由于相关制度未能充分贯彻实施,土地承包经营权流转过程中不当使用土地的行为、土地流转纠纷时有发生。地方政府对农户自发进行的土地承包经营权流转缺乏有效的监督和管理,致使很多土地在流转后被不合理的利用,甚至一些不法企业在占有土地后改变其农业用途,破坏有限的耕地资源。

五、司法救济机制缺乏公信力

农村土地承包经营权流转过程中包含着很大的随意性,例如,口头约定、合同不标准、程序不合法等,所以流转主体的双方会经常出现纠纷。根据我们对湖北省洪湖市、襄阳市的调研结果显示,农民对于向法院提起诉讼的纠纷解决方式大多有抵触情绪,诉讼这种正规合法的公力救济途径在当前承包地纠纷解决中难以发挥其应有的作用。根据我们对湖北省洪湖市、襄阳市 28 个村组的问卷调查统计结果,“在土地流转过程中纠纷的解决途径”这一问题的回答中,有高达 61.62%的受访农户认为土地权利纠纷通过农户与农户之间的平等协商予以解决,另有 26.74%的受访农户认为该类纠纷通过村民委员会的调解来解决,而仅有 9.3%的受访农户将向人民法院提起诉讼作为解决土地流转纠纷的途径。因此,从实证调查结果不难看出:在农村实践中,农民在土地承包经营权流转过程中出现纠纷或权利争议时,除了平等协商外,绝大多数会选择请求村民委员会调解的方式予以解决,这主要是由于村委会的调解成本低、村干部对本村的具体情况比较了解,且具有一定的威信,有益于在解决争议的前提下,对争议双方正常生产生活至关重要的原有社会关系继续维系。然而,村委会对纠纷的解决并非完全依据法律规范,主要是基于农村社会关系中的习惯、惯例或者农户之间和谐关系的维护等各方因素的综合考虑得出最终的处理结果。因此,有关土地承包经营权流转纠纷的司法公力救济途径在我国农村的实施存在很大障碍。究其原因,主要有以下几个方面:

首先,政府行政权力的介入降低了司法审判的公信力。我国有相当一部分的土地承包经营权流转纠纷是由地方政府或村民委员会不当行使职权、强制干预或侵害农民土地承包经营权引起的。在这一类纠纷当中,地方政府或村民委员会是土地承包经营权流转纠纷的一方当事人。由于纠纷的处理结果直接关涉到其切身利益,根据"裁判者与争诉的当事人不能为同一人"的基本法理,调解和仲裁这两种纠纷处理机制在此类案件中就失去了其适用的余地。因此,通过法院作出裁判是这类纠纷最具正当性基础的解决机制。然而,长期以来,在地方党委握有司法人员的实际任免大权和地方政府握有司法机关的财政大权的情况下,司法机关很难排除外界的干扰,只依据事实和法律独立作出裁判。在我国地方司法实践中,司法活动受到行政干预或其他不正当干预的现象十分普遍,一些地方的党政领导随意批条子、打电话,指令司法机关按照其意志办事,以权压法,致使司法独立在很多情况下成为一纸空文。所以在农民看来,人民法院与基层政府之间有着千丝万缕的联系,二者的立场并没有本质的区别。农民也就必然会担心基层政府的行政权力会介入人民法院的审判过程,对审判结果产生关键性的影响,使法院的判决结果会因明显偏袒基层政府或村民委员会从而失去其应有的公正性,实际上这种情况在我国农村的司法实践中也确实经常发生。于是,农民对于此类纠纷多数会选择越级上访这种激烈的、非正式的抗争形式,他们认为只有依靠更高级别行政权力对基层政权的制约才能保证纠纷的公正解决。[①] 当农民通过现有法律救济制度表达利益诉求过程中遇到过多困难或者其利益在法律制度框架内找不到通畅的表达渠道时,势必会尽力寻求法律之外的利益保护途径,那么,就会进入一个恶性循环:不规范、非法的利益保护途径越来越被

---

① 具体的案例参见陈小君,高飞,李俊.地权纠纷中的法律救济——村庄合并中的农村土地权属纠纷救济的理想与现实[A].//张曙光.中国制度变迁的案例研究(土地卷)第八集[M].北京:中国财政经济出版社,2011:391.

普遍采用，从而导致法律的救济机制形同虚设，法律制度的功能及价值的实现则更加遥遥无期。

其次，法院内部官僚体制对司法独立的影响。我们知道，法院的职责在于完成国家赋予其的司法审判职能。然而，现实中的法院总要由若干担当相应职务的人员组成（如法官、书记员、司法警察等），要有法院正常运转所必需的财政预算和开支，还要设立一些其他的辅助机构来完成支持性工作等，那么，任何一个法院都必须有一套与司法审判不直接相关的内部行政管理机构。当法院内的行政管理事务与法院的司法审判工作之间有所混合、交叉、重叠时，就会在一定程度上影响到司法权的独立行使。我国的法院系统带有浓重的官僚体制色彩，如法院的相当部分财政收入来自地方政府的拨款、审判委员会制度、法官的等级制度以及下级法院与上级法院之间的关系等。在我国农村的基层法院中，法院的行政化体制与司法审判权之间不仅经常被相互混同，甚至其间的主次位序在一定程度上也被颠倒，如法院内的普通法官（无任何行政职务）都会习惯性地认为自己的审判工作是在法院的院长、副院长、庭长的领导之下进行的，在自己受理的诉讼案件中遇到重要问题时，均会向上级领导汇报和请示。在上下级法院之间，尽管法律规定我国的上级法院与下级法院之间是监督关系而非领导关系，但是在下级法院的法官遇到疑难案件时，还是经常会请示上级法院的意见，以避免作出的判决被上级法院驳回，而这也在实质上彻底剥夺了诉讼当事人的上诉权。由于我国法院面临着无法避免的内部行政事务，其内部的行政管理机构有其存在的合法性和必要性，但是这种行政管理制度有可能侵蚀和扭曲司法审判制度的正常运行，有悖于司法独立原则的实现。因此，对着社会分工的不断发展，我国法院应当逐步将其行政管理职能与其司法审判职能制度化地分离开来。[①]

最后，诉讼成本过高阻塞了司法救济途径的畅通。在我国土地承包经营权流转实践中，农民发生权利纠纷时多数不选择向法院提起诉讼的权利救济方式的一个重要原因就是诉讼成本过高。所谓诉讼成本就是指

---

① 苏力.送法下乡——中国基层司法制度研究[M].北京：北京大学出版社，2012：47.

诉讼案件的审理过程所耗费的资源。在地权纠纷这类民商事案件当中，农民作为诉讼当事人需要承担的诉讼成本包括经济成本、时间成本和精神损耗成本。为“为权利而斗争”这句格言是法律的理想，然而现实生活中的人们都会根据自身的条件和社会环境来衡量为权利而斗争的成本。当正义的获得需要以巨大的经济支出为前提时，穷人和富人面对同样的纠纷可能做出完全不同的选择。后者往往有能力走上法庭，拿起法律的武器来捍卫自己的合法权益；而前者则会因可能须负担的各项成本而放弃诉讼、选择其他的纠纷解决途径以获得救济。鉴于我国农村土地承包经营权流转纠纷中绝大多数当事人均来自于农民这一弱势群体的考虑，我国应当设置一套为农民降低诉讼成本并为其提供司法援助的权利救济机制。

第八章 “三权分置”背景下土地经营权流转的法律对策

“三权分置”背景下，在现行法律中，土地经营权是一片空白。因此，面对土地经营权法律性质缺失，“三权”法律权能不明，土地经营权价值难以准确评估，土地经营权流转方式特别是转让、抵押、入股等存在许多法律问题以及土地经营权流转法律保障机制等存在的问题，亟须修订现行法律，完善相关法律制度，依法推进“三权分置”改革，放活土地经营权，允许土地经营权抵押，使改革成果能够以法律形式巩固下来。因此，针对“三权分置”下土地经营权流转的法律问题，借鉴国外农村土地流转经验，提出以下法律对策。

第一节 “三权分置”背景下土地经营权设立的法律对策

摆脱“三权分置”制度的法律桎梏，是制度实施的基础、依据和保障。为保障分离后承包权与经营权各自发挥功能，需要适时修改《物权法》《担保法》《土地管理法》《农村土地承包法》等相关法律法规，明确承包权和经营权的属性和法律地位，明确规定农村土地集体所有权、农户承包权和土地经营权的物权属性，规定“三权”在占有、使用、收益和处置方面的权能边界、权利内容和应承担的责任；增加承包权与经营权为新的权利种类，对承包权与经营权的取得、权利内容、行使权利的条件、权利丧失和保护等进行法律设计。调整《农村土地承包法》和《土地管理法》关于农村土地承包经营权方面的内容，以《物权法》的修改为参照，从法律上承认农村土地的三权分置。具体内容有：

一、“三权分置”背景下法律应明确土地经营权的法律性质

“三权分置”背景下，立法应重构农村土地产权制度，落实“三权分置”。“三权分置”立法的主要目标，是厘定“三权分置”的内涵，明确界定集体所有权、农户承包权和土地经营权的权利边界，充分发挥“三权分置”后各自独特的功能。而“三权分置”的关键是土地经营权定性，换而言之，土地经营权到底是物权还是债权。之所以这一定性如此重要，是因为我国财产权利体系的建立借鉴了作为大陆法系代表的德国法的“物债二分”理论，严格区分物权和债权是我国财产法律制度的逻辑基础，对财产权利进行定性是明确其权利内容和效力的前提。① 如将土地经营权定性为债权，则土地经营权的各种流转行为适用《合同法》规定，遵循债权的相对性规则，土地经营权人对原承包农户具有高度依赖性。如将土地经营权定性为物权，而物权属于绝对权和对世权，具有相对独立的地位，土地经营权人具有独立的转让、抵押权利，而不需要取得原承包权人的同意。② 因此，“三权分置”背景下的土地经营权的性质是债权还是物权，要根据农村土地的具体流转方式来确定。但是，当土地经营权是一种债权性质时，对抗土地所有者的效力较弱、占有的期限可能较短且具有不稳定性。在许多国家，为了对抗土地所有者对土地租赁者权利的侵害，推进土地经营权的物权化是通行做法。我国农村土地制度虽然与国外不一样，但为了农村土地经营者对土地进行长期投资和适度规模经营，以及服务于“三权分置”改革的目的，应当推进土地经营权的物权化。因此，立法应该明确土地经营权的法律性质，结束学术上对土地经营权法律性质“百家争鸣”格局，从成文法的角度确立土地经营权的法律性质。通过立法上的新规定，确保土地承包关系的稳定，真正放活土地经营权，让农民真正享有土地财产属性带来的价值。

---

① 彦文.“三权分置”改革：重构农村土地权利体系[N].中国经济时报，2016-09-09.

② 宋志红.“三权分置”关键是土地经营权定性[J].中国合作经济，2016(10)：13.

二、“三权分置”背景下法律科学合理界定承包权和经营权权能

“三权分置”的最大特色是承包权与经营权的分离，因而处理这二者的权利关系是“三权分置”的核心和关键。经营权从承包经营权分离后，承包权主体与集体经济组织的关系没有发生变化，仍然享有作为集体经济组织成员获得承包地的权利，承包地的经营权在流转过程中可以获得租金等收益，并对经营权主体在生产经营过程中的行为进行有效监督，根据土地流转期限的多少到期收回承包地并重新转包给新的经营者。当土地被政府征收时，承包权人有权获得承包土地的补偿；当承包人去世时，其子女等继承人可以对承包土地进行继承；当承包权主体选择到城市生活时，既有权继续保留承包地、带着土地财产权进城，也有权退出承包权，但这种退出必须是自愿和有偿的。因此，“三权分置”下土地承包权的权能包括承包地位维持权、经营权分离时的对价请求权、土地征收补偿获取权、监督流转土地使用权、到期收回承包地、再次转包权、继承权、有偿退出权等，是一种物权。在物权化的条件下，农村土地经营权人对农户承包土地不仅享有继续间接占有、自主有偿使用、全额农作物处置收益、享受相关农业政策补贴、土地征收地上物补偿等权利，而且对农村土地具有在承包方同意下的再流转与抵押担保权。应当指出的是，经营权只有在土地流转并且承包权与经营权分离的情况下，才能独立发挥作用。在土地经营权未流转的情形下，承包权和土地经营权是统一由承包家庭所拥有，土地承包权与经营权合二为一；在承包农户将土地经营权转让的情形下，土地经营权与承包权相分离，由不同的主体所享有。土地承包经营权并非土地承包权与经营权的等量相加，而是在原有的土地承包经营权上增加了抵押、担保等新的权能。承包权应体现于承包主体让渡经营权而获得财产收益、土地被征用及退出后获得财产补偿以及对承包土地的继承权等方面，[①]而经营权则为承包地自主生产经营权和经营权抵押、入股等

---

① 高远至.三权分离：农村土地产权新路径渐清晰[J].半月谈，2014(3).

处分权利。[①] 在中央已经明确了农村集体土地“三权分置”的改革思路的情况下，农村土地产权政策的调整，最终需要从法律上予以明确，以法律作为制度实施的依据和保障。

现有的《物权法》仅规定了农村土地所有权、农村土地承包经营权。因此，需要及时对现有农村土地产权制度从法律上予以完善。首先，应对《物权法》进行修改，从法律上厘清明确家庭承包权和土地经营权与法律明确规定的土地承包经营权之间的法律关系，对各项权利的权能进行准确界定，对三权的权利主体享有的权利义务内容予以规定。

三、“三权分置”背景下土地经营价值的准确评估

土地经营权流转顺应了世界农业的发展趋势，是农业现代化发展的必由之路。土地自由流转不仅能够实现土地资源的有效配置、促进农民就业增收，而且也有助于实现土地的价值，防止土地抛荒。而农村土地经营权要顺畅流转，就必须评估出土地的真正价值，健全价格机制。因此，合理的流转价格及定价机制对于促进农村土地经营权流转市场的形成与发展、保护农村土地经营权流转双方尤其是农户的利益具有十分重要的意义。在我国广大农村地区，土地经营权流转已成为农村合理配置生产资源的重要手段。价格清晰，流转才能顺畅，一个科学而规范的价格体系既是我国农村土地经营权有序流转的前提，又是农村土地经营权顺利流转的关键。在农村土地经营权流转的价值评估中，应建立切合各地实际、具有较高精度的流转土地价格评估方法，确保流转土地估价合理并有章可循。要以农民为核心构建土地经营权流转定价机制，完善农村土地经营权流转价格体系，建立健全农村土地价格信息机制，探索实现农村土地经营权证券化。[②] 市场机制的完善、土地权利的平等以及产权实施能力的增强是完善产权流转价格形成的有效措施。[③] 应积极培育和建立专业

---

① 潘俊．农村土地“三权分置”：权利内容与风险防范[J]．中州学刊，2014(11).

② 帅晓林．我国农村承包地经营权流转价格机制构建方略[J]．社会科学辑刊，2012(2)：105-108.

③ 刘元胜．农村集体建设用地产权流转价格形成机理[J]．农村经济，2011(12).

评估机构,在评估时充分考虑土地的规模经济效益,规范专业评估机构的行为;建立农村土地评级和流转企业评级制度;完善农村产权交易体系;建立场内交易激励机制,降低场外交易风险。① 同时,政府应鼓励设立具备相应资质的专业价值评估机构即第三方评估中介机构,通过公平的价格和完善的定价机制来促进农村土地经营权顺利流转。当然,农村土地经营权流转价格也不是越高越好,应将流转价格始终控制在理性的范围内。流转价格上涨过快,既不利于稳定农村土地经营权流转,也容易产生连锁的社会负面效应。②③ 因此,建立统一的计量、统计与核算孔径,以准确估算农村土地经营权流转的总价值。同时,除了土地经营权的市场价值,还要关注土地经营权的非市场价值如生态价值、期权价值等,但目前对如何测量非市场价值亦没有形成统一意见。因此,在农村土地经营权流转价值评估中,如何科学评估其非市场价值,尚需进一步深入研究。农村土地资产评估具有特殊性,应根据农村地区土地经营权流转实际情况,围绕完善农村土地价格体系、实现农村土地非市场价值等主题,进一步推进农村土地资产评估理论创新、实践创新、技术创新。

第二节 "三权分置"背景下土地经营权流转方式的法律对策

一、"三权分置"背景下土地经营权转让法律制度的完善

如前所述,《农村土地承包法》对土地经营权的转让有严格的限制,第四十一条明确规定:"承包方有稳定的非农职业或者有稳定的收入来源

① 赵峰,黄寿海.农村土地承包经营权流转碎片化及其整体性治理[J].宏观经济研究,2016(1):13-19.

② 孙根华,谢留洪.农村土地经营权流转应理性定价——由农村土地经营权流转价格上涨趋势引发的思考[J].江苏农村经济,2014(3):42-43.

③ 孙翱翔,刘远风.当前农村土地流转热的理性思考[J].农业现代化研究,2014(1):43-47.

的，经发包方同意，可以将全部或者部分土地承包经营权转让给其他从事农业生产经营的农户。"但笔者认为，《农村土地承包法》第四十一条对土地经营权转让所施加限制的理由主要是基于农民的生存保障来考虑的。① 但本书认为，其实这些理由是难以成立的，尤其在"三权分置"背景下。根据《宪法》第四十五条规定：中华人民共和国公民在年老、疾病或者丧失劳动能力的情况下，有从国家和社会获得物质帮助的权利。依此，获得社会保障权是农民作为公民的基本权利，承担农民社会保障是国家的基本义务和责任。既然社会保障是政府的"责任"而不是"权力"，政府就没有"权力"以社会保障的名义限制农民土地承包经营权转让的自由。既然社会保障是农民的基本"权利"，而不是"义务"，农民也就没有"义务"因为社会保障而"被限制"其本来享有的土地经营权的转让权。政府以社会保障的名义禁止农民转让集体土地承包经营权，完全颠倒了社会保障的权利义务主体。② 土地承包经营权作为农民的一项财产权，具有一定的经济价值，能够为农民提供一定的生活保障，但其并非社会保障而是农民的"自我保障"。以保障的名义限制土地经营权转让，其实质是"官逼民自保"。②并且，以外来的判断代替了对自身最有信息优势的农民的自我判断，往往也不利于农民的"自保"的实现。③ 因此，笔者认为"三权分置"背景下土地经营权转让法律制度的完善措施主要有：

首先，法律应该废除转让"须经发包方同意"的规定。因为：第一，根据民法原理，只有普通债权转让才须征得对方当事人同意；第二，就制度层面而言，此种规定也为发包方过多干预土地经营权转让留下了制度空间；第三，基于法律治理的视角而言，虽然在家庭承包责任制实行之初，转让"须经发包方同意"确实可以成为地方精英治理乡土社会的手段，但随着《村民委员会组织法》的颁布实施，"村民自治"越来越成为基层政权和

---

① 胡康生. 中华人民共和国农村土地承包法释义[J]. 北京：法律出版社，2002：101-104.

② 秦晖. 中国农村土地制度与农民权利保障[J]. 探索与争鸣，2002(7).

③ 吴义茂. 土地承包经营权入股有限责任公司法律问题研究[D]. 成都：西南财经大学，2012.

村社共同体之间利益关联结构的建立手段，①特别是2017年3月19日第十二届“全国人大五次会议”审议通过的《民法总则》第九十五条规定“本节规定的机关法人、农村集体经济组织法人、合作经济组织法人、基层群众性自治组织法人为特别法人”，赋予了村委员会为特别法人资格，因而转让“须经发包方同意”所能起到的治理作用微乎其微；第四，根据我们的实践调研，土地经营权转让“须经发包方同意”已经被遗忘，束之高阁，从而成为空文。而且在实际操作中，转让这种流转方式其实也是很少的，农民对于土地的心理依赖还是很大的，这并不是说土地的产出价值大，更多的是一种传统思想，所以农民一般不会轻易转让土地，因此法律对于转让流转要经发包方同意，在现实中意义不大，同时可能会使极个别人滥用权力，以公谋私而影响流转进程，所以认为取消这种限制反而更好。有学者称，“发包方同意这个限制无法从法体系中合乎逻辑地推导出来并纳入到法构建之中，因此发包方同意的背后是一种法政策的考量……根据治理视角的观察，发包方同意是以基层政权与村社共同体成员之间的结构性利益分离状况下的国家治理方式作为法政策基础的，因此，发包方同意在土地承包经营权流转中地位的不断弱化直至消失也就具有了合理性解释和证成根据。”①

其次，法律应对土地经营权的转让对象应该进行调整。第一，不要仅限制为“农户”，可以延伸为一切有能力从事农业生产的组织或个人，因为此种规定会将资金雄厚、技术先进的农业经营权者拒之于门外。第二，为了大规模的土地兼并以及农作物垄断种植现象，我们可以仿效国外法律制定相关条例对最高土地拥有量进行限制。同时，为了避免大规模经营而出现农业种植垄断现象，也应该对其种植范围有所约束。第三，《民法总则》赋予了村委会特别法人资格地位，因而法律可赋予村委会一定的监督权，专门监管这些转让的土地，监督其土地用途以及对地力的保护等方面，如有不当行为，农业集体组织可以诉求人民法院收回集体承包地。法律取消“承包方有稳定的非农职业或者有稳定的收入来源”限制。因为在

---

① 朱虎.土地经承包营权流转中的发包方同意——一个治理的视角[J].中国法学，2010(2).

市场经济条件下，如何判断承包方是否“有稳定的非农职业或者有稳定的收入来源”存在可操作性的难题。[①] 因此，我国农业立法取消这条限制，将更有利于土地经营权的转让。

最后，明确发包方的地位和作用。作为集体土地所有权人，集体经济组织在土地承包经营权流转中有什么地位和作用呢？这是值得我们认真反思的问题。集体土地所有权是我国土地所有权的一个重要类型，它是集体经济组织对其拥有的农村土地行使占有、使用、分配、收益的权利。据我国现行立法的规定，集体土地的所有权人一般是村集体组织，但也可以是乡（镇）集体组织或村民小组，具体的法律依据为《民法通则》第七十四条、《土地管理法》第十条、《农村土地承包法》第十二条以及《物权法》第六十条。综合这些法律规范可以得出以下结论：第一，我国农村集体土地所有权的主体是“农民集体”，具体包括村农民集体、村内农民集体和乡镇农民集体。第二，具体代表农民集体行使集体土地所有权的机关为集体经济组织、村民委员会、村民小组以及乡（镇）农民集体经济组织。第三，在土地承包关系当中，发包方是具体行使集体土地所有权的农民集体的代表机关，即集体经济组织、村民委员会和村民小组。既然集体经济组织、村民委员会和村民小组在代表农民集体行使集体土地所有权时，其在外部法律关系当中的法律地位就是集体土地所有权人。那么，集体经济组织、村民委员会和村民小组与承包方之间的关系就是土地所有权人与土地承包经营权人之间的关系。如前所述，土地承包经营权与土地所有权之间具有相对的独立性，土地所有权人即发包方无权干预土地承包经营权人将其土地承包经营权进行处分的行为。但是如果土地承包经营权人超出其土地承包经营权行使的界限，在承包地上进行非农建设或对承包地造成永久性损害时，作为土地的所有权人应当有权予以制止和警告，甚至当一定条件具备时有权直接行使终止权使土地承包经营权归于消灭，从而实现保护农村土地的目的。换言之，集体经济组织（即发包方）应成为承包地使用的监督者（保障承包地被合理利用及保护），而不应成为

---

① 张广荣．我国农村集体土地民事立法研究论纲——从保护农民个人土地权利的视角［M］．北京：中国法制出版社，2007：84．

土地承包经营权流转的监管者。作为发包方的集体经济组织在土地承包经营权流转过程中,应当发挥出保障承包地被合理使用与保护的重要作用。

二、“三权分置”背景下土地经营权入股法律制度的完善

目前我国立法对土地承包经营权入股的态度比较谨慎,各地出现的土地承包经营权入股实践也各不相同,但是土地承包经营权入股方式的出现却在一定程度上推进了农村土地经营组织制度的创新。“入股这种形式是土地承包经营权以家庭承包经营的初级形态向股份合作经营的高级形态过渡的桥梁,是具有现代性、开创性的流转形式。”[①]目前,在“三权分置”背景下,放活土地经营权,国家政策鼓励土地经营权入股,因而法律也需相应完善。

从当前实践来看,土地承包经营权入股的主要形式是土地股份合作制,以及近些年兴起的农民专业合作社。《农民专业合作社法》第二条、第四条[②]分别对农民专业合作社的定义和性质作了规定,在农业现代化进程中,世界上大多数国家和地区成立和推广“农民合作社”,实行“小农业与大市场”的对接。新世纪以来,党中央高度重视我国农村改革和新农村建设,从2004年至今,中央已先后发布多个一号文件,多次提到农民专业合作社问题。“可以预见,农民专业合作社作为土地承包经营权入股的新的载体和组织形式,将更好地推进农村经济的发展和农民收入的增加,继而实现统筹城乡发展的目标。”[③]不管是合作社还是公司形式的土地股份合作企业,都具有法人资格,都采用现代企业的组织形式,都具有在决策、

---

① 杨劲.农村土地资本化基于资本、产权和制度视角的研究[M].广州:广东人民出版社,2011:112.

② 《农民专业合作社法》第二条、第四条分别规定:“农民专业合作社是在农村家庭承包经营基础上,同类农产品的生产经营者或者同类农业生产经营服务的提供者、利用者,自愿联合、民主管理的互助性经济组织。”“农民专业合作社依照本法登记,取得法人资格。”

③ 王玉梅.农民专业合作社之法理探究与实践[M].北京:科学出版社,2012:172.

管理上的独特优势。因而可以说，土地承包经营权入股在一定程度上实现了农村土地经营组织制度的创新，有利于促进农业产业化经营或规模化经营。为了给各地实践中出现的不同形式的土地承包经营权入股提供法律规范上的依据，有必要从以下几个方面进一步完善土地承包经营权入股的法律制度。

1. 法律明确赋予土地经营权入股权限

如前文所述，土地承包经营权的流转经历了从禁止到逐步开放的过程。土地承包经营权的流转可以防止土地抛荒，推进规模化、集约化经营；也可以促进劳动力转移，实现农村和农业经济结构的调整，优化资源配置，以至推动整个国民经济的健康发展。作为土地承包经营权重要权益及流转方式之一的入股急切需要法律的确认，其法律地位亟须被确认。土地承包经营权入股需要规定入股的条件、形式、利润的分配与股权的退出等法律问题。

(1)入股的条件。由于《物权法》并没有允许土地承包经营权入股，因此，地方的入股实践就没有全国统一性的法律进行规制、指导，从而产生了一些问题。例如，集体经济组织忽视农民的意愿、强制农民入股，非法剥夺了农民的土地承包经营权等，引发一系列社会问题；土地入股后，改变原有的农业用途，修建厂房、住宅等，把农用地合法或者非法地变为建设性用地，导致国家耕地总量减少；对土地承包经营权作价入股的价格估计缺乏专业机构的评估，过分低于市场价格，严重侵害农民的土地权益；政府在改革中没有很好地发挥指导作用，土地入股出现盲目性，对市场信息的把握不到位等。因此，必须明确土地承包经营权入股的条件。

笔者认为，土地经营权入股的条件为：第一，农民自愿。这是维护农民的自主意志和土地权益必须坚持的原则，也是政策和法律一贯坚持的原则。第二，不改变土地用途。入股后必须从事农业生产经营。第三，用作出资的农村土地承包经营权应经具备资格的机构进行资产评估。这是因为农民对市场价格机制缺乏了解，对市场价格机制及发展趋势缺乏专业知识和深入了解，凭借专业机构的评估可以增强其与合作社、公司的博弈能力，达到增加自身利益的目的。第四，政府的支持。实践证明，政府的支持对于改革的进行有相当大的促进作用。在土地入股后，政府的快速推进和有效发展具有巨大的影响力。政府的职能在于提供公共产品和服务，不仅要对土地承包经营权入股提供政策上的扶持与法律上的支持，还要对入股实践提供具体的指导、服务，如技术、信息、税收优惠等。至于选择的产业、是否有龙头企业参与、是否有能人领办则交由市场去解决，而不应该由法律作出统一性的规定，但是必须将土地用于农业生产。

(2)组织形式。土地经营权究竟怎么实现入股经营，或者它可以入股到哪种类型的组织里，是一个很关键的问题。它不仅牵涉到以何种方式实现土地承包经营权的入股流转，更关系到权利人的利润分配问题。对于土地承包经营权的入股，也可以采纳入股合作社与入股公司两种形式。

对于入股合作社。合作社是一种基于生产要素的组合而不是特定的所有制形式。与中国历史上的合作组织不同，现在提到的合作社是在土地承包经营权基础上的农民以独立的身份进行的自愿联合，具有了新的内涵和新的功能，是一种新型的农民合作经济组织。[①] 根据《农民专业合作社法》第二条第二款规定，“农民专业合作社以其成员为主要服务对象，提供农业生产资料的购买，农产品的销售、加工、运输、贮藏以及与农业生产经营有关的技术、信息等服务”。从这条规定来看，合作社的合作领域狭窄、功能单一。因此，在土地承包经营权入股合作社之后，合作社需要突破法律对其经营范围的限制，扩大到“从事农业生产和经营”，增强合作社的活力和生命力。在合作社内部，应当遵循“罗虚戴尔原则”，即自愿入社；民主管理，一人一票。为了解决假合作社、内部人控制、资金短缺等问题，需要对相关的法律制度进行完善。在合作社发展到比较成熟的阶段之后，可以发展联合社，提高合作社在市场上的竞争力。

对于入股公司。公司一般是指以营利为目的，从事商业经营活动或者某些目的而设立的组织。根据我国《公司法》的规定，我国的公司主要分为有限责任公司和股份有限公司。有限责任公司的股东可以用货币出资，也可以用实物、知识产权、土地使用权等可以用货币估价并可以依法转让的非货币财产作价出资；但是法律、行政法规规定不得作为出资的财

① 李姿姿.中国农民专业合作组织研究——基于国家与社会关系的视角[M].北京：中央编译出版社，2011:1.

产除外。而股份有限公司分为发起设立和募集设立,前者需要发起人认购全部股份,后者需要向社会公开募集资本。土地承包经营权与其他要素联合可以成立公司则应当成立有限责任公司。此外,在人数要求上,有限责任公司也比较符合农村社会相对封闭的特点。对于以非货币财产出资成立有限责任公司的,“对作为出资的非货币财产应当评估作价,核实财产,不得高估或者低估作价。法律、行政法规对评估作价有规定的,从其规定”。因此,对于农村土地承包经营权入股的,需要请专业评估机构出具验资报告。在公司的治理结构上,一般应按照《公司法》的规定设立“三会”;以出资份额决定表决权,也可以基于农村土地的集体属性以及国家对农村土地用途的管制等因素考量,设置“金股”制度,赋予集体经济组织或者地方政府以一定的重大决策表决权;同时严格按照约定进行分红,保障农民的权益。

(3)利润的分配。土地承包经营权入股的目的是让土地承包经营权人平等地分享土地规模经营带来的收益。通过对土地承包经营权折股量化,权利人可以在集体土地增值之后分得属于自己应得的利益份额。虽然以广东南海为代表的土地入股改革很早开始,但是利润分配制度始终是困扰土地承包经营权入股改革的一个难点。这个问题处理不好,就会发生分田退股的现象。

利润分配主体。利润分配的前提是有分配利润的资格。在土地承包经营权入股之后、流转之前,在农村集体土地集体所有制下,只有集体经济组织成员才有可能具备分配利润的资格,这就涉及土地承包经营权主体的确认问题。在实践中,确定土地承包经营权主体的标准以户籍和第二轮土地承包确定的人员为标准。结合实践经验,在土地承包经营权入股权利初始取得的情况下,原则上应当按照第二轮土地承包确定的土地承包经营权人认定利润分配的资格。因为在第二轮土地承包之后,农民承包土地的人员和范围比较稳定;加上“增人不增地、减人不减地”和稳定土地承包经营关系长久不变的政策导向,农民对自己所承包土地面积增减的预期较小,对政策的依赖性和信任度较高。因而以此确定利润分配的资格产生的阻力较小,也合乎农村实情。对于外嫁妇女、新生儿、大学生等群体,一般应按照上述两个标准进行判定。如果其不具备上述资格,如果集体经济组织协商一致，也可以认定其分红资格。在继受取得股权的情况下，受让人获取利润分配的方式应当与出让人一致。

利润分配期限。由于农民生产经营具有季节性，因此可以按照“熟制”作为利润分配的周期或者按年度分红。实践中许多地方即采用此标准。但是，也不排除农业经营发生亏损的情况存在的可能性，为了保护农民的利益，即使亏损，也要有一个保底的分红制度。这是由土地对农民的保障作用决定的，而且也是可行的。原因在于，一方面，现代农业技术的发达使农业经营面临的传统风险大大降低；另一方面，土地承包经营权入股的前提是有政府的支持，在这样一个前提下开展农业经营，面临的市场风险、经济风险也相对较小。相对而言，获得收益的可能性较大，遭受的损失较小，保底利润分配是有可能的。

(4)股权的退出。理性的投资者通过投资取得收益，其前提是存在资本退出机制。同理，在土地承包经营权入股之后，如果出现企业的经营状况不良、分配政策不公、不能参与决策或者无法摆脱大股东控制、发现存在风险、对分红制度不满意等情况，应当赋予承包户有“用脚投票”的权利。这就要求在土地入股前存在股权的退出机制，包括承包户入股后的退出和合作社解散、企业法人资格消灭之后的退出。

首先，入股后、法人资格消灭前的股权退出。承包户入股之后，如果合作社或者公司在经营过程中出现经营能力恶化、不按照约定的时间、比例进行分红或者不分红，承包户有权退股并收回土地承包经营权。为了防止承包户恶意撤回土地承包经营权，保护合作社和公司的权益，对于已经按照约定进行了分红而且在承包户的权益没有受到侵害的情况下，承包户要求收回土地承包经营权的，应当对合作社的其他成员或者公司承担违约责任或者按照实践中的做法要求其购回土地承包经营权。如果其他股东或合作社成员不购买、没有能力购买以及上述要求农户购回土地承包经营权而该农户没有能力购买时，可以将其股权流转给他人或者其他法人，由其对土地承包经营权股权进行收益。流转给他人的前提是扩大土地承包经营权的主体范围，使得其他主体有获得土地承包经营权的前提。

其次，法人资格消灭之后的股权退出。我国《农村土地承包经营权流转管理条例》第十九条规定:“承包方之间可以自愿将承包土地入股发展农业合作生产,但股份合作解散时入股土地应当退回原承包农户。”因此,从理论上讲,在合作社解散、企业法人资格消灭之后,承包户有权收回土地承包经营权。在公司进行破产清算时,可以把土地承包经营权作为股本优先偿还。但是这种做法存在的问题是太保护农民,不符合市场规律,因此可以作为入股改革初期的规则,而后根据具体情况作出调整。

事实上,土地承包经营权入股之所以一直被法律禁止,立法者在制定法律时就是考虑到土地承包经营权入股后股权无法退出的情况。由于土地承包经营权的主体限定在集体经济组织成员内部,即使赋予其入股权能,最终也会导致无法退出股权、无法彻底实现土地承包经营权的流转。随着国家政策的放宽,入股、抵押等权能被逐步赋予农民,在打破土地承包经营权主体范围限制的情况下,入股是可以实现的。

2.具体法律条文的修改、完善建议

通过前文论述可知,土地经营权入股需要一系列法律制度的构建、完善。土地承包经营权入股流转的前提是要打破现有规定对主体和入股流转的限制,因此不仅要修改现有法律、制定新法、扩大土地承包经营权主体制度,还要修改土地承包经营权流转法律制度,更重要的是要入股之后完善土地承包经营权保护方面的法律制度。具体如下:

(1)修改、完善土地经营权流转法律制度。第一,土地承包经营权入股流转需要法律赋予其入股权限。因此需要修改《物权法》第一百二十八条,修改《农村土地承包经营权流转管理办法》第十五条,赋予“入股”这一流转方式以法律地位;并增加相关条款,明确规定土地承包经营权可以入股合作社或公司。第二,尽快出台公司法司法解释。一般而言,《公司法》第二十七条中“土地使用权”特指国有建设用地使用权,而不包括农村土地承包经营权等集体土地使用权。因此,应当尽快将《公司法》第二十七条中的“土地使用权”作扩大解释,将农村土地承包经营权纳入可以以入股方式出资设立法人的范围之内。

(2)修改、完善土地经营权主体法律制度。第一,根据前文论述可知,土地承包经营权制度的主体范围狭窄,需要扩大主体范围,以实现土地承包经营权的入股流转。因此,需要修改《物权法》《农村土地承包法》相关条款，赋予农村集体经济组织以外的自然人、法人以土地承包经营权，扩大农村土地承包经营权的主体范围，凸显其用益物权性质。第二，土地承包经营权可以入股合作社或者公司，因此需要建立农业生产组织法人制度。尽管2017年3月19日第十二届“全国人大五次会议”审议通过的《民法总则》在法人一章中增加“第四节特别法人”，其中明确规定，农村集体经济组织依法取得法人资格；但是农村集体经济组织形态在法律上的确立仍然不够。“目前来看，大多数农村集体经济组织虽然有营利活动，但形式仍然单一，在清算破产、治理结构等方面，不能完全套用公司法。与此同时，相关的法律对此又没有明确规定。”中国社会科学院法学研究所研究员、民法研究室主任谢鸿飞对记者说。“目前，大多数农村集体经济组织在总体上还是松散的，有的就是人力集合，没有财产属性，这个治理机构就不能按照公司来处理。民法总则虽然明确了它的法人地位，但这种框架性的规定针对性不强。因此，还是需要法律对这些集体经济组织的类型进行区分和明确，哪些是以营利为目的，哪些是人力集合，等等。”中国社会科学院法学研究所研究员、民法研究室副主任朱广新在接受记者采访时同样认为。[①] 由此，抓紧研究制定农村集体经济组织方面的法律，赋予农村集体经济组织法人资格，明确权利义务关系，依法维护农村集体经济组织及其成员的权益，保证农村集体经济组织平等使用生产要素，公平参与市场竞争，受到法律同等保护。第三，根据我国法律的规定，合作社的经营范围仅仅在于为农业生产提供技术性服务、信息等，不包括从事农业生产经营。在入地承包经营权入股合作社后，需要对合作社的经营范围拓宽，修改《农民专业合作社法》第二条，将“从事农业生产经营”纳入合作社的经营范围。

(3)完善土地承包经营权保护法律制度。修改《企业破产法》，将土地承包经营权排除在破产财产的范围之外。《农村土地承包经营权流转管

① 参见 http://mp.weixin.qq.com/s?__biz=MzU0NzAzNjkxNg==&mid=2247483816&idx=3&sn=c828c0ce2a328f1ec878eb6336781630&chksm=fb55ca33cc22432553263d268db39794f9b6af2849015e0bfd892d30e50de5a2e18c8a55a12c&mpshare=1&scene=23&srcid=0421udofwTRCvDkjDwMueXXD#rd，中国社科院法学研究所研究员孙宪忠：《农村集体经济组织法律规定与现实之间已产生很大差距》。

理办法》第十九条规定：“承包方之间可以自愿将承包土地入股发展农业合作生产，但股份合作解散时入股土地应当退回原承包农户。”因此，对于土地承包经营权入股公司之后公司又破产的情况，也应当首先保护原承包户的利益，不把土地承包经营权纳入破产财产，将土地承包经营权的保护放在首位，在公司破产后农民可以回购土地承包经营权。

3.完善土地承包合同管理与股权登记制度

完善土地承包合同管理。在“三权分置”背景下，土地经营权主体范围扩大后，其他农业生产组织可以取得该项权利。由于农业生产组织不同于集体经济组织的承包户，与集体经济组织之间不具有身份关系或者行政上的隶属关系，在农业生产组织取得土地经营权之后，有必要对其与集体经济组织签订的承包经营合同进行登记管理。这里的登记管理是备案性质的，土地经营权的设立仍以土地承包经营合同的生效为准。在进行登记管理时，应当从以下几个方面进行：第一，严格审查农业生产法人的资质；第二，根据本地区的实际情况出台土地承包合同、入股合同的范本，规范合同当事人的权利义务关系；第三，对承包经营合同进行备案登记管理及在必要时进行合同鉴证。

在登记要件主义下，只有依法办理物权登记，物权才能够有效地设立并发生变动，未经登记不发生物权变动的效果，登记是法律的强制性要求。在我国，土地承包经营权的设立不以登记为要件，仅以集体经济组织成员与集体经济组织签订的承包经营合同生效时设立，登记只是备案。之所以土地承包经营权的设立没有采取登记生效主义，是因为它产生并存在于我国的“农村熟人社会”之间，土地承包经营权的权利归属及权利边界在集体经济组织内部是众所周知的。在这样一个封闭且公开透明的环境下是无须借助登记来实现权利的公示的。而且登记公示耗时耗力，增加成本，不符合效率原则。①

但是，近年来国家一直在进行农村土地包括农村承包地的登记确权工作。一方面是实现权利归属清晰明了的需求，另一方面也是土地承包经营权流转的前置性工作。但是土地承包经营权入股流转则需要登记。

---

① 崔建远.我国物权立法难点问题研究[M].北京：清华大学出版社，2005：186.

原因在于，土地承包经营权入股是农村土地进入市场、实现资本化以获取经济效益的重要方式。土地承包经营权一旦进入市场就要遵循市场经济的规律以及诚信原则，这需要对权利进行登记，以保护利益相关者的知情权，避免其在信息不对称的情况下遭受损失。同时，市场化也会带来各式各样的风险，明确权利归属在保护相对人的同时也会给权利人法律上的保障。因此，入股登记是有利于维护交易双方利益的做法，对维护土地流转市场的秩序、规范市场主体的行为具有重要意义。

在入股登记的程序上，不管是入股合作社还是公司，都应当在入股之前凭借土地权利证明到登记机构进行登记，只有经过入股登记才能够发生物权变动的效力。登记机构应当为发放土地权利证明的机构。土地承包经营权入股后，也应当在《公司法》规定的相应股权登记机关或者其他法律规定的股权登记管理等机构进行股权登记，取得股权证明或股权证书。入股、退股、股份的转让都需要在上述相应的机关办理登记，方可进行流转并发生物权效力。

三、“三权分置”背景下土地经营权抵押法律制度的完善

在当今世界各国，土地使用权的抵押是非常普遍的现象。英国和美国等英美法系国家，以土地权利为标的的抵押已形成常态。在大陆法系国家，法国民法典规定不动产用益权、地役权和土地使用权均为不动产物权，需设立抵押。日本民法也作出类似规定，地上权和永佃权可以抵押。可见，抵押已经成为土地承包经营权流转的重要方式。而我国法律对土地承包经营权抵押基本持否定态度，这与物权属性不符。马克思有一句名言：“权利永远不能超出社会的经济结构以及由经济结构所制约的社会的文化观念。”[①]农村经济体制的滞后制约了我国农村土地承包经营权抵押制度的确立，因此，我国法律要赋予土地经营权人的抵押权。具体措施如下：

---

① 中共中央马克思恩格斯列宁斯大林著作编译局. 马克思恩格斯选集：第3卷[M]. 北京：人民出版社，1995：2.

1. 根据“举重以明轻”的法理，抵押理应被立法予以肯定和支持

从法理上来看，对土地承包经营权抵押进行限制的法律规定很难认定其合理性。抵押与转让同样属于土地承包经营权的流转方式，转让的结果是承包方失去土地承包经营权，而抵押的结果则只是承包方有失去土地承包经营权的可能。现行立法允许土地承包经营权的转让，却又以土地承包经营权抵押可能会致使承包人失去承包地为由，否认土地承包经营权抵押的规定令人难以理解，也不符合土地承包经营权流转的效率最大化原则。“既然土地承包经营权可以转让，也应允许比‘转让’的流转程度更低的‘抵押’存在。”①从法理上讲，“转让”较之“抵押”，其流转方式更加彻底，意味着土地经营权的流转，而抵押则仅是在不能偿还到期债务时才有可能导致土地经营权的流转，②仅为一种可能性，而非必然性，也即抵押并不必然导致土地经营权的流转。因而“抵押”较之“转让”，其是一种交易风险与成本大大降低的土地经营权流转方式，根据“举重以明轻”的法理，既然“转让”已为立法所允许，那么抵押理应被立法予以肯定和支持。且根据担保物权法的基本原理，抵押是以抵押物的交换价值为担保，所以抵押的标的必须具有可流通性，也就是说抵押权的客体应当是法律允许自由转让的财产或财产权利。而《物权法》已确认了土地承包经营权的用益物权属性，那么土地承包经营权人有权自主地支配标的物并排除他人干涉。在土地承包经营权上设定抵押权与将土地承包经营权转让于他人都是承包方对土地承包经营权之处分权能的行使，现行法已经允许一定条件下土地承包经营权的转让，那么也就应当允许土地承包经营权的抵押。正如王卫国教授所言：“一般而言，凡是允许转让的土地使用权，原则上就应允许抵押，这也符合担保法的原理。不承认抵押，就是不承认转让，也就不承认土地承包经营权的物权性质和农村土地资源配置的市场趋势。”③

---

① 唐义虎. 担保物权制度研究[M]. 北京：北京大学出版社，2011：96.

② 邓小云. 我国农村土地抵押的实践困境与法制完善[J]. 甘肃社会科学，2014(5)：185.

③ 江惠生，黄日东. 广东农村土地制度创新研究[M]. 北京：人民日报出版社，2008：98.

2.完善土地经营权抵押关系法律制度

首先,法律对抵押关系客体的完善,这是首要解决的问题。在"三权分置"背景下,立法对抵押关系客体的范围界定不应再以是"四荒"还是耕地等土地类型的不同而区别对待,明确规定所有土地经营权皆可抵押,以充分激发农村土地经营权的流转活力。至于地上农作物是否也在抵押的范畴之内,法律也应给出明确答复。其次,法律对抵押关系主体的完善。现行法律对抵押人的规定过于严格,明显与"三权分置"改革目的相背,影响土地经营权抵押实效,因而法律应取消对抵押人的过分制约,放宽对抵押人的限制。而抵押权人,现行政策限于银行业金融机构,从"三权分置"改革目的来看,土地经营权抵押是为农村发展提供更多的信贷支持,因而建议立法对抵押权人的范围还可适当放宽,在继续坚持以商业银行为主的传统农村金融机构发展的基础上,拓展四大商业银行在农村的金融服务网点,同时引入民间力量,发展适合农村金融的其他各类组织。[①] 最后,法律对抵押关系内容的完善。现行法律对抵押人和抵押权人的法律权利义务规定甚少,导致主体各方的法律权利在实践中难以得到有效保护,由此在"三权分置"背景下,立法应明确界定主体各方的法律权利义务,切实保障抵押人和抵押权人的权利实现。

3.构建土地经营权流转抵押的风险防范机制

放活土地经营权、允许土地经营权抵押是"三权分置"改革的重要目的,但越是放活土地经营权流转和允许抵押,越要加强规范和监管,从而防止出现风险。一要健全程序规范、便民高效的农村土地使用监管体系。加强土地承包经营权的确权颁证登记,规范土地经营权流转程序,严格土地经营权的流转价格、期限、规模、用途监管和程序监管,加强甄别和警惕,堵住风险隐患。二要建立工商资本租赁农村土地上限控制、分级备案、审查审核、风险保障金、事中事后监管等制度,对工商资本流转土地后闲置浪费影响农业生产、恶意囤积农村土地和擅自改变农村土地用途的行为要坚决制止,情节严重的要追究法律责任;对"炒地"和恶意囤积农村

① 李长健,朱维维.农村金融生态系统多元耦合机制构建与发展策略研究[J].华中农业大学学报:社会科学版,2014(3):66.

土地的行为，在具体操作中要作出明确的界定。三要选择好土地经营权抵押的试点地区。要选择已经完成土地确权颁证、经济条件相对较好、制度较为完善的地区作为土地经营权抵押的试点地区，减少土地抵押的区域性风险。四要对借款人的融资资格进行严格把关，防止利用土地经营权进行投机套利。需要把关的情形主要包括：借款人信用状况，是否拥有土地流转合同和土地经营权及权属证明，相关土地经营权的权属关系是否清晰，是否具有一定的种养经验和从事农业种植业和养殖业生产经营的一定时间，是否具有一定的自有资金等。五要构筑土地经营权抵押担保的风险缓释及补偿机制。通过建立土地经营权抵押担保风险基金、发展政府支持的担保公司、利用农村土地产权交易平台提供担保、推进抵押担保模式多元化等途径，分散贷款风险。同时，进一步完善农业保险制度，大力推进农业保险工作，努力扩大农业政策性保险范围，支持商业性保险机构开展农业保险，充分发挥保险的风险保障作用。

4.农民的现实需求为土地经营权抵押提供了坚实的法律支撑

从农民的现实需要来讲，"土地经营权的担保在现实生活中已确实存在，法律如再不加以规范就会有违物权法定原则，在现实中也会引起混乱，反而不利于保护农民的切身利益。同时，现实中有农民因无力还债而举家外出躲债，家中的承包地无人料理致使土地荒芜，也有害于地力的保持"①。尽管我国法律一直禁止以家庭承包方式取得的土地承包经营权设定抵押，然而，将农村土地承包经营权设定抵押的实践探索却一直没有停止过。我国有些地区将土地承包经营权抵押与土地规模经营结合起来，如重庆市江津区政府意识到没有银行愿意给单个农户贷款，于是在推行土地入股实行规模经营的同时大力促成银行给土地股份公司贷款，2004年国家开发银行重庆市支行就是在这一条件下试办了土地承包经营权抵押贷款②，实践中的这种尝试表明，土地承包经营权抵押的确是农

① 王权典，张建军．论农村土地承包经营合同的法律性质[J]．云南大学学报：法学版，2004(5)：66．

② 参见《重庆市江津市人民政府农业办公室关于做好农村土地承包经营权证发放相关工作的通知》．[EB/OL]．[2013-1-15]．http://www.caein.com/index.asp? x Action＝x Read News&News ID＝5395．

村经济发展尤其是实现农村土地的规模经营所必需的，土地承包经营权抵押已获得农民广泛的认同。“中国农村土地30年使用权调查”表明，参与调查的农民中，认为应当禁止土地承包经营权抵押的农民占12.7%，认为应当允许土地承包经营权抵押的农民占87.3%。[①] 综上，我国立法应当允许以家庭承包方式取得的土地承包经营权进行抵押，并在实践中不断完善土地承包经营权抵押法律制度，最大限度地减少农民失去土地承包经营权的可能，完善农户一旦失去土地承包经营权后的保障措施。

第三节 “三权分置”背景下土地经营权流转法律保障机制的健全

农村土地制度是一项极为复杂、多变的法律制度，它往往与多项法律制度相衔接配套。任何一项相关制度的缺失或虚置都会直接影响到其他制度的有效运行，是这些法律制度共同运转的合力而非某一单项制度引发秩序的形成。因此，需要完善的土地保护法律法规体系、土地经营权流转双方主体法律权利保护以及土地经营权流转相关配套法律制度的支持，发展以土地规模经营为基础的现代化农业、推动社会主义新农村建设，切实实现农民的财产利益。

一、“三权分置”背景下健全土地保护法律法规体系

(一)完善土地立法体系

在建设社会主义法治国家的大背景下，农村土地制度的改革不能再仅仅依靠一项项政策来推进，必须要及时转换农村土地制度变革方式，要将改革寓于立法中，实现从政策规定到法律界定的质的飞跃，重新构造农村土地权利制度和法律框架，建立主要依靠法制手段管理农村土地、保护

① 叶剑平，罗伊·普罗斯特曼，徐孝白，等.中国农村土地农户30年使用权调查研究[J].管理世界，2000(2):112.

农民权益的新机制。首先，应该修改、完善土地基本法。依据实践中已经存在的土地权利关系，对土地基本法中与事实相抵触或过时的内容尽快修改，将已经成熟的土地政策上升为土地基本法的内容，即以法律巩固现有的事实秩序。一是作为上位法的《物权法》应明确肯定农村土地所有权、农村土地承包权和农村土地经营权的物权属性，对三项权利在占有、使用、收益和处置方面的权能边界进行划分，明晰三权权利主体所享有的权利和应当承担的义务。二是要尽快修改、调整《农村土地承包法》和《土地管理法》中关于农村土地承包经营权方面的内容，以《物权法》的修改为参照，从法律上承认农村土地所有权、承包权、经营权的三权分置。其次，尽快制定农村土地流转方面的专门法律法规，主要包括《农村土地承包经营权流转条例》《农村土地承包经营权流转登记条例》以及《农村土地承包经营权流转合同管理条例》等。从规范和保障经营权流转实现的角度，至少应包括以下内容：经营权权利主体条件及范围、流转具体程序、流转合同基本内容、经营权转让的最低期限和最高期限以及流转要坚持依法、自愿、有偿原则等。最后，要逐步推出各具体职能的法规、规章，健全土地立法体系，如《土地租赁法》和《土地信托法》等专门性的法律法规，在相关立法中尽快将土地经营权抵押、入股、信托等合法化。

（二）健全土地征用补偿制度

根据上文的分析得知，在“三权分置”的农村土地权利体系下，所有权、承包权、经营权三个权利的内容都包括土地征收补偿权，所以在新的土地制度层面就应考虑平衡三者之间在土地征用过程中的利益分配问题。中央对于农村土地征收制度改革总的基本思路是“缩小土地征收范围，规范土地征收程序，完善对被征地农民合理、规范、多元保障机制，建立兼顾国家、集体、个人的土地增值收益分配机制，合理提高个人收益”①。在这一基本思路引领下，改革首先应该由原来的按照农业产值倍数补偿的理念转变为按市场价值补偿，由此解决政府在土地征收中获益最大的现状，切实保护农民的财产权利。其次，村级组织和被征地农户之间的补偿款分配问题应通过立法统一标准，全国按照一个固定的比例分

① 参见 2015 年 8 月中共中央《深化农村改革综合性实施方案》。

配补偿款给农户，其余部分分配给村集体，村集体再根据自身情况决定补偿款用途，或留作集体经济发展资金或平均分配给集体成员。目前各地实践中采用的这一比例大多在70%～80%，或固定或浮动，笔者建议全国统一固定比例为75%，接近各地目前标准。再次，对于承包权人与经营权人之间补偿款分配问题，应在目前的基础上(青苗费及地上附着物补偿)再适当向经营权人倾斜，一方面是对经营权人权利的保护，另一方面激发经营权人开发土地、提高土地生产能力投入的积极性。具体标准制定中，可根据土地经营权流转合同期限的长短确定不同的比例。比如，对于低于五年的经营权流转合同，除原有的补偿款之外，经营权人可获得5%的土地补偿款；对于五到十年的合同，可获得10%补偿款；对于十到十五年的合同，可获得15%的补偿款等。具体比例数额要把握在合理的范围内，既能保障经营权人的土地征收补偿权的实现，又能防止定得过高打消农民流转经营权的积极性，需要更深入地研究分析之后确定。

二、“三权分置”背景下完善土地经营权流转双方主体的法律权利保护

(一)正确树立农民权属观念

农民在农村土地方面的权属观念比较淡薄。诚然，近几年，随着农民外出务工的机会增多，有很多人在土地权属认知上有所改变。但是从整体上来说，仍不容乐观，因而需要以宣传等方式来加强甚至展现农民的权属观念，这样才会从主体本身的意识觉醒来开启保障土地流转权益的大门。

1. 提高农民教育文化水平

文盲是站在权利之外的，只有先教他们具有一定的文化知识，才能使他们更明白自己权利的始终，才懂得如何去维护自己的权利。对此，需要各个地方政府或村委会等组织在贯彻落实农村中小学“两免一补”教育政策的同时，组织一些成人教育班，教授知识，教育思想，提高他们对事物的理解认知能力，消除他们“权力本位”、“官本位”以及“男尊女卑”等一些封建残余思想，为权属观念的正确树立打好理解基础。

2.加大普法宣传力度

现在,农民除了耕种土地外,还需要外出打工来维持一家人的生计,很难有时间主动去学习一些法律知识。在遇到问题时,往往求助无门,用一些非法手段来解决纠纷争议,从“有理”变得“无理”,甚至从守法变成违法。解决这种“无法”状态,需要基层政府和村委会等组织发挥主观能动性,一要选好时间,如农忙时节、春节期间,农民基本都在家;二要选好地点,村民喜欢聚集的地方,如定期的集市;三要选好形式,除一般的发放传单,开展法律咨询会外,可以组织一些与相关政策法律紧密结合的节目,相声、小品等,做巡回演出。甚至开办农民法制教育网站、论坛或实体活动室。为权属观念的正确树立提供肥沃的土壤。

3.积极建立农民维权组织

世界上许多国家都建立有农民自主维权组织,如美国农民协会,日本农协联盟。我国其他阶层、职业领域也有自己的维权组织,如工人利益表达机构工会、律师组织机构律师协会、商人的商会等。作为几亿人口的农民却没有维护自己权益的组织,以提高自己在政治上的地位,在权益分配上的话语权。因此,要改变农民的弱势地位,真正维护农民的权益,需要国家发展农民自主维权组织,使他们能够依靠自己的力量,开拓利益表达、权益实现的渠道,赢得在谈判舞台上平等的地位。为权属观念的正确树立创造成长的空间。

(二)明确农民权利保护法规

英国机械唯物主义哲学家霍布斯在其著作《论公民》中谈到,权利可以因法律得以存留。这一结果来源于法本身具有保护其确认和分配价值的保护性价值,并通过对违法、犯罪行为的惩罚和对被侵害的权利的恢复补救来实现。[①] 所以从法律角度来保护农民土地流转中的权利,是必然而且重要的。

1.立法上需明确权益

经过前面的系统阐述,可看出我国的法律在土地流转方面,具体的流转事项规定还不明了,流转双方的权利、义务、责任还有待制定。在这里,

① 孙国华,朱景文.法理学[M].2版.北京:中国人民大学出版社,2004:59-60.

针对几项急需规定的，做简单论述。一是关于权利主体界定方面的，第二章已做了详细的分析。二是对于土地流转方式的规定，以列举和综合相结合的方式进行，使土地流转形式不太明确，应该以列举的方式详细规定可允许流转的方式，如增加抵押。三是具体规定流转双方的权利、义务、责任。按照土地承包经营权的说法，此土地权利属于物权，根据物权法定的原则，应该明确规定权义责。四是建立农民土地承包权保障为核心的完善的法律体系，修改现有的不规范的土地流转法规，把村委会等组织在土地流转方面的非自治权以法律的形式确定下来。

2.执法上需严格到位

以保障农户权益为目的，严格执法。行政机关及其工作人员严格按照法律规定的职责履行自己在土地流转过程中的管理权，对于管理不到位或越权管理的行为，要依法给予惩处。消灭借土地流转赚取差价，同民争利的行为。

(三)加快户籍制改革

加快进行户籍制度改革，从制度上铲除市民和农民差别的根源。具体来讲，理念上要树立城乡一体化的观念，制定针对农民进城务工人员的优惠政策。对于放弃农村土地经营权或者在城市工作、有稳定生活来源、有固定居住场所的打工者，允许其在城市落户，并且在自身就业、医疗保障、养老保险、子女上学等方面享受同城市居民同样的待遇，鼓励其纳入城镇社会保障体系的行列，并且结合实际，给予一定年限的少缴纳或不缴纳保险金的优惠政策。

(四)平衡承包权与经营权主体间的利益

实现农村土地承包权和经营权的分离直接目的是盘活经营权，经营权盘活可能出现的情况就是导致承包权虚化，农民实际上成了农村土地的所有者。但是，我国的农村土地承包权属性与经营权属性存在着一定的差别。承包权是指农民从自己所在的村集体承包土地，它更具有成员权的性质，是社会主义属性的体现；而经营权是适应市场化发展趋势形成的，为提高农民的经济收入而享有的权利，具有市场经济属性的性质。前者倾向于基本的地位和保障作用，后者倾向于经济收益增加作用。如前所述，土地对于农民更重要的作用在于保障功能，但是随着城乡一体化的发展,国家对“三农”投入的增加,土地的保障功能逐渐弱化,承包权权能也存在弱化的可能。因此,需要对承包权进行完善,实现主体间利益协调。在“三权分置”的制度设计下,赋予承包权更多权能,包括承包地维持权、分离对价请求权、征地补偿获取权、继承权、退出权、农村土地利用监督权等。两者分离的情况下,集体组织成员依然享有承包权,可以通过转让承包权获取收益。同时,承包权高于经营权,可对经营权占有人进行监督,以此实现权利和经济收益的平衡。现阶段我们要进一步完善承包权的权能,就要在两个方面进行改革。一是确认承包权具有继承性。承包权属于物权,是农民对于自然财产的权利,这种权利的实现,是可以通过继承获得的。而且承包权继承之后,经营权的稳定性可得到保护,更利于盘活经营权。第二,允许承包权的灭失,也就是允许成员具有退出权。在“三权分置”背景下,农民不仅可以采取“宜城宜乡”的生活,也可以选择完全离开农村进入城镇。这使得农民有更多的选择性,承包权退出对于农村劳动力结构的优化,资源的有效配置具有重要作用。加速了土地流转,实现了农业生产的规模化,提高土地资源的利用效率。

三、“三权分置”背景下健全土地经营权流转的相关配套法律制度

(一)健全农村土地经营权流转的登记制度

2007 年我国《物权法》指出政府对于不动产要实现一致登记体制,直到 2015 年 6 月 29 日《不动产登记暂行条例实施细则》通过审议开始公布,“不动产登记”是迅猛兴盛的市场化经济的需要,也是市场交易推行的倒逼[①]。建立健全统一的农村土地不动产物权登记制度,由县级政府专门设立具有公共服务性质的土地登记机关,负责规范土地承包经营权设定、变更及消灭的登记程序及内容,为我国农村土地承包经营权流转提供一套安全、便捷、权威的权属信息平台。推行规范、完备的土地承包经营

① 参见 http://tech.gmw.cn/newspaper/2014-09/02/content_100290668.htm。

权流转合同管理与服务制度。[1] 乡(镇)人民政府农村土地承包管理部门主要负责及时向达成流转意向的双方当事人提供由省级人民政府农业行政主管部门确定的统一文本格式的书面流转合同,并指导其在充分自主协商的基础上,签订规范的土地承包经营权流转合同;根据农村土地承包经营权流转当事人的申请,在对土地经营权流转合同审核无误后,向符合条件的流转当事人提供备案和签证服务,需要公证的应到公证机关办理公证手续;妥善保管农村土地承包经营权流转合同及相关文件,并对有关文件、文本、资料等进行归档。

土地经营权登记机制的规范化可以更好地加强经营权流转的安全与高效。承包经营权流转造册登记能够使流转双方清楚地把握所流转土地的面积以及“四至”,减少纠纷,提高流转的安全性,所以土地流转的登记体制需要细致。首先,要在体现土地承包经营权公示体制方面,普及土地承包经营权核实记录政策,对于一些错登、漏登要以法定的程序及时纠正,这样在进行土地流转过程中有利于查询、核实。其次,加强土地承包经营权登记备案机制的立法化,加大其法律效能及强制力,同时统一申请模式和流程以及书面文档格式和形式,增大承包经营权流转载录的系统化。再次,建立农村土地流转的动态记录表,这就相当于土地的“工作简历”把流转土地的用途进行记录,这样有利于承包方可以根据所流转土地以往的流转史,了解地力发展状况,来合理规划土地的发展利用的方向,合理配比农业安排。最后,发展建立土地流转登记互联网化,一方面方便本地的调查以此来了解农业生产动向以及流动动态,另一方面也有利于国家的宏观政策,可以因地制宜来引导区域农业的发展。

(二)完善土地经营权流转市场中介服务体系

目前农村的大规模的土地流转多数是政府和村委会牵头组织的,并没有形成专业的中介机构来核实,登记和储备农村土地流转的信息。规范的中介组织有着强大的数据整合、解析和整理功能,这样可以解决交易

---

① 《农村土地承包经营权流转管理办法》第三十二条规定:“县级以上地方人民政府农业行政(或农村经营管理)主管部门应当加强对乡(镇)人民政府农村土地承包管理部门工作的指导。乡(镇)人民政府农村土地承包管理部门应当依法开展农村土地承包经营权流转的指导和管理工作,正确履行职责。”

双方信息闭塞的困难。所以加强土地经营权流转的中介组织建设是提高经营权流转效能性的重要一步。首先，要逐步建立县、乡（镇）、村三级土地承包经营权流转服务体系，在县一级建立土地承包经营权流转管理机构，在乡（镇）建立土地承包经营权流转服务中心，在村一级建立土地承包经营权流转服务站。各级土地承包经营权流转服务机构要认真做好土地承包经营权流转信息服务工作，及时登记汇集可流转土地的数量、价格、区位等信息资料，开展土地承包经营权流转的土地评估，建立健全土地承包经营权流转档案等，为农村土地承包经营权流转提供信息化网络平台。“规范土地流转程序，逐步健全县乡村三级服务网络，强化信息沟通、政策咨询、合同签订、价格评估等流转服务。”[①]其次，要积极发展市场化的“土地托管中心”、“土地承包经营权流转交易所”等中介服务组织，为流转当事人双方提供流转平台和“一站式”服务。土地经营权流转的运作程序相对复杂，涉及多方主体的切身利益，而且流转主体（尤其是占相当大比例的农民）的知识水平、搜集信息的能力也比较低，很难在短时间内掌握如此复杂的操作程序，这就要求有一个健全的中介服务机构为其提供全方位、专业化、网络化的中介服务。地方政府需要设立资产评估机构、委托代理机构、法律咨询机构、土地投资机构、土地金融机构和土地保险机构等来为土地承包经营权流转的各方主体提供（程序操作培训、供求信息登记与发布、地权价格评估、法律政策咨询、融资贷款、流转纠纷调解与仲裁）等全方位的服务。中介组织要努力提升土地测量、土地价格评估、竞价、合同管理、风险保障以及法律咨询等方面的业务能力，从而促进农村土地承包经营权流转市场化，形成规模化土地流转市场体系。通过土地入股、合作、经营权置换等方式将部分农户的土地集中起来，定期收集信息，建立农村土地供求信息数据库，并加以统计、分析和预测，公开对外进行发布，使农户和有意投资农业的经营者能及时准确地获得可靠信息。为形成高效、便捷、有序、规范的土地承包经营权流转市场提供必要的制度条件和技术支持。为了充分调动地方政府相关部门为土地承包经营权流转提供服务的积极性，应将农村经济的发展状况、农民对纠纷解决的满

---

① 2013 中央一号文件。

意度、土地承包经营权流转市场的健全程度等因素与政府相关部门的业绩相挂钩，推动相关服务的改善。

（三）完善农村社会保障制度

社会保障制度是现代国家最重要的社会经济制度和社会和谐稳定制度。我国也不例外，一直在为创设和完善社会保障制度做着不懈的努力，中国共产党第十六次全国大会已经将“社会保障体系比较健全”明确地提出并作为全面建设小康社会的具体目标之一。党的十八大也明确指出：“要统筹推进城乡社会保障体系建设。社会保障是保障人民生活、调节社会分配的一项基本制度。要坚持全覆盖、保基本、多层次、可持续方针，以增强公平性、适应流动性、保证可持续性为重点，全面建成覆盖城乡居民的社会保障体系。”①然而，由于历史、政治、经济等多方面的原因，我国城乡发展悬殊，农民作为一个整体基本上属于中国社会的弱势群体，而我国又是一个农业大国，农村人口占全社会人口的绝大比重。因此，农村社会保障制度对于当下中国就具有重大的现实意义，它不仅关乎广大农民的生存问题，更对中国社会的稳定及经济的可持续发展产生深远的影响。“社会保障制度是否完善也是社会文明进步的重要标志之一。根据权利义务对等的法理精神，政府有义务为作为纳税人的农民提供社会保障。农村社会保障体制缺失已经成为制约土地承包经营权流转的瓶颈之一。”②长期以来，土地都是我国农村最重要、最基本的生产资料，是农民生存发展的根本。在当下农村，由于我国还没有建立起覆盖农村的社会保障体系，农民享受不到城镇居民那样的医疗保险、失业保险、养老保险等社会保障，只有耕地才是农民生存的保障，所以农村土地不仅负载着为全社会生产粮食的经济功能，在很大程度上还承担着农民就业、子女教育、医疗和养老等社会保障功能。对农民而言，除非能找到一份较为稳定且有较高收益的非农岗位的工作，否则不会轻易出让能给自己提供最基本生存保障的土地。所以现实生活中出现了大量土地荒芜、空闲无人管理的真空现象，直接原因就是农民出门打工顾不上经营耕地或者不会也

---

① 参见《胡锦涛在中国共产党第十八次全国代表大会上的报告》。

② 贾静.新形势下完善土地承包经营权流转制度的构想[J].中央财经大学学报，2010(10):74.

不愿租赁自家耕地给别人耕种。"在我国广大农村社会保障体系还没有建立的情况下,土地仍然是大部分农民安身立命之本,这在客观上造成了流转农村土地供给不足,也直接影响土地规模经营和流转速度。"①因此,随着我国城市化进程的加快,必须尽快在我国农村全面建立社会保障体系,剥离农村土地的社会保障功能,使土地承包经营权成为一项权能完整的财产权,为农村土地流转市场的建立提供制度条件。要在我国农村全面建立和健全多层次的(包括社会保险、社会福利、社会救济、社会互助、合作医疗、最低生活保障、养老保险等在内的)社会保障体系,首先就要缩小甚至消除城市与农村的差别对待,使农民平等地参与整个社会资源的分享。正如温锐教授所指出:"农村社会保障改革的继续深化,必须要走出与传统小农经济相配合的土地保障思维模式,实现由土地保障向社会保障的转型。为此,应该在已有改革成果的基础上进一步推进城乡一体化的社会保障体制改革。"②笔者认为应从以下几个方面进行:第一,加快农村社会保障的立法步伐,健全相关法律体系,使农村社会保障各项措施都有法可依。我国在社会保障立法工作上,应把农村社会养老保险吸收到综合性的社会保障法律法规中,依靠法律的强制性来推动农村社会保障制度健康有序的设立。第二,扩大农村社会保障制度的保障范围,提高保障水平。对外出打工的流动农民,应参照城镇企业职工基本养老保险的办法纳入保险,并借助现代先进的信息技术,逐步实现省内、省际和全国的社会养老保险的转移支付,保障农民工社会养老保险的连续性。对从事农业劳动的农民应以鼓励和提倡为主,提高国家对农民参保的补贴水平。对从事个体经营的农民,参照城镇个体经济组织社会养老保险的办法纳入保险,由税务部门代收代缴。第三,加大政府支持力度和公共财政投入。随着社会养老保险资金筹集的社会化,适应于现阶段的农村社会养老资金分担机制开始形成:主要是个人的积累账户,由国家和集体补助的部分构成统筹基金,其中国家补贴作为重点。国家可以通过财政拨

---

① 陈锡斌.困境与出路:我国农村土地流转问题探讨[J].湖北社会科学,2010(3):54.

② 温锐,李永安.十六大以来农民土地财产权益保障改革的进程与展望[J].中共党史研究,2012(7):29.

款的形式来实现对农民养老的支持。对那些欠发达农村地区或没有集体经济积累的乡镇、村的农民给予适当的政策倾斜和资金补贴。政府还要健全社会保障的监督机制，由政府扛起对保险管理部门活动的协调、监管工作，确保按相关规范收缴、支出和运营农村社会保障基金，避免农村社会保障基金出现不必要的风险，并通过合理的投资和运作使其不断增值，以更好地满足农村社会保障制度建设的需要。

（四）完善地方政府职能

尽管土地承包经营权流转属于一种私权交易行为，原则上仅依流转双方当事人的意思即可成立和生效。但要形成规范的土地承包经营权流转市场、保障土地资源被合理利用，仍需要公权的协力。其中，对超出土地承包经营权之权能范围不当使用土地的行为进行监督和处罚是有关地方政府土地行政管理部门的法定职责。我国《土地管理法》第六十六条第一款[①]详尽地规定了对土地管理检查人员应具备的条件的要求和对县级以上人民政府土地行政主管部门应具有的监督检查权的授权，该法第七十四条规定[②]确认了土地行政主管部门对于不当使用农村土地的行为，应当给予行政处罚的法定职责。也就是说，对土地承包经营权流转过程中的违法行为进行监管的职能既是土地行政管理机关的职权，又是其必须履行的职责，其既不能超越权力行使的范围侵害农民合法权益，也不能对违法行为消极地不作为，怠于行使法定职责。应通过法律的监督机制将地方政府土地行政管理部门行政权力的行使限定在法律框架之内，建立对其执法人员执法行为的权责对应机制，防止其越权执法侵害农民的合法权益，提高土地行政执法的实效。

正如张曙光教授所言：“在中国的社会、政治和经济条件下，缺少政府

① 《土地管理法》第六十六条规定：“县级以上人民政府土地行政主管部门对违反土地管理法律、法规的行为进行监督检查。土地管理监督检查人员应当熟悉土地管理法律、法规，忠于职守、秉公执法。”

② 《土地管理法》第七十四条规定：“违反本法规定，占用耕地建窑、建坟或者擅自在耕地上建房、挖砂、采石、采矿、取土等，破坏种植条件的，或者因开发土地造成土地荒漠化、盐渍化的，由县级以上人民政府土地行政主管部门责令限期改正或者治理，可以并处罚款；构成犯罪的，依法追究刑事责任。”

的参与和推动，很多事情都无法进行，特别是土地制度的二元分割和政府管制，土地规模流转和农业的现代化经营更少不了政府的参与。然而，政府的主导和参与往往以替代和削弱农户的主体地位为代价，一旦处理不当就会直接侵犯农民的合法权益，甚至可能造成土地流转的扭曲。政府参与的范围大小和程度深浅是一个很难拿捏的事情，而政府行为的惯性特征使其一旦介入就很难退出。因此，严格规范地方政府在土地承包经营权流转中的行为，明确其角色定位。”①政府对我国农业的发展，一直都发挥着重要的作用。无论是农业产业政策的制定、财政补贴的力度和方向还是金融体制的改革，政府都起着主导的作用。因此，首先要完善地方政府的立法职能。依照国家政策和相关法律的规定，制定鼓励土地流转的优惠政策或者颁布结合当地实际的土地流转实施细则的规范性文件。比如说，对于有利于规模化经营的流转，设立专项的奖金给予奖励。提供各种土地流转形式的合同范本，做到提供的合同范本兼具原则性和灵活性的统一。其次要完善地方政府的服务职能。对于进行土地流转的农户，按照法律要求，要么进行备案，要么进行确权登记，并及时颁发有关权利证件，以保证土地流转的合法有序。另外，在土地流转之后，还要做好土地流转材料的搜集、整理以及归档和管理。最好建立土地流转档案网络管理平台，使土地流转参与者可以随时寻找自己要参考查找的信息，避免消息传播的局限性。再次要完善地方政府的管理职能。投入专项资金，建立农民培训机构。对于农民权利获取的关注，除了从外因上帮助以外，还要积极采取措施引导农民从内因上提高自身适应市场竞争的能力，熟悉市场竞争的规则。地方政府可以联系本地区的一些技术类院校，投入专项资金，组织农民定期进行培训。比如，劳动技能的培训、劳动知识的培训、创新能力的培养。“长期作为”可以改变农民看问题的“短视行为”，不仅提高了农民融入市场化竞争的能力，也可以帮助农民认清流转与失地的不同，潜在地引导农民土地流转的自觉性，促进政府土地规模化经营的目的。最后要完善地方政府的监督职能。监督村委会等组织，合

① 张曙光.博弈：地权的细分、实施和保护[M].北京：社会科学文献出版社，2011：195.

法合理处理农民土地流转事务。对于村委会等组织违反法律法规,制定土地流转自治规定的,要坚决予以取缔,并追究相关责任人的责任。对于其不经农民同意,擅自与他人签订土地流转合同的,坚决予以打击。对于其在本集体符合土地流转条件,不积极引导而消极推脱,使农民丧失土地流转机会的,也要予以相应惩处。总之,凡是影响了农民土地流转的过度干预或消极不作为,都应该予以纠正。因而,地方政府在解决农户融资难题的时候,不仅要考虑市场机制在社会资源配置中的作用,还要适时转变职能,改变以往财政直接投入的方式为间接投入,在增加农业资金投入的同时,为社会资本和其他投资主体创造良好的市场环境和法律环境,引导农村金融领域的资金回流。第一,政府要合理利用并不充裕的财政资金,成立专门的农户融资基金,为农户信贷提供信用担保,帮助农户提高获得信贷支持的能力。第二,在政策制定上,政府应当完善农村的信用环境和市场环境,积极吸引外部资金投入到农业产业化发展中来,积极推进农村金融体系的改革进程,优化农村金融服务,建立健全农业保险机制,降低农村投资风险,保证农村投资的稳定和持续发展。重构农村信贷的激励机制,吸引社会资本、民营资本和商业银行积极投资农村金融领域。作为理性的经济人,农户、金融机构、担保机构、农业保险机构等都在谋求自身的利益最大化,构建多方共同参与相互制约的利益联结机制,明确各方的权责,通过不同经济主体之间的合作关系,保护各方合法利益不受损失,弥补潜在的风险损失从而达到双方“风险共担、利益共享”的预期效果。政府作为协调和平衡各方利益的“局外人”,对农村信贷领域的监管和引导职能,不仅仅体现在政府对农户信用信息的收集和披露方面,也表现在通过财政补贴、税费减免、信息共享等手段降低担保机构、金融机构、农户在信贷过程中的交易成本等方面。政府部门要创造良好的市场环境和信用环境,整治信贷市场的秩序,强化政府在市场经济条件下服务“三农”的职能,不断规范信贷担保机构的行为,加强对农村信贷担保市场的监管。在引导财政资金补贴农业信贷市场方面,政府在建立农村政策性信贷担保机构的基础上,还可以成立经营管理水平更高的农业信用保险公司,为信贷担保机构进行信贷保险,分担金融机构和信贷担保机构的风险。根据国外经验,高水平的农业信用保险公司一般由政府、金融机构等组成,其资金来源主要由政府财政拨款和募集社会资本组成，其利润主要来源于其为农村信贷担保机构提供再保险获得的收入。政策性的农业担保保险公司有效分担了农村信贷担保机构的风险，也间接地分担金融机构的信贷风险，并且担保保险公司可以为信贷担保机构提供资金支持。

（五）提高司法救济公信力，实现司法救济与其他权利救济机制互补

有权利必有救济，权利和救济之间是一种相辅相成、互相依存的关系。“如果无人维护权利，那么在法律中确立权利就是毫无意义的。”[①]司法救济是指当宪法和法律赋予公民的基本权利受到不法侵害时，人民法院根据法律和事实、依循庭审程序作出裁判，并以国家强制力对侵害行为进行制裁，补偿受害人所遭受的损失、维护其合法权益的法律制度。[②] 这是运用国家司法权处理社会纠纷、恢复各种失衡的利益关系，并以国家强制力保障实施的权利救济机制。在现代法治社会中，司法救济是最权威、最具强制力、最具终极意义的社会冲突解决机制，是维护社会正义的最后一座堡垒，具有不可替代的优越性。“如果没有健全的司法机构来制约政治上的强权[③]，农民将很少有法律上救济的途径。”因此，必须重视对司法救济制度的完善和功能发挥。如前所述，由于政府行政权力的介入使法院司法审判的公信力降低、法院内部的官僚体制有碍司法独立以及诉讼成本过高等因素的影响，农民对于向法院提起诉讼的纠纷解决方式大多持抵触情绪，诉讼这种正规合法的公力救济方式在当前土地承包经营权流转纠纷的解决中难以发挥其应有的作用。为此，未来司法体制改革的方向应当是：第一，保护法院的司法独立。司法独立是司法公正的基本前提和保障，司法人员在诉讼过程中只有正直无私，不带有任何私情或私利的考虑，具有独立的意志，不受任何外界的干扰，不屈从于任何外部压力，才能做到公正办案。[④] 因此，将司法机关的财权和人员任免权从地方党委和地方政府手中分离并独立出来，实现法院内部行政管理职能与其司

---

① [英]麦基文. 宪政古今[M]. 崔小波，译. 贵州：贵州人民出版社，2004：62.

② 黎晓武. 司法救济保障研究[M]. 北京：群众出版社，2006：1.

③ 罗伯特·C. 埃里克森. 复杂地权的代价：以中国的两个制度为例[J]. 清华法学，2012(1)：15.

④ 雷安军. 司法独立浅析[J]. 法制与社会，2007(4)：10.

法审判职能制度化地分离，完善司法机关内部与外部的监督机制，是我国法院实现司法独立的必由之路。第二，提高法官素质。应当坚持和完善国家统一司法考试制度，建立高素质、高道德标准的法官队伍。完善司法从业人员的培训、管理和保障制度，不断提升其独立办案、抵御外界不当干预的能力。实行任职前定期培训制度，法院新任人员不仅必须通过司法统一考试，并且必须经过一定时期的专门司法实务培训方可正式担任法官职务。第三，降低农民的诉讼负担。一方面，国家应加大在农村地区的财政支出，积极发展法律援助制度，使更多的律师、公证员和基层法律工作者等法律服务人员能够为土地承包经营权流转纠纷中经济上确有困难的农民提供减免收费的法律服务。另一方面，基层法院应严格执行审限制度，提高案件审理效率，对经济上确有困难的农民实施司法救助，最大限度地降低农民的诉讼负担。但司法救济的权威性、国家强制性、终极性特征决定了这种纠纷解决机制并不是万能的，也存在其自身无法克服的局限性：首先，司法救济处理纠纷的效率一般低于其他权利救济机制的效率。司法程序的专业性和复杂性使司法救济的过程比较烦琐和漫长，加之对法律程序的陌生，这在一定程度上使权利受害人产生畏惧和抵触情绪，甚至经常会因此而无奈放弃司法救济这一途径来维护自身的合法权益。司法程序的烦琐和复杂会使受害人的合法权益无法及时获得保护和救济，这很可能给受害人带来更大的损失和风险。对于经济上本来就困难的农户，这种滞后性很可能直接影响其正常的生产生活。其次，法院的强制执行存在风险。法院有效判决的作出并不意味着受害人的合法权益已经得到补偿和保护，还必须经过法院的强制执行方可达成。然而，法院的强制执行需要耗费大量的人力、财力及时间，加之受到法院执行人员的工作态度及被申请人的素质和履行能力等各方因素的影响，也同样存在落空的风险。最后，司法程序可能破坏当事人之间社会关系的和谐状态。在中国传统文化观念上，打官司(即诉讼)毕竟不是光彩的事情，尤其是作为被告。对于自然人，会影响其个人的声誉和社会形象；对于法人，则会影响其商业信誉和经济利益。土地承包经营权流转纠纷中的各方当事人往往都是同一村的村民或者是有经济上往来或合作关系的人们，提起诉讼就等于情感上的决裂，不利于将来的合作。而与司法救济机制相比，协商、调解、仲裁等纠纷解决机制具有灵活高效、费用低、保密性好（更符合中国传统文化）、更强调当事人的意思自治等优势。因此，在土地承包经营权流转过程中出现争议或纠纷时应首先选择协商、调解和仲裁的方式予以解决，只有当这些救济途径不能得到令人满意的结果时再诉诸司法救济途径。易言之，司法救济应成为其他权利救济机制的最后保障。在土地承包经营权流转纠纷的解决中，应当注意协商、调解、仲裁等权利救济方式与司法救济之间的分工，搭建多种救济机制相互配合、扬长避短的多元化、立体化的权利救济体系。正如陈小君所言：“在农村地权救济制度运行过程中，既要注重一般权利救济机制在农村地权制度中的运用，又要注重具有特质的农村地权救济机制的选择和创造；既需要注重规范化的救济机制，也必须注重农民在自治理念指导之下的自主纠纷解决机制。农村地权纠纷的复杂性，使得构建多元化的纠纷解决机制极为重要，多样的纠纷解决方式以特定的功能协调共存，结成一种互补的能满足社会主体多元需要的程序体系和动态调整系统。”①

第四节 调整不合时宜的法律，依法推进“三权分置”改革

土地经营权入股、抵押的政策随着农村经济的发展已经由绝对禁止转向逐步解禁。相比于政策，法律明显滞后，且法律之间对农村家庭承包的承包经营权能否入股、抵押，表现出模棱两可甚至自相矛盾的态度，政策与法律产生冲突的根本原因在于对社会现实的反映不同。一般而言，较之法律，政策能够更为迅速地反映社会现实，法律则具有“滞后”性，这是由政策的灵活性和法律的稳定性决定的。政策与法律的冲突同样存在于土地经营权制度上。但是在现实生活中，政策与法律几乎不可能在特别精确的同一时间上同步地反映社会现实。因而，如何处理政策与法律的冲突成了一个关键的问题。根据一般法理，根据政策与法律的关系，在

① 陈小君，高飞，李俊．地权纠纷中的法律救济——村庄合并中的农村土地权属纠纷救济的理想与现实[A]．//张曙光．中国制度变迁的案例研究（土地卷）第八集[M]．北京：中国财政经济出版社，2011：394．

政策与法律产生冲突时，当然是法律的适用优先于政策。然而，更为突出、更为棘手的问题是上述政策更加能够反映社会现实、法律具有滞后性的情况。要从根本上解决这一问题，就要抓住问题的根源，即对社会现实的反映程度。也就是说，如果政策与法律能够同步反映社会现实，那么这个问题就不存在了。在土地经营权政策与法律冲突这一问题上，只有尽可能地让政策与法律同步反映农村土地的权利现状与实践经验，才会在最大程度上缩小二者之间的差距与冲突。

在“三权分置”背景下，根据国家政策，土地经营权的主体范围在逐步扩大，逐步放宽到合作社、公司等经营主体；土地经营权的流转方式也有很大程度的突破，抵押、入股逐渐提上国家对农村土地制度改革的日程，土地经营权的权利逐渐放开。因此，从这个层面上讲，如何将国家的政策化为法律的规定、以法律的形式规定下来，是解决政策与法律冲突的重要途径。对于土地经营权入股、抵押而言，首先需要打破法律对主体范围的限制，赋予新型农业经营主体以主体资格。其次要将土地经营权的入股、抵押这一流转方式写入法律。这样不仅能够将土地经营权流转体系彻底建立起来并实现良好运转，更能维护政策与法律各自的秩序与稳定性。

在“三权分置”背景下，土地经营权抵押政策已解除对土地经营权入股、抵押的禁止，将入股、抵押囊括进土地经营权流转方式之列，而法律却明显滞后，严重阻碍了土地经营权入股、抵押的实现。因而尽管在实践中，入股、抵押已经随着国家鼓励土地经营权抵押试点的政策开展起来了，但由于没有法律的认可，远远不能满足实践需求，土地经营权的抵押并没有真正大规模推广开来。为此，在“三权分置”背景下，放活土地经营权，梳理现行法律与国家政策层面的矛盾，与时俱进，在认真总结分析全国各地土地经营权抵押试点经验和教训的基础上，及时调整不适宜的法律，适时修订《担保法》《物权法》等禁止土地经营权入股、抵押的相关法律条款。同时，对于那些模棱两可的法律条款，应该态度明朗，明确允许土地经营权设定抵押，使法律与政策精神一致。此外，法制统一，即法律制度具有统一性。法律制度的内部应和谐一致，《民法通则》《担保法》《土地管理法》《农村土地承包法》《物权法》等都不得与宪法相抵触，避免法律之间对抵押规定的不一致，各相关抵押法律规范之间应保持统一性，而不应相互矛盾，建立和谐统一的土地经营权抵押法律制度。

由此，面对现行法律土地经营权一片空白的现象，面对土地经营权法律性质缺失、土地经营权入股、抵押等政策先行而法律滞后、土地经营权入股、抵押关系等法律制度不完备以及土地经营权保障机制不健全的法律困境，笔者认为，亟须修订现行法律，完善相关法律制度，依法推进"三权分置"改革，放活土地经营权，允许土地经营权入股、抵押，使改革成果能够以法律形式巩固下来。

附录

湖北省农村土地承包经营权流转情况问卷调查表

我们是武汉工程大学法商学院法学专业的在校大学生，为了进一步了解湖北省农村土地承包经营权流转问题，我们特意进行了此次实地的问卷调查。请您在百忙中抽出一点宝贵的时间，配合我们调研员完成以下问卷，调查资料仅作学术研究使用(保证绝不泄露)，请您放心！感谢您的支持与合作！

您村(镇)所在位置：________市________乡(镇)________村

1. 您村所在的地理环境 (　　)

A. 平原　B. 丘陵　C. 山区

2. 您的性别：①男　　②女

3. 您的年龄：①18 周岁至 30 周岁　②31 周岁至 45 周岁

③46 周岁至 59 周岁　④60 周岁及以上

4. 您的文化程度：①不识字或识字很少　②小学　③初中

④高中或中专　⑤大专　　⑥本科及以上

5. 家庭人口状况

(1)您的家庭人口有：①3 人以下　②4～5 人　③6～7 人　④7 人以上

(2)其中，农业人口有________人，家庭劳动力人数为________人。

6. 您主要从事的职业是：①农业　　②以农业为主兼业

③以非农业为主兼业　④非农业(进城务工)　⑤未工作

7. 家的主要收入来源是：①农业　②以农业为主兼业　③以非农业为主兼业　④非农业(进城务工)上

8. 您的家庭 2015 年年收入：①1 万元以下　②1 万～2 万元　③2 万～3 万元　④3 万元以上

9.您家土地流转的意愿是:①想转入土地 ②想转出土地 ③保持不变 ④没想过

10.您家是否流转过土地: ①是 ②否

11.您家流转过的土地形式是:

A.转出土地 B.转入土地

12.转出土地的主要原因:

①地多,劳动力不足(儿女都到城里打工) ②自己外出打工 ③流转出去所得比自己种植的收益高 ④在集体干预下不得不流转 ⑤务农收入低,种地不划算 ⑥自己搞二产或三产 ⑦其他:请注明

13.转入土地的主要原因是:

①增加收入 ②有多余劳动力 ③给亲戚朋友帮忙 ④满足自家粮食需求 ⑤其他:请注明

14.土地流转去向

(1)土地流转去向,地缘范围:

①本组 ②本村外组 ③本乡外村 ④本县外乡 ⑤外县

(2)土地流转去向,亲缘范围:

①父母、兄弟姐妹 ②亲戚朋友 ③企业 ④种田能手(专业大户)

⑤农民专业合作社 ⑥家庭农场 ⑦科技示范园 ⑧其他:请注明

15.您家土地流转时采用的合同方式是:

①口头协议 ②书面协议

16.您家土地流转时是否约定可以随时中断合同:

①是 ②否

17.您家流转的土地是以何种形式流转的:

①转让 ②转包 ③代耕 ④互换

⑤出租 ⑥入股 ⑦其他:请注明

18.您家在土地流转时:

①没有经过村组同意,双方私下协商;

②没有经过村组同意,但有中间人作证;

③经过村组同意

19.在土地流转过程中纠纷的解决途径:

①村委会　　　　　　　②有威望的老人

③自行找承包者理论　　④人民法院　　　　⑤其他:请注明

20.政府的惠农政策(如粮食直补)是由:

①土地转出方享受　　　　　②土地转入方享受

21.土地流转是否得到当地政府、村委会和村小组的支持:

①不支持　　②很少　③一般　　④支持

22.政府规定的土地承包期限较短,阻碍了土地的流转:①不同意

②有点不同意　③一般　　④有点同意　⑤同意

23.如果您和城里人有同样的社会保障,您是否会进行(增加)土地流转:

①是　②否

24.如果你在城里有稳定的工作和收入来源,您是否原因进行(增加)土地流转:

①是　　②否

25.您对当地土地流转政策落实情况:

①满意　②基本满意　③不满意　④不清楚

再次感谢您的配合!

调研员签章:　　　　　　　　　　填表人签章:

2017年　月　日

湖北省农村土地承包经营权流转访谈提纲:

1.你家是转出土地,还是转入土地?

2.你家流转土地首先考虑的是什么?租金还是亲朋关系?

3.你家流转土地最大的顾虑是什么?如何消除这些顾虑?

4.目前土地流转存在哪些问题或不足?如何解决?

5.你了解土地流转政策吗?

6.你对政府在土地流转中提供的服务满意吗?

参考文献

［1］ 王泽鉴．民法总则［M］．北京：中国政法大学出版社，2001.

［2］ 郭明瑞．民法［M］．北京：高等教育出版社，2010.

［3］ 梁慧星．中国物权法研究（下）［M］．北京：法律出版社，1998.

［4］ 王利明．民法总则研究［M］．北京：中国人民大学出版社，2003.

［5］ 房绍坤．物权法用益物权编［M］．北京：中国人民大学出版社，2007.

［6］ 孙宪忠．中国物权法总论［M］．北京：法律出版社，2009.

［7］ 丁关良．土地承包经营权基本问题研究［M］．杭州：浙江大学出版社，2007.

［8］ 方文．中国农村土地流转的制度环境、农户行为和机制创新［M］．杭州：浙江大学出版社，2012.

［9］ 陈小君．田野、实证与法理——中国农村土地制度体系构建［M］．北京：北京大学出版社，2012.

［10］ 张红霄．农村土地承包经营权流转制度的政策与法律研究［M］．北京：中国林业出版社，2010.

［11］ 陈锡文，赵阳，罗丹．中国农村改革30年回顾与展望［M］．北京：人民出版社，2008.

［12］ 刘俊，胡大武．中国农村土地承包经营法律制度研究［M］．载于论中国土地制度改革，北京：中国财政经济出版社，2009.

［13］ 韩学平．农地承包经营权流转法律制度研究［M］．北京：中国农业出版社，2005.

［14］ 刘俊．中国农村土地法律制度创新研究［M］．北京：群众出版社，2012.

［15］ 法律出版社法规中心．中华人民共和国"三农"法规政策全书：农业、农村、农民［M］．北京：法律出版社，2013.

[16] 郭继.土地承包经营权流转制度研究——基于法律社会学的进路[M].北京:中国法制出版社,2012.
[17] 贺雪峰.地权的逻辑:中国农村土地制度向何处去[M].北京:中国政法大学出版社,2010.
[18] 温铁军.中国农村基本经济制度研究[M].北京:中国经济出版社,2000.
[19] 鲁勇睿,揭明.土地承包经营权之权利束与权利结构研究[M].北京:法律出版社,2011.
[20] 王权典.新农村土地法制专题新论[M].北京:知识产权出版社,2010.
[21] 黄宗智.中国研究的范式问题讨论[M].北京:社会科学文献出版社,2003.
[22] 黎晓武.司法救济权保障研究[M].北京:群众出版社,2006.
[23] 柴振国.农村土地承包经营权出资中若干法律问题研究[M].北京:中国检察出版社,2011.
[24] 曹务坤.农村土地承包经营法律研究[M].北京:知识产权出版社,2007.
[25] 孟勤国.中国农村土地流转问题研究[M].北京:法律出版社,2009.
[26] 左平良.土地承包经营权流转法律问题研究[M].长沙:中南大学出版社,2007.
[27] 刘俊.中国土地法理论研究[M].北京:法律出版社,2006.
[28] 蔡继明,邝梅.论中国土地制度改革[M].北京:中国财政经济出版社,2009.
[29] 刁怀宏.土地承包经营权与农村土地金融研究——基于使用权市场化流转的视角[M].成都:四川大学出版社,2010.
[30] 陈小君,等.农村土地法律制度研究——田野调查解读[M].北京:中国政法大学出版社,2004.
[31] 胡康生.中华人民共和国农村土地承包法释义[M].北京:法律出版社,2002.

[32] 刘奇.中国农村观察:转型之变[M].合肥:安徽人民出版社,2008.
[33] 唐义虎.担保物权制度研究[M].北京:北京大学出版社,2011.
[34] 韩志才.土地承包经营权研究[M].合肥:安徽人民出版社,2007.
[35] 杨立新.论我国土地承包经营权的缺陷及其对策[A].//蔡耀忠.中国房地产法研究:第1卷[M].北京:法律出版社,2002.
[36] 刘心稳.中国民法学研究述评[M].北京:中国政法大学出版社,1999.
[37] 张红宇.中国农村的土地制度变迁[M].北京:中国农业出版社,2002.
[38] 黄河,等.农业法视野中的土地承包经营权流转法制保障研究[M].北京:中国政法大学出版社,2007.
[39] 胡吕银.土地承包经营权的物权法分析[M].上海:复旦大学出版社,2004.
[40] 蒋月,等.农村土地承包法实施研究[M].北京:法律出版社,2006.
[41] 茆荣华.我国农村集体土地流转制度研究[M].北京:北京大学出版社,2010.
[42] 吴一鸣.英美物权法一个体系的发现[M].上海:上海人民出版社,2011.
[43] 刘芳.农村土地利用与保护[M].北京:金盾出版社,2010.
[44] 高圣平.物权担保新制度新问题理解与适用[M].北京:人民法院出版社,2013.
[45] [德]卡尔·拉伦茨.德国民法通论[M].王晓晔,等译.北京:法律出版社,2003.
[46] [德]卡尔·拉伦茨.法学方法论[M].陈爱娥,译.北京:商务印书馆,2003.
[47] [德]迪特尔·梅迪库斯.德国民法总论[M].邵建东,译.北京:法律出版社,2004.
[48] [德]M.沃尔夫.物权法[M].吴越,李大雪,译.北京:法律出版社,2004.
[49] [奥]凯尔森.法与国家的一般理论[M].沈宗灵,译.北京:中国大

百科全书出版社,1996.
[50] [英]弗里德利希·冯·哈耶克.法律、立法与自由[M].邓正来,译.北京:中国大百科全书出版社,2000.
[51] [法]孟德斯鸠.论法的精神(上、下)[M].张雁深,译.北京:商务印书馆,1961.
[52] [古希腊]亚里士多德.政治学[M].吴寿彭,译.北京:商务印书馆,1965.
[53] [英]洛克.政府论(上、下)[M].瞿菊农,叶启芳,译.北京:商务印书馆,1996.
[54] [美]罗斯科·庞德.法律史解释[M].邓正来,译.北京:中国法制出版社,2002.
[55] [日]三潴信三.物权法提要(上、下卷)[M].孙芳,译.北京:中国政法大学出版社,2005.
[56] [美]罗纳德·德沃金.认真对待权利[M].信春鹰,吴玉章,译.北京:中国大百科全书出版社,1998.
[57] [意]桑德罗·斯奇巴尼.物与物权[M].范怀俊,译.北京:中国政法大学出版社,1999.
[58] [法]孟德斯鸠.论法的精神(上册)[M].北京:商务印书馆,1961.
[59] 彭卫兵.土地承包经营权流转纠纷解决机制研究[D].长沙:中南大学,2012.
[60] 张立.土地承包经营权抵押制度障碍与重构[D].成都:西南财经大学,2012.
[61] 吴义茂.土地承包经营权入股有限责任公司法律问题研究[D].成都:西南财经大学,2012.
[62] 苏逢连.我国土地承包经营权入股法律问题研究[D].昆明:云南大学,2016.
[63] 胡江丽.完善农村土地经营权入股法律制度研究[D].湘潭:湘潭大学,2016.
[64] 张斌.我国土地承包经营权入股法律问题研究[D].西安:西北政法大学,2016.

[65] 付潇翔.“三权分置”视角下土地经营权入股法律研究[D].南昌:江西财经大学,2015.
[66] 朱丹.农村土地承包经营权入股制度研究[D].南昌:南昌大学,2015.
[67] 温家宝.中国农业和农村的发展道路[J].求是,2012(2).
[68] 张文显,于莹.法学研究中的语义研究方法[J].法学,1991(10).
[69] 郭明瑞.关于农村土地权利的几个问题[J].法学论坛,2010(1).
[70] 王利明,周友军.论我国农村土地权利制度的完善[J].中国法学,2012(1).
[71] 丁关良.土地承包经营权转包有关法律问题的探讨[J].南京农业大学学报:社会科学版,2010(4).
[72] 陈小君.农村土地法律制度运行的现实考察——对我国10个省调查的总报告[J].法商研究,2010(1):119-131.
[73] 温铁军.农民社会保障与土地制度改革[J].学习月刊,2006(19).
[74] 黄河.试论农村土地政策与农村土地承包经营权流转保障法律制度的构建[J].河北法学,2009(9).
[75] 申建平.对农村集体土地征收补偿范围的反思[J].比较法研究,2013(2).
[76] 冯曦.家庭土地承包经营权入股公司的法律建构——基于公司双重资本制[J].法学杂志,2013(2).
[77] 王克稳.论我国集体土地征收中的被征收人[J].苏州大学学报:哲学社会科学版,2013(1).
[78] 熊红芳,邓小红.美国,日本农村土地流转制度对我国的启示[J].农业经济,2004(11).
[79] 张红霄.农村土地承包经营权及其流转性质的法律辨析[J].河北法学,2011(6).
[80] 李兆利.论土地承包经营权变动制度的完善——以承包方式类型化为视角[J].内蒙古农业大学学报:社会科学版,2013(2).
[81] 韩鹏,许惠渊.日本农村土地制度的变迁与启示[J].世界农业,2002(12).

[82] 贺雪峰.农业的前途与农村的发展[J].读书,2008(10).

[83] 柴振国.农村土地承包经营权出资的法律冲突与协调[J].河北法学,2012(12).

[84] 蒋满元.农村土地流转的障碍因素及其解决途径探析[J].农村经济,2007(3).

[85] 张玉峰.农村土地承包经营权流转低效的成因分析[J].河北师范大学学报:哲学社会科学版,2011(2).

[86] 张东一.试论我国农村土地产权制度法律规制欠缺与完善——以产权概念为视角[J]. 延边党校学报,2013(1).

[87] 马俊驹,杨春禧.论集体土地所有权制度改革的目标[J].吉林大学社会科学学报,2007(3).

[88] 胡宏伟.对土地承包经营权的解析和讨论[J].农村经济,2006(10).

[89] 李永军,肖思婷.我国《物权法》登记对抗与登记生效模式并存思考[J].北方法学,2010(3).

[90] 袁震.农村土地承包经营权流转形式之法理分析[J].河北法学,2011(8).

[91] 陈锡斌.困境与出路:我国农村土地流转问题探讨[J].湖北社会科学,2010(3).

[92] 张强.社会保障制度中的政府与市场[J].重庆社会科学,2004(2).

[93] 张祖晏.对农村土地承包经营权流转法律制度缺陷的探析[J].黄石理工学院学报:人文社会科学版,2010(1).

[94] 丁宝同.农村土地承包经营纠纷仲裁调解程序探析——以功能定位与法理定性为中心[J].西南政法大学学报,2013(2).

[95] 郁志晨,陈铁水.农村土地承包经营权流转法律问题研究——以十七届三中全会为视角[J].福建论坛:社科教育版,2008(12).

[96] 陈寒冰.论我国农村土地承包经营权流转法律保障机制的完善[J].湖北社会科学,2012(7).

[97] 韩松.关于土地承包经营权调整的立法完善[J].法学杂志,2010(12).

[98] 史卫民.土地承包经营权入股公司的法律规制[J].中州学刊,2012(6).
[99] 郑尚元.土地上生存权之解读——农村土地承包经营权之权利性质分析[J].清华法学,2012(3).
[100] 国务院农村综合改革工作小组办公室课题组.建立现代农村金融制度问题研究[M].北京:中国财政经济出版社,2011.
[101] 高圣平.承包土地的经营权抵押规则之构建[J].法商研究,2016(1).
[102] 刘奇.农村土地抵押贷款的困境[J].中国金融,2014(5).
[103] 吴兴国.承包权与经营权分离框架下债权性流转经营权人权益保护研究[J].江淮论坛,2014(5).
[104] 邓小云.我国农村土地抵押的实践困境与法制完善[J].甘肃社会科学,2014(5).
[105] 宋志红.“三权分置”关键是土地经营权定性[J].中国合作经济,2016(10).
[106] 李长健,朱维维.农村金融生态系统多元耦合机制构建与发展策略研究[J].华中农业大学学报:社会科学版,2014(3).
[107] 蔡立东,姜楠.承包权与经营权分置的法构造[J].法学研究,2015(3).
[108] 叶兴庆.从“两权分离”到“三权分离”——我国农村土地产权制度的过去与未来[J].中国党政干部论坛,2014(6).
[109] 陈锡文.关于解决三农问题的几点考虑——学习《中共中央关于全面深化改革若干重大问题的决定》[J].中共党史研究,2014(1).
[110] 张力,郑志峰.推进农村土地承包权与经营权再分离的法制构造研究[J].农业经济问题,2015,36(1).
[111] 潘俊.农村土地“三权分置”:权利内容与风险防范[J].中州学刊,2014(11).
[112] 康涌泉.三权分离新型农村土地制度对农业生产力的释放作用分析[J].河南社会科学,2014.

[113] 申惠文.农村土地三权分离改革的法学反思与批判[J].河北法学,2015.

[114] 叶兴庆.从“两权分离”到“三权分离”——我国农村土地产权制度的过去与未来[J].中国党政干部论坛,2014(6).

[115] 韩长赋.土地“三权分置”是中国农村改革的又一次重大创新[J].农村工作通讯,2016(1).

[116] 蔡继明.三权分置”:农村改革重大制度创新[J].农家顾问,2016(12).

[117] 景彦云.不可忽视的产权管理——六国现行土地产权制度比较[N].中国国土资源报,2001-02-08.

[118] 彦文.“三权分置”改革:重构农地权利体系[N].中国经济时报,2016-09-09.

[119] 高云才.土地制度改革试点大幕开启[N].人民日报,2014-12-15.

[120] 张红宇.构建以“三权分离”为特征的新型农地制度[N].中国经济时报,2013-07-16.

[121] 高云才,冯华.“三权分置”改革是重大制度创新[N].人民日报.2014-12-22.

[122] 郑新立.农村土地公有制三权分离[N].学习时报,2014-08-11.

[123] 冯华,陈仁泽.农村土地制度改革,底线不能突破[N].人民日报,2013-12-05.

[124] 张红宇.我国农业生产关系变化的新趋势[N].人民日报,2014-01-14.

[125] 李惠.多地开展土地流转探索[N].光明日报,2014-10-30.

[126] 刘玲媚.农村承包土地经营权抵押贷款制度亟待完善[N].人民政协报,2015-06-29.

[127] 开展全国农村土地突出问题专项治理行动.[EB/OL].[2013-3-21].http://paper.people.com.cn/rmrb/html/2007-08/25/content_17639450.htm.

[128] 湖南省人民政府办公厅关于全省农村土地承包经营权证书换核补发工作检查验收情况的通报.[EB/OL].[2013-3-19].http://

www. caein. com/ index. asp? x Action=x Read News&News ID =48589.

[129] 土地改革遇阻重庆“股田公司”被叫停.［EB/OL］.［2013-1-15］. http://www. guandian. cn/article/20080820/75492.

[130] 重庆市江津市人民政府农业办公室关于做好农村土地承包经营权证发放相关工作的通知.［EB/OL］.［2013-1-15］. http://www. caein. com/ index. asp? x Action=x Read News&News ID=5395.

[131] 刘守英:以“三权分置”重构农地权利体系.［EB/OL］.［2016-09-05］. http://china. caixin. com/2016-09-05/100985292. html.